Hermann-Josef Frisch

Man ist dann mal weg

Hermann-Josef Frisch

Man ist dann mal weg

Über das Pilgern in den Weltreligionen

THEISS

Die Deutsche Nationalbibliothek verzeichnet diese Publikation
in der Deutschen Nationalbibliografie;
detaillierte bibliografische Daten sind im Internet über
http://dnb.d-nb.de abrufbar.

Der Konrad Theiss Verlag ist ein Imprint der WBG.

Die Herausgabe des Werkes wurde durch
die Vereinsmitglieder der WBG ermöglicht.
Redaktion: Thomas Brockmann
Einbandabbildungen: Jakobspilger im Morgennebel auf seinem Weg nach
Fontearcuda © picture alliance / blickwinkel / M. Vahlsing
Einbandgestaltung: Vogelsang Design, Jens Vogelsang, Aachen
Satz und Layout: Hermann-Josef Frisch, Overath
Gedruckt auf säurefreiem und alterungsbeständigem Papier
Printed in Germany
Besuchen Sie uns im Internet: www.wbg-wissenverbindet.de

ISBN 978-3-8062-3625-5

Elektronisch sind folgende Ausgaben erhältlich:
eBook (PDF): 978-3-8062-3626-2
eBook (epub): 978-3-8062-3627-9

Inhalt

音羽の

Ultreïa et suseia –
weiter und darüberhinaus

An jedem Morgen, da treibt's uns hinaus,
An jedem Morgen, da heißt es: Weiter!
Und Tag um Tag, da klingt der Weg so hell:
Es ruft die Stimme von Compostell':
Ultreïa, ultreïa et suseia,
Deus adjuva nos!
(ein Pilgerlied des Jakobsweges)

Bereits seit tausend Jahren grüßen sich die Pilger auf den vielen Jakobswegen quer durch Europa mit dem Ruf »*Ultreïa!*« oder ausführlicher »Ultreïa et suseia!«. Dieser Pilgergruß findet sich auch in manchen der Pilgergesänge, die den weiten Weg über die Routen nach Santiago de Compostela begleiten, wo das (vermeintliche) Grab des Apostels Jakobus in der dortigen Kathedrale das Ziel solcher Jakobswege ist, die wie ein Netz das westliche und südwestliche Europa durchziehen.

Die beiden Begriffe stammen aus dem Spätlateinischen und dem daraus abgeleiteten Spanischen. Lateinisch »ultra, ulterius«, ebenso das Spanische »ultra, ulterior« bedeutet »weiter hinaus, jenseits, hinüber, ferner«; lateinisch »sus« und spanisch »¡sus!« ist ein mutmachender Aufruf »Wohlan, lasst uns anfangen!«; Ähnliches drückt das lateinische »eia« aus. Die beiden Grußworte verweisen also auf Bewegung, einen Anfang, ein Losgehen und zwar in eine weite Ferne, in einen noch nicht sichtbaren Bereich.

Damit war und ist natürlich zuerst einmal die körperliche Anstrengung der unter Umständen mehrere tausend Kilometer langen Wege gemeint. Vor allem im Mittelalter waren die wochen- und monatelangen Pilgerfahrten auf den Jakobswegen ein beschwerliches und auch gefährliches Unterfangen, für das sich die Pilgerkameraden immer wieder Mut zusprechen mussten: »Weiter auf unserem Weg!«

Doch geben die beiden Grußworte eine Losung vor, die tiefer reicht: Nicht nur um das äußere Tun auf dem Pilgerweg geht es, sondern um

Pilger in Kotahira, Japan

eine innere Haltung, um die grundsätzliche Motivation, die die Pilger bewegt hat und auch heute noch bewegt, sich auf anstrengende und unsichere Wege zu begeben: Pilgern ist körperliches Tun, aber zugleich auch eine innere Haltung – das Hinausgehen aus dem Gewohnten und das Hinausschreiten ins Ungewohnte, um so neue Perspektiven für das eigene Leben zu erlangen: Pilgern ist ein spirituelles Tun, eine geistige Haltung, die sich körperlich ausdrückt. Der Mensch ist eine Einheit von leiblichen, seelischen, geistigen Aspekten – das wird kaum irgendwo so deutlich wie beim Pilgern. Der Pilger macht sich auf einen Weg hin zum Fremden und letztlich zum Göttlichen, das er auf seinem Weg und dann am Ziel tiefer erfahren will und das ihm Kraft und Hoffnung für seinen weiteren Weg geben soll. Anders als Trecking, Bergtouren und Exkursionen ist die innere Mitte des Pilgerns eine geistliche Anstrengung, die der körperlichen vorangeht. Pilgern bedeutet, dass der Glaube – gleich welcher Art, dies werden wir bei den Weltreligionen sehen – laufen lernt. Pilgern ist die Verkörperlichung von Religion.

Lebensweg – mit Leib und Seele unterwegs

Der Mensch bewegt sich durch diese Welt – seit Urzeiten ist er ein Wandernder, der sich immer wieder neu auf den Weg macht. Es läuft ihm allerlei über den Weg, was sein Leben prägt und formt, was ihm auch eine neue Ausrichtung geben kann. Nicht ohne Grund spricht man vom Lebensweg, den ein Mensch bewältigen muss – im Guten wie im Belastenden. Doch den Lebensweg gehen Menschen nicht allein, sondern mit Weggefährten, die stützen und helfen können. Allein und gemeinsam bleibt es eine lebenslange Aufgabe, den Weg durch das Leben zu suchen, nach Orientierung und Wegweisern Ausschau zu halten in den Höhen und Tiefen des Lebensweges. Auch Mut ist nötig – Weg hat mit Wagnis zu tun.

In solchem Sprechen vom Weg klingen Motive an, die sich in den drei Grundfragen des Menschen zusammenfassen lassen: »Woher kommen wir? Wozu leben wir? Wohin gehen wir?« Alle Religionen versuchen, auf diese Fragen tragfähige Antworten zu geben. Dazu greifen sie das Motiv des Weges, der Wanderschaft, der Pilgerschaft auf dem Lebensweg auf. So gibt es in allen Religionen und Kulturen Wandermönche und Pilger, die oft monatelang unterwegs sind, um ein vorgegebenes oder selbst gestecktes Ziel zu erreichen. Es gibt Prozessionen und große Wallfahrten, von einzelnen, meist aber von Gemeinschaften unternommen. Solche religiös begründeten Be»weg«ungen von Menschen zeigen ihre Suche nach einem Weg durch das Leben, nach einem letzten tragenden Sinn überhaupt, nach einem sinnvoll gestalteten Leben, das auf ein letztes, den Menschen übersteigendes und transzendentes Ziel ausgerichtet ist.

Pilgern und *wallfahren* – das ist, meist unabhängig von religiösen Dogmen und der »reinen« Lehre einer Religion, die häufige Praxis einer Volksreligiosität, die oft auf uralte Traditionen aufbaut und sie in neue Zeiten fortführt. Dabei geben die beiden Begriffe Hinweise zum Verständnis dieses religiösen Tuns: Das Wort *Pilger* kommt vom lateinischen *peregrinus* (später abgewandelt zu *pelegrinus*, heute im Italienischen noch *pellegrino*, im Französischen *pèlerin*, im Englischen *pilgrim*) und hat die Bedeutung von »fremd, ausländisch, aus der Fremde stammend«. Der Pilger ist also auf seinem Weg in die Ferne ein Fremdling, der auf der Suche nach seinem Ziel ist. Das Wort *Wallfahrt* verweist auf heftige Bewegung; Flüssigkeiten können *wallen* und hoch aufkochen. Der Wallfahrer unternimmt also eine Reise (Fahrt), bei der eine intensive und anstrengende Bewegung erforderlich ist, um das Ziel der Wallfahrt zu erreichen.

Es geht also um ein Unterwegssein mit Leib und Seele, eine physisch wie psychisch einfordernde Reise in die Fremde, um ein Ziel zu erreichen, das verspricht, auf dem Lebensweg weiterzuhelfen. Solche Ziele sind in den Religionen unterschiedliche Kultstätten, die dem Pilger die Zusage machen, dass er hier in außergewöhnlicher Weise eine Beziehung zur verehrten Gottheit aufbauen kann. Die Ziele der Pilgerreisen und Wallfahrten sind also herausragende *Orte der Gottesbegegnung*. An den Pilgerorten soll durch eine den Alltag unterbrechende und übersteigende Weise eine vertiefte Gotteserfahrung ermöglicht werden. Die Gottheit wird herbeigerufen und erscheint dem Pilger in vielfacher Weise – gestärkt und geschützt kann er danach seinen Rückweg in sein alltägliches Leben antreten, oft tief verändert durch die spirituellen Erfahrungen auf seinem Pilgerweg.

Pilger machen sich aus unterschiedlichen Motivationen heraus auf den Weg zu den heiligen Orten der Gottesbegegnung. Das kann die Suche nach Heilung (physisch wie psychisch) sein und nach Heiligung, also Stärkung einer besonders intensiven Beziehung zur Gottheit. Pilgerfahrten können angesichts der Fehlbarkeit und Kontingenz menschlichen Lebens als Buße unternommen werden, Umkehr und Neubeginn stehen dann im Vordergrund. Umgekehrt machen sich Pilger auch aus Dankbarkeit auf den Weg, etwa für Heilung von einer Krankheit; die vielfältigen Votivtafeln und Dankesgaben (etwa Nachbildungen von geheilten Gliedern) an christlichen, aber auch hinduistischen Wallfahrtsorten zeigen dies auf.

In unserer Zeit sind zudem viele Menschen auf Pilgerwegen unterwegs (etwa auf den Jakobswegen oder dem Shikoku-Pilgerweg, vgl: Seite 195ff.), die nicht oder kaum von religiösen Motiven bewegt sind. Pilgern nicht nur als religiöse, sondern auch als säkulare Bewegung liegt im Trend. Vor allem jüngere Menschen gehen um des Gehens und der körperlichen Anstrengung willen. Sie suchen eine körperliche und sportliche Herausforderung unter dem Motto »Ich laufe gerne«. Sie setzen sich weite Ziele unter dem Motto »Ich leiste etwas«. Solches »Pilgerwandern« dient der Selbstbestätigung und Stärkung des eigenen Ichs, aber es führt naturgemäß – das ist auf Pilgerwegen einfach nicht zu verhindern – auch zu neuen Erfahrungen mit sich selbst, mit anderen Menschen, denen man begegnet, und vielleicht auch mit etwas, das den Menschen übersteigt.

Achtsames Gehen – Gehen als Lebenskunst

Das afrikanische Volk der Ovambo in Namibia kennt den Spruch: »Nur im Vorwärtsgehen erreicht man das Ziel der Reise.« Gehen ist ein zielgerichtetes Tun, doch kann es unterschiedlich gefüllt sein. Im Alltag ist unser Gehen allein auf die Fortbewegung von einem Ort zu einem anderen ausgerichtet, schnell oder langsam, je nach unserer Zeit. Angesichts der heutigen Möglichkeiten wählen wir oft Verkehrsmittel, um schneller an unser Ziel zu kommen. Der Weg dorthin wird eher als lästig und zeitraubend angesehen.

Anders das Gehen bei Wallfahrten, Prozessionen und vor allem auf Pilgerwegen: Hier geht es natürlich auch um ein Ziel (etwa Santiago de Compostela), aber der Weg dorthin hat seine eigene Berechtigung, seinen eigenen Inhalt, seine eigene Aufgabe. Er darf deshalb auch nicht abgekürzt werden (etwa durch Verkehrsmittel), sondern muss aus eigener Kraft erwandert werden, gleich wie lange es dauert und wie mühsam es ist. Dabei vollzieht sich im Pilger auf dem Weg ein körperlich-geistiger Prozess, der später im Buch (vgl. Seite 22) näher dargestellt wird.

Als Pilger auf dem Weg sein bedeutet ein *achtsames* Gehen, eine Aufmerksamkeit nicht nur der äußeren Sinne, um den richtigen Weg zu finden – dies ist angesichts von Wegmarkierungen und Navis heute sowieso nicht mehr komplex. Es geht um eine innere Achtsamkeit, eine Offenheit für eigenes und fremdes Lebens, das Aufmerksamwerden für Wandlungsprozesse im eigenen Leben, das Bedenken der Lebensschwerpunkte, Werte und Ziele sowie um eine Achtsamkeit auch auf religiöse Themen hin. Die Religionen setzen hierzu – entsprechend ihrer ja sehr unterschiedlichen Traditionen – unterschiedliche Akzente, doch treffen sie sich darin, dass für ein richtiges Pilgern die Beweglichkeit der Seele, des Geistes, des Herzens (wie immer man den inneren Wesenskern einer Person benennen will) wichtiger ist als die Bewegung der Beine.

In manchen buddhistischen Klöstern (Theravada wie Zen) gibt es Gehmeditationen im Wechsel mit Sitzmeditationen, bei denen man sich in einem ganz bestimmten Rhythmus bewegt und dadurch zu geistiger Anstrengung angeregt wird. Hier wird das Gehen zu einer Lebenskunst, das körperliche Tun befördert das geistig-geistliche. Nichts anderes ist das Pilgern: Der Glaube bewegt sich, läuft körperlich wie geistig.

Gustav Caillebotte (1848–1894),
Homme portant une blouse

Novizen in Pindaya, Myanmar

Miteinander unterwegs – Gemeinschaft erfahren

Pilgerfahrten und Wallfahrten sind natürlich zuerst einmal die Entscheidung jedes einzelnen, der sich als Suchender und Glaubender auf den Weg macht, um an besonderen Orten die Erfahrung von Transzendenz, von einer den Menschen übersteigenden Kraft und – je nach seiner kulturreligiösen Prägung und Zugehörigkeit zu einer religiösen Richtung (oder auch nicht) – einen neuen und tieferen Zugang zum Göttlichen, zu Gott, zu den Göttern, dem Absoluten zu erhalten. Die Besinnung auf das eigene Leben, die Neuausrichtung auch des Lebens, die Erfahrung von Dankbarkeit und Hoffnung und vieles andere mehr prägen einen individuellen Weg: Doch das ist nur die eine Seite des Pilgerns.

Denn Pilgerfahrten und Wallfahrten haben einen intensiven Bezug zu einer Gemeinschaft. Das wird in besonderer Weise beim islamischen Hadsch (vgl. Seite 97ff.), aber auch bei den hinduistischen Kumbh Mela Pilgerfahrten (vgl. Seite 122ff.) deutlich, wo Millionen von Pilgern an einem Ort zusammenkommen. Die Tempelfeste im Jerusalem des alten Judentums waren ebenfalls von einem Gemeinschaftsgedanken (Volk Gottes) geprägt, das Christentum übernimmt diesen Gedanken (Volk Gottes auf dem Weg) für Prozessionen und Wallfahrten. Ähnliches gibt es auch in anderen Religionen.

Pilgern also ist ein Wechselspiel von allein und gemeinsam, von Rückzug auf das eigene Ich und Ausschalten von außen kommender Einflüsse. Auf der anderen Seite bedeutet es Einbindung in eine pilgernde Gemeinschaft, Hilfe und Stütze, Gespräch und Beratung, Mahl und Fest. Individualität und Sozialität können beim Pilgern wie eine Waage ausgewogen sein, doch viele Pilger setzen auch hier entsprechend ihrer Lebenssituation und ihrer Vorstellungen eigene Schwerpunkte.

Alles ist jedoch auf dem Weg nicht planbar. Und so gibt es immer wieder überraschende Begegnungen, Menschen, die durch ihre Lebensart, ihre Redensweise, ihre persönlichen Erfahrungen, ihre Lebensgeschichte, aber auch ihre Probleme und Schmerzen die eigenen Vorstellungen anregen und Neues sichtbar werden lassen. Auch hier gilt der Spruch des Buddha, dass Einseitigkeit vermieden werden muss und ein wahres Fortschreiten im Mittleren Weg liegt, der jedes Extrem vermeidet. Die Wahrnehmung der eigenen inneren Zustände und die Empathie anderen Menschen gegenüber können auf dem Pilgerweg zu einer ausgewogenen Balance führen. Jeder geht alleine und ist doch nicht allein.

Stille und Feier – zur Ruhe und Freude finden

Diese Ausgewogenheit, einen eigenen Weg zu gehen und doch Gemeinschaft zu erfahren, gilt auch für zwei Grundhaltungen, die das Pilgern der Weltreligionen in einem steten Zusammenspiel bestimmen: Es geht um Stille und um Feier, um den Rückzug ins eigene Ich und um das Hinausgehen zu anderen, um Ruhe und um gemeinsame Freude.

Auf dem Jakobsweg etwa, aber auch auf anderen Pilgerwegen im Buddhismus und im Hinduismus, fällt auf, dass viele Pilger bewusst alleine gehen und sich erst abends in den Herbergen wieder mit anderen Pilgern zusammentun, um zusammen zu essen und den Abend zu verbringen. Ein solches Alleinsein auf dem Weg wird dann erst am

Ende des Weges abgelöst durch die gemeinsame Feier, das Pilgerfest, den festlichen Gottesdienst – beim Jakobsweg etwa in der Kathedrale von Santiago de Compostela.

Der Weg – beim Jakobsweg zudem meist in Richtung Westen, der Todesrichtung der untergehenden Sonne, steht dabei für den Lebensweg, der für glaubende Menschen hin zu einem Ziel führt: der Vollendung im Jenseits. Das (Gottesdienst-)Fest am Ende symbolisiert danach gleichsam die erhoffte Vollendung des Lebensweges durch Gott in der jenseitigen Welt – im himmlischen Jerusalem, in der goldenen Stadt, im Paradies, in der Befreiung (hinduistisch *moksha*), in einem Dasein ohne Leid und Tod (buddhistisch *nirvana* oder Paradies des Westens).

Der Weg in die Stille, bei vielen Pilgern und Asketen in Europa wie in Asien oft mit einem bewussten Verzicht auf Sprechen tagsüber verbunden, soll das Bewusstsein konzentrieren auf das Wesentliche und alle Ablenkung vermeiden. In der bewusst gesuchten Stille erhofft man sich einen Zugang zur Transzendenz, zum Göttlichen, zu Gott selbst. Ein solcher Weg in die Stille unterscheidet sich grundsätzlich vom Beten mit formulierten (oft von anderen vorformulierten) Worten. Der dänische Philosoph und Theologe Søren Kierkegaard (1813–1855) formulierte: »Zu beten bedeutet nicht, dass man sich selbst sprechen hört, sondern dass man das Schweigen erreicht und dass man im Schweigen verharrt, darauf wartet, dass der Beter Gott vernimmt.« Nichts anderes ist das Ziel vieler Pilger, wenn sie möglichst allein und in Stille ihren Weg zurücklegen. Aus einer neu gewonnenen Begegnung mit dem Göttlichen heraus stellen sie sich dann neu die drei entscheidenden Fragen menschlichen Lebens »Woher komme ich? – Wozu lebe ich? – Wohin gehe ich?« (vgl. Seite 17, 21, 23).

Der Weg des Schweigens und der Stille, um zur inneren Mitte zu gelangen, ist nur die eine Seite der Begegnung mit der Transzendenz. Ebenso geschieht der Zugang zum ganz Anderen, den Menschen Übersteigenden, das in abrahamitischen Religionen Jahwe, Gott, Allah genannt wird, im Fest, im Jubel, in Musik und Tanz, selbst in der Ekstase einer gleichgesinnten Gemeinschaft. Das ist nicht nur im Festgottesdienst in Santiago de Compostela zu erfahren, sondern vielleicht stärker noch beim Hadsch in Mekka mit Millionen Pilgern, bei der Kumbh Mela in Indien mit über 100 Millionen Pilgern, an den Wallfahrtsstätten des sufistischen Islam in Afrika, etwa im marokkanischen Moulay Idriss (vgl. Seite 116) oder im senegalesischen Touba. Die Freude, sein Pilgerziel erreicht zu haben, mischt sich mit der intensiv empfundenen Erfahrung einer großen Gemeinschaft (der Weltkirche, der muslimischen Umma, der buddhistischen Sangha ...) und den über alle Religionen hinweg ähnlichen Formen religiöser Feste mit ihrer bunten Vielfalt und Symbolik von Licht, Wasser, Weihrauch, bunten Farben, Musik und Trommelrhythmus, gemeinsamem Essen und Trinken. Stille und Feier sind beide Grundbestandteile des Pilgerns.

Woher komme ich – Besinnung auf den eigenen Weg

Viele unternehmen eine Pilgerfahrt anlässlich einer Lebenswende und Neuorientierung des eigenen Lebens. Somit ist ein Wesenszug des Pilgerweges der Rückblick auf das eigene Leben, eine Besinnung auf den

Hinduistische Pilger an der Heiligen Quelle Tirta Empul, Bali, Indonesien

eigenen Lebensweg mit seinen Höhen und Tiefen, mit seinen guten und schlechten Erfahrungen, mit seinem Gelingen und Scheitern. Oft werden in der Stille und beim gleichmäßigen Rhythmus des Gehens verschüttete Erinnerungen wieder wach, unbearbeitete Probleme der Vergangenheit kommen hoch und müssen neu eingeordnet werden. Es gibt Erinnerungen an Ereignisse der Vergangenheit wie an die unterschiedlichen Menschen, denen man auf gute oder auch belastende Weise begegnet ist. Doch die Vielzahl solcher Erinnerungen kann die einzelnen relativieren und zu einem größeren Gesamtbild führen: Nicht nur Gutes prägt den Weg eines Menschen, sondern auch sein Leid. Es gilt, schwierige Wegstücke des Lebens nicht zu verdrängen, sondern sie zuzulassen als Teile des eigenen Lebens, als etwas, das ebenso zur eigenen Persönlichkeit gehört wie die guten Erfahrungen. Es gilt zu akzeptieren, dass auch das Schmerzhafte und selbst die härtesten Zumutungen in das Gesamt einzuordnen sind und deshalb sogar einen verborgenen Sinn haben können.

Die Besinnung auf dem Weg ist somit Teil der Identitätsfindung, die für jeden Menschen eine lebenslange Aufgabe ist. Wer bin ich – wie bin ich geworden? Wer hat mich auf meinem Weg geprägt – wem bin ich gefolgt, wer war mir Vorbild und Maßstab? Wovon habe ich mich distanziert, was abgelehnt? Was hat mich belastet, mich in eine Richtung gewiesen, die nicht die meine sein kann? Eine realistische, vielleicht sogar im Blick auf sich selbst schonungslose Bestandaufnahme des eigenen Lebens kann auf dem Pilgerweg erfolgen. Nicht jeder macht das so; viele gehen einfach ihren Weg, blicken auf Landschaft und Natur, haben ihr Ziel des Tages oder der ganzen Reise vor Augen. Wer aber tiefer blickt, der gelangt zu zwei Haltungen:

Rückblick – Dankbarkeit und Buße

Die Wahrnehmung der eigenen Person und ihres Lebensweges über Höhen und Tiefen hinweg bringt glaubende Menschen zur Dankbarkeit. Der Dank kann sich beziehen auf die Menschen, die begleitet und gefördert haben, auf Ereignisse, die beglückend waren, auf eigenes Wachsen, Reifen und Vorankommen, auf glückende Beziehungen zu anderen, auf das Beziehungsnetz von Familie, Freundeskreis und nachbarschaftlicher Gemeinschaft. Die Dankbarkeit kann sich durchaus auch auf schwierige Lernprozesse beziehen, auf Konflikte, die man überstanden hat, auf leidvolle Phasen des Lebens, die man aus eigener Kraft oder mit Hilfe anderer überwunden hat. Für glaubende Menschen kann sich die Dankbarkeit auch darauf beziehen, dass es Erfahrungen von Führung und Begleitung, von Schutz und Segen, von Sicherheit und Geborgenheit gegeben hat, die über alltägliche Erfahrungen hinausweist auf einen tieferen Grund des Lebens, auf ein Fundament, das der Glaubende Gott nennt. Solche Dankbarkeit kann mit Staunen verbunden sein über den Reichtum und der Vielfalt des Lebens: Nichts ist selbstverständlich – so darf der Glaubende dankbar sein für jeden einzelnen Tag, für das Geschenk des Lebens selbst. Wer sich so – bildlich gesprochen – über die Sonne am Morgen freut und dafür dankbar ist, der kann zum Frieden mit sich selbst finden. Wer sich als gesegnet erfährt, kann zum Segen für andere werden (vgl. Genesis 12,2: »Gott spricht zu Abraham: ›Ich will dich segnen – ein Segen sollst du sein.‹). Ein chinesischer Chan-(Zen-)Meister formuliert diese Einsicht so: »Jeden Tag Ja zum Leben sagen, nicht zu viel Energie an Widerstände verschwenden und dankbar sein für alles.«

Neben der Dankbarkeit erwächst aus dem Rückblick auf das eigene Leben eine zweite Haltung, die der Buße. Das Wort Buße hat in unserer Zeit einen schlechten Klang, doch ist Buße – richtig verstanden – ein Grundthema nicht nur der jüdisch-christlichen Bibel und des islamischen Koran, sondern auch der anderen Religionen. In Religionen mit einem als Person verstandenen Gott wird Buße als Entgegenkommen Gottes ver-

Pilger bei der Semana Santa, der Heiligen Woche, Sevilla, Spanien

standen, der in seiner überwältigenden Barmherzigkeit (vgl. Koran) zu Vergebung und Versöhnung bereit ist und den Menschen neu annimmt. Buße bedeutet von diesem Glauben auf einen menschenfreundlichen Gott her eine Umkehr, die befreit, ein »neues Herz« schenkt und einen Aufbruch zu Liebe und Gemeinschaft darstellt.

Auf dem Pilgerweg kann Buße als Umkehr so verstanden werden, dass sich ein Mensch über das Belastende und auch Einengende seiner Geschichte bewusst wird und er durch Akzeptanz auch unter diese Seiten seines Lebens eine Art Schlussstrich ziehen kann – ein Aufbruch zu neuen Horizonten (vgl. Seite 23) wird möglich. Aus dem »Gefängnis der Vergangenheit« erfolgt ein Aufbruch zu neuen Lebensmöglichkeiten, eine Versöhnung mit sich selbst, mit Gott und den Menschen. Solche neu gewonnene Freiheit wird durch das Bildwort des »neuen Herzens« ausgedrückt, das eine Lebenswende meint. Dies drückte der biblische Prophet Ezechiel (36,26) so aus: »Gott spricht: ›Ich schenke euch ein neues Herz. Ich nehme das Herz von Stein aus eurer Brust und gebe euch ein Herz aus Fleisch.‹« Diese Neuorientierung – für den Glaubenden auf dem Pilgerweg ein Geschenk Gottes – gibt die Kraft, Böses und Schlimmes zurückzulassen und einen Aufbruch zur Liebe und zum Guten zu wagen. Buße und Umkehr haben von da aus einen aufbauenden und heilenden Charakter.

Viele Pilgerwege und Pilgerorte sind von den Haltungen Dankbarkeit und Buße geprägt. Es gibt Votivtafeln, auf denen Menschen solche Dankbarkeit bekunden – oft bei Heilungen und nach Krankheiten oder Verletzungen durch die bildhafte Darstellung von Gliedmaßen, manchmal auch nur durch Schrifttafeln mit dem Wort »Danke«. Solche Votivtafeln finden sich nicht nur in christlichem oder muslimischem Umfeld, sondern auch in hinduistischen Tempeln. Von der Haltung der Buße geprägt sind aber auch die Prozessionen der andalusischen Semana Santa, wo einige Teilnehmer – vergleichbar bei Prozessionen und Wallfahrten im hinduistischen und buddhistischen Bereich – barfuß gehen, zudem in einfachen Gewändern, asketisch. Auch das fragwürdige Motiv der Selbstbestrafung taucht bei Pilgerfahrten auf, etwa im schiitischen Islam bei den Selbstgeißelungen anlässlich der schiitischen Passionsfeiern (*Ta'ziya* oder *Muharram*); hier geht es um Trauer um die im Kampf gefallenen Imame, aber auch um Buße für individuelle und kollektive Schuld.

Wozu lebe ich – was macht mein Leben aus

Die Umkehr als Pilgerhaltung führt den Pilger aus der Vergangenheit in die Gegenwart zurück. Aus der Besinnung auf den Lebensweg ergibt sich die Besinnung auf das Heute: Was folgt aus den guten und schlechten Erfahrungen des Lebens, aus den Höhen und Tiefen, aus den glückenden und schwierigen Begegnungen für die Bewältigung des Alltags und der täglichen Aufgaben. Diese zweite Grundfrage der Menschen führt zum Begriff der Verantwortung.

Der Schriftsteller Antoine de Saint-Exupéry (1900–1944) schreibt: »Was ich am tiefsten verabscheue, ist die Rolle des Zuschauers, der unbeteiligt ist oder tut. Man soll nie zuschauen. Man soll Zeuge sein, mittun und Verantwortung tragen.« Wer demnach bewusst lebt – und jeder Pilgerweg soll zum bewussten Leben führen, der wird sich der Verantwortung bewusst werden, die er für sein eigenes Leben, für das Leben anderer, für die Umwelt, für Frieden und Gerechtigkeit hat und die sich nur in konkretem Handeln erweist. In seinem Werk »Der kleine Prinz« schreibt Antoine de Saint-Exupéry: »Du bist zeitlebens für das verantwortlich, was du dir vertraut gemacht hast.«

Pilgern erscheint oft als Sonderwelt abseits des alltäglichen Lebens mit besonderen Herausforderungen, oft besonderer Kleidung und Lebensweise. Doch führt der Pilgerweg nicht nur zu einem religiösen Ziel, sondern letztlich nach allen Erfahrungen auf dem Weg wieder zurück nach Hause, in den Alltag, in das Eingebundensein menschlichen Lebens. Hier ist die je individuelle Verantwortung auszuüben, über die man auf dem Pilgerweg nachgedacht hat. Der chinesische Daoismus fordert vom Menschen und erst recht vom religiös ausgerichteten Glaubenden ein richtiges Handeln, das dazu beiträgt, die Harmonie im Kosmos wiederherzustellen und zu erhalten. Der Konfuzianismus, gleich ob man ihn als Religion betrachtet oder als Lebensphilosophie, nennt *ren* (Menschlichkeit), *li* (sittlich geordnetes Leben) und *shu* (Gegenseitigkeit, Beziehung) als Grundforderungen seiner Ethik und zugleich als Grundlage jeder gesellschaftlichen und kosmischen Ordnung. Nichts anderes meint auch der in den westlichen Religionen genutzte Begriff Verantwortung. Für den Buddhismus ist damit der achtfache richtige Pfad gemeint, den der Glaubende

Buddhistische Pilger bei Mandalay, Myanmar

beschreiten muss, um Leben zu schützen und zu fördern und aus dem Leidenskreislauf der Wiedergeburten auszubrechen. Im Hinduismus zählen u.a. *ahimsa* (Gewaltlosigkeit), *atma vichara* (Selbsterkundung), *bhakti* (Hingabe an eine Gottheit), *Jnana* ([grundlegendes] Wissen), *yama* (Selbstkontrolle) zu den Realisierungen menschlicher Verantwortung. Im christlichen Bereich fordert das Gleichnis Jesu vom barmherzigen Samariter (Lukas 10,25–37) zu verantwortlichem Handeln auf, ähnliche Forderungen gibt es im Koran.

Unterwegs sein – Gehen als Wandlungsprogramm

Ein Lied im Evangelischen Gesangbuch (EG 395) beginnt mit den Worten: »Vertraut den neuen Wegen, auf die der Herr uns weist, weil Leben heißt: sich regen, weil Leben wandern heißt.« Um Umkehr und Rückblick, dann aber verstärkt um Aufbruch, Neubeginn und Wandlung geht es auch beim Pilgern. Viele Pilger sprechen von Neuorientierung, sie erzählen, dass der oft lange und mühsame Pilgerweg etwas mit ihnen gemacht hat, sie verändert hat: Werte werden nun anders gesetzt, oft stehen nach einem Pilgerweg nicht länger materielle Werte im Vordergrund der Lebensgestaltung, weniger auch ein berufliches Vorankommen und Erfolgsstreben. Man strebt mehr nach Ruhe und Stille, statt sich erneut der Hektik des Alltags hinzugeben. Es gibt immer wieder auch Menschen, die sich nach einem Pilgerweg grundsätzlich verändern – in ihrer Beziehung zu einem Partner vielleicht, in ihrer beruflichen Ausrichtung, in ihren Hobbys und Freundeskreisen. Menschen kommen verändert nach Hause. Auf hinduistischen Pilgerwegen sind Gelübde wichtig – nicht allein die Gelübde, die man vorher macht, einen solchen Weg zu gehen, sondern auch die Gelübde, die man am Ziel der Pilgerreise macht und mit denen man der Gottheit oder auch nur sich selbst eine neue Lebensausrichtung gelobt, die es nach der Reise zu verwirklichen gilt. Das Gehen auf dem Weg be»weg«t den Menschen nicht nur äußerlich, sondern in der Regel auch innerlich, in seinen Haltungen und Denkweisen, in seinen Handlungen und Worten, in dem, was er künftig tut oder unterlässt. Pilgern kann deshalb als ein Wandlungsprogramm bezeichnet werden – mit dem Wort eines Paulusschülers ausgedrückt: »Zieht den neuen Menschen an, der nach dem Bild Gottes geschaffen ist in wahrer Gerechtigkeit und Heiligkeit« (Epheser 4,24).

Wohin gehe ich – neue Horizonte

Der Rückblick auf die Vergangenheit und die daraus folgenden Haltungen von Dankbarkeit und Buße (= Umkehr), zudem eine veränderte Haltung in der Gegenwart, die geprägt ist von Verantwortung für sich selbst, für andere, für das Leben überhaupt – all das führt zur dritten Grundfrage menschlichen Lebens: Wohin gehe ich?

Diese Frage wird von Pilgern auf ihren Wegen in doppelter Weise verstanden. Es ist zum einen die Frage nach der konkreten Zukunft eines Menschen, nach dem, was ihn erwartet, nach dem, was er selbst für seine Zukunft tun kann. Es ist die Frage nach den »innerweltlichen« Hoffnungen, die bei der Besinnung des Pilgers aufkommen. Sie sind berechtigt, weil solche Hoffnungen nicht nur Träume sind, sondern Kraft geben für neue Horizonte und einen Neubeginn.

Doch der Blick von Pilgern, die sich an ihre jeweilige Religion gebunden wissen, geht tiefer und weiter. Es geht auch um »außerweltliche« Hoffnungen, letztlich um die existentiellen Fragen nach Sterben, Tod und Jenseits. Der chinesische Philosoph Lü Buwe (ca. 300–236 v. Chr.) fasst dies wie folgt zusammen: »Gründlich das Leben zu kennen ist des Weisen wichtigste Aufgabe. Gründlich den Tod zu kennen ist der Weisheit letzter Schluss.« Man kann für den »Weisen« auch Pilger einsetzen. Der Pilgerweg ist also für einen nachdenklichen Menschen die Gelegenheit, die oft tabuisierte Frage nach dem eigenen Tod und seinen Jenseitshoffnungen nachzugehen. Dabei steht er nicht allein, sondern kann auf die jeweiligen Traditionen und Hoffnungsbilder seiner Glaubensgemeinschaft zurückgreifen.

Alle Religionen fragen nach dem Woher des Menschen und zugleich nach dem Wohin. Sie versuchen, einen Ausblick darauf zu bekommen, was auf die Menschen zukommt. Die Religionen wissen von der Vergänglichkeit allen Lebens auf dieser Erde und in diesem Kosmos und von der Angst vor Sinnlosigkeit und dem Tod. Alle Religionen der Welt richten sich auf ein Letztes, Unbedingtes, ein den Menschen und die Welt übersteigendes Geheimnis aus, ein Absolutes, das sie entsprechend ihrer Traditionen unterschiedlich benennen (Gott, die Götter, die Geister, das Göttliche, das All-Eine ...). Alle Religionen der Welt gehen davon aus, dass der Mensch im Letzten von diesem unbedingten und unfassbaren Geheimnis abhängig ist, dass sein Leben von Anfang (Schöpfung) bis Ende (Auferweckung, Befreiung ...) in einem unlösbaren Zusammenhang damit steht. Ja mehr noch, sie künden von der Hoffnung, dass der Mensch auch nach seinem Tod in einer nicht beschreibbaren Weise in diesem Absoluten geborgen ist, sie künden von einem Jenseits in Gemeinschaft mit Gott, dem letzten und tiefsten Geheimnis der Welt.

Eine solche grundsätzliche Aussage konkretisiert sich in den Religionen in unterschiedlicher Weise, immer aber in bildhafter, metaphorischer, symbolischer, gleichnishafter Sprache. Doch künden alle Religionen von der Hoffnung, dass das Ende ein Anfang ist, der Tod ein Tor und dass die Menschen zu einem Leben in Vollendung berufen sind. Der Pilgerweg mit Aufstieg und Abstieg, mit Tag und Nacht, mit Mühe und Freude kann dazu beitragen, sich dieser Sicht des Glaubens tiefer bewusst zu werden.

Herausforderung – Hoffnung auf ein gutes Ziel

Auch dieser dritte Bereich, die Zukunft, kennt seine eigenen Grundhaltungen, es sind Mut und Hoffnung. Wer aus glaubender Sicht in die Zukunft schaut, kann mit unerschütterlichem Mut seinen weiteren Lebensweg angehen, er ist zudem geprägt von der Grundhaltung der Hoffnung.

Es gibt Lebensmut, der nicht von einer Vertröstung auf ein Jenseits geprägt ist, wie es glaubenden Menschen manchmal vorgeworfen wird, sondern von der gewissen Erfahrung, dass unser Leben gehalten und getragen wird – selbst im Leid und in einer persönlichen oder gesellschaftlichen Notsituation. Der Pilger ist geprägt vom »Mut des Glaubens«, die Herkunft des Wortes Mut verweist auf einen starken Willen und ein heftiges Streben; der Pilger geht aus dieser Haltung nicht nur den eigentlichen Pilgerweg, sondern danach auch seinen Weg in die Zukunft.

Dabei gilt es durchaus, manches Gewohnte, manche Tradition, manches Liebgewonnene zurückzulassen. Der französische Autor André Gide (1869–1951) meinte dazu: » Man entdeckt keine neuen Erdteile, ohne den Mut zu haben, alte Küsten aus dem Auge zu verlieren.« Wenn ein Mensch dazu bereit ist, kommt er zu einer neuen Sicht seines Lebens, wie der venezianische Schriftsteller Giacomo Casanova (1725–1798) formulierte: » Das Dasein ist köstlich, man muss nur den Mut haben, sein eigenes Leben zu führen.« Eigentlich geht es beim Pilgern um diesen Mut aus der Anbindung an die Erfahrung der Transzendenz heraus.

Wer dies wagt, lebt aus der Hoffnung. Doch Hoffnung ist wie ein Pfad. Am Anfang existiert dieser noch nicht; er entsteht erst, wenn man sich auf den Weg macht. »Glaube und Hoffnung sind keine Voraussage der Zukunft; sie erblicken im Gegenwärtigen den Zustand der Trächtigkeit«, so Erich Fromm (1900–1980). Hoffnung ist ein Vorschuss auf zukünftiges Glück. Hoffnungen können rein innerweltlich ausgerichtet sein und viele Pilger bitten und hoffen auf ein besseres und sichereres Leben, tragen manchmal ganz konkrete Hoffnungen (etwa Heilung bei sich selbst oder bei einem Angehörigen …) mit sich, manchmal auch recht materialistische Wünsche (Wohlstand, beruflichen Erfolg ...). Doch kann die Hoffnung das menschliche Leben überschreiten und sich auf Vollendung richten. Die Bitte um eine gute Sterbestunde etwa im marianischen Gebet des »Gegrüßet seist du, Maria«, das an Marienwallfahrtsorten vielhundertfach gesprochen wird, kündet davon ebenso wie der Besuch mulimischer Sufi-Gräber in der Hoffnung, einmal mit diesen Heiligen vereint in Gottes Paradies zu sein. In den indischen Religionen ist es vielleicht die Hoffnung auf eine bessere Wiedergeburt im nächsten Leben, beziehungsweise die alles übersteigende Hoffnung auf Befreiung und Erleuchtung, also auf die Überwindung des Geburtenkreislaufes und das Erreichen eines vollendeten Glücks.

Begegnung mit Fremdem und Fremden

Pilgerwege sind meist durch lange Traditionen geprägt (der Jakobusweg etwa ab 11. Jahrhundert) und oft präzise festgelegt, etwa der buddhistische 88- oder 33-Tempelweg in Japan (Shigoku und Saigoku). Pilger können deshalb immer auf Erfahrungen früherer Pilger zurückgreifen, auf ihre Erfahrungsberichte und Wegschilderungen, zudem auf Wegmarkierungen und Orientierungspunkte. Es gibt auf der Pilgerschaft viel Bekanntes.

Aber dennoch überwiegt das Neue und Fremde. Der Weg eröffnet hinter jeder Biegung und auf jedem Bergpass neue Perspektiven, die Landschaft verändert sich ebenso wie das Wetter, das Essen und vor allem die Natur und Kultur einer jeden durchpilgerten Landschaft. Wichtiger aber noch sind die bislang unbekannten Menschen, denen man auf dem Weg begegnet: Menschen am Rande des Weges, Menschen, die gastfreundlich sind, Menschen, die den gleichen Weg gehen und sich das gleiche Ziel setzen. Die Begegnung mit Fremdem und Fremden ist ein eigener Schatz jeder Pilgerreise, weil dadurch der eigene Horizont erweitert, die Sicht umfassender, das Mosaik des Lebens reicher wird.

Das Fremde aber verändert den Pilger. Der islamischer Gelehrte Muhammad Asad (1900–1992) sagte: »Sinn jeder Reise ist es, die Fremdheit der Welt zu berühren und dadurch zu sich selbst zu kommen.« Das Fremde wird somit zu einem Spiegel, durch den man zuerst aufgefordert wird, sich selbst in Frage zu stellen, in dem man aber schließlich sich selbst neu entdecken kann. Wenn man offen ist, fordert das Fremde heraus – zur Nachdenklichkeit, zur Überprüfung des eigenen Standpunktes, der eigenen Werte und Haltungen. Das Fremde und der Fremde bereichern unser eigenes Leben in einer oft nie geahnten Weise.

Das Fremde hat eine große Anziehungskraft, es kann bewegen. Max Frisch (1911–1991) spricht von »unserem Heimweg nach der Fremde.«

Pilger im Wat Doi Suthep, Chiang Mai, Thailand

Begegnung mit dem Göttlichen

Dies gilt auch und in besonderer Weise von der Erfahrung des Göttlichen auf dem Weg. Gott erscheint vielen Menschen unserer Zeit und Kultur als fremd, unfassbar und unbegreiflich – nicht zu greifen in dieser Welt. So machen sich Menschen bei ihren Pilgerfahrten auf die Suche nach Gott. Sie erhoffen sich neue religiöse Erfahrungen, eine neue Begegnung mit dem Göttlichen.

Denn suchende und glaubende Menschen spüren hinter allen Erscheinungen in der Welt das Göttliche, den persönlichen Gott, die den Kosmos durchwebenden und tragenden Kräfte. Der Hindu Mahatma Gandhi (1869–1948) hat dies unübertrefflich ausgedrückt: »Ich halte es für falsch, in dieser Welt Sicherheit zu erwarten, denn außer Gott, der die Wahrheit selber ist, ist alles ungewiss. Alles, was mit uns und um uns erscheint und geschieht, ist unsicher. Aber dahinter ist als Sicherheit ein höchstes Wesen verborgen. Und wer gesegnet ist, kann einen Schimmer dieser Sicherheit erhaschen und den Karren seines Daseins daran hängen.«

Der Pilger hofft auf seinem Weg auf einen Zugang zum unbegreiflichen Gott oder dem Göttlichen. Er vertraut darauf, dass Gott an herausragenden Orten – den Pilgerorten – in besonderer Weise erfahrbar und spürbar werden kann. Dieses Vertrauen darf er haben, weil bereits vor ihm unzählige andere Menschen von vergleichbaren Erfahrungen an solchen Orten berichtet haben und viele andere, ähnlich motiviert, mit ihm auf dem Weg sind. Pilgerorte sind Orte der Gottbegegnung; im zweiten Kapitel ab Seite 36 werden solche Orte in ihrer Eigenart näher vorgestellt.

Dennoch muss sich der Pilger bewusst machen, dass Gott an jedem und an keinem Ort ist. Gotteserfahrung ist im Alltag ebenso möglich wie auf dem Weg. Und letztlich bleibt Gott der ganz Andere, den »unsere Blicke nie erreichen können«, wie es im Koran (Sure 6,103) heißt. Doch der Pilger vertraut darauf, dass »die Blicke Gottes ihn erreichen«, wie die Sure fortfährt. Die Dinge dieser Welt, gleich ob heilige Orte, Pilgerstätten, die Natur, die Menschen, der Blick zu den Sternen und vieles mehr – all das ist nur Zeichen und Symbol für Gott selbst, der Mensch aber bleibt auf dem Weg zu ihm.

Schon immer – Pilgern in der Antike

Der Blick auf das Pilgern in den Weltreligionen richtet sich in erster Linie auf das Pilgern der religiösen Traditionen unserer Zeit, mögen sie – wie im Falle des Buddhismus – auch bereits über zweitausend Jahre alt sein. Doch gibt es Formen des Pilgerns auch in den antiken Kulturen und Religionen – Pilgern ist eine religionshistorische Konstante über Epochen und Kulturen hinweg. Bereits ab dem 3. Jahrtausend vor Christus gab es bei Sumerern, Hethitern und Ägyptern Pilgerreisen zu herausragenden Orten.

Der früheste Ansatz des Pilgerns und Wallfahrens führte zu Zielen mit herausragenden Phänomenen der Natur: Dies konnte ein besonders gestalteter Berg sein oder eine beeindruckende Höhle (vgl. Seite 38); oft waren die Ziele aber heilige Quellen, zu denen ein »Heilpilgern« stattfand: Vom reinen Wasser einer Quelle erhoffte man sich Heilung verschiedener Krankheiten; so gibt es Spuren eines solchen Pilgern bei den Quellen der Seine in der Nähe des französischen Dijon. An solchen Orten suchte man auch die Begegnung mit der Gottheit oder göttlichen Kräften, mit den wohltätigen Geistern der Berge, Bäume und Grotten, die rund um das lebendige Wasser zu spüren waren. Die Germanen kannten deshalb heilige Haine, die Ziel religiöser Wege wurden. Hinter solchen Aktivitäten steht die Auffassung, dass die Wirkungsmacht der Gottheit mit solch herausragenden Orten verbunden ist.

Das Pilgern und Wallfahren gewann eine neue Qualität im griechischen, später auch römischen Kultur- und Religionsraum; Orte wie Delphi, Epidaurus, Eleusis und Ephesus künden davon. Der Artemis-Tempel im kleinasiatischen Ephesus wurde sogar als eines der sieben Weltwunder angesehen. Dabei unterschieden sich diese Orte durchaus. Es gab Pilgerziele, wo man auf den Spruch eines Orakels vertraute wie in Delphi, bei anderen stand die Heilung im Vordergrund wie in Epidaurus auf dem Peleponnes. Es gab Orte, an denen wie in Eleusis bei Athen Mysterienkulte vollzogen wurden, zu denen die Eingeweihten von weit her kamen. Es gab schließlich auch Orte, die eine Mischung von sakralen und profanen Motiven kannten und mit sportlichen oder musischen Wettkämpfen verbunden waren wie Olympia. Doch was uns heute bei einer Olympiade als rein weltliches Tun erscheint, geschah damals auf religiösem Hintergrund: Der heilige Hain von Olympia war ein Kultort des obersten Gottes Zeus – ihm zu Ehren wurden die sportlichen Spiele veranstaltet.

Eine ähnliche Verknüpfung von weltlichem Tun und religiösem Hintergrund gilt auch für Delphi. Dieser Ort mit seinem berühmten Orakel diente nicht nur als Stätte, wo man sich bei der Orakelpriesterin Pythia Rat und Hilfe holte. Dies geschah in einem Apollon-Tempel entsprechend der Vorstellung, dass Delphi der *omphalos* war, der »Nabel der Welt«, an dem die göttlichen Kräfte konzentriert dem Menschen begegnen. Auch Delphi war ein heiliger Pilgerort.

Ebenso verbreitet wie Orakelstätten – Delphi ist nur der bekannteste davon, andere sind in der altgriechischen Kultur Ephyra, Dodona, Didyma, auch gab es altägyptische Orakelstätten – sind Heilorte. Hier ging es vorrangig um Heilung von Krankheiten und

Unfruchtbarkeit, um das Austreiben von dämonischen Kräften, um wieder zu einer Harmonie von Körper und Geist zu kommen, auch um Lebensberatung und Hilfe in schwierigen Situationen. Bereits im alten Ägypten gab es in Orten wie Alexandria und Memphis Bereiche für Heilung und Gesundung, die wie alle antiken Heilungsorte nicht allein medizinisch ausgerichtet waren, sondern die religiöse Verbindung mit den Göttern als Grundlage einer Heilung ansahen. In der altgriechischen Kultur ist besonders der Heilgott Asklepios, Sohn des Lichtgottes Apollon bekannt. Er wurde vor allem in Epidaurus, aber auch in Athen, Pergamon, auf der Insel Kos und ab dem 3. Jahrhundert v. Chr. auch auf einer Tiberinsel in Rom verehrt.

Die Römer bauten ihre religiösen Vorstellungen auf denen der Etrusker, vor allem aber der Griechen auf und wandelten sie ihren Bedürfnissen entsprechend. So gab es neue Orakelstätten, etwa im (heute libanesischen) Baalbek, wo im riesigen Tempel des Jupiter Heliopolitanus geweissagt wurde. Es gab individuelles und kollektives Pilgern, religiöse Feste mit Prozessionen, Pilgergaben (Votive) wie etwa Bilder oder Skulpturen von geheilten Körperteilen oder Dankinschriften, umgekehrt Devotionalien, Segensandenken, Amulette, Talismane, welche die Pilgerfahrt in Erinnerung hielten. Pilgern – auch in seinem bunten Formenreichtum – ist also nichts Neues; das gab es schon immer.

Ganz im Heute – Politik, Pop und Sport

Pilgern – kultur- und zeitübergreifend – entwickelt ständig neue Formen. Ein kultureller Paradigmenwechsel führt auch zu anderen Pilgerzielen und zu neuen Motiven. Ein gutes Beispiel dafür ist Stonehenge, die Megalithstruktur aus der Jungsteinzeit in Südengland, die zwischen 3500 und 2000 v. Chr. errichtet wurde. Sie diente möglicherweise als Observatorium – doch dann wohl ähnlich der antiken chinesischen Astronomie und Astrologie vor dem religiösen Hintergrund, durch Festlegung von guten und schlechten Zeiten das Schicksal beeinflussen zu wollen. Stonehenge war aber damals wohl auch ein Kultort, vielleicht zudem eine Begräbnisstätte, zu der viele Pilger der

Region wanderten. Dieser Ort ist in unserer Zeit als Pilgerziel und religiöse Stätte »wiederbelebt« worden: Hier treffen sich vor allem zur Sommersonnenwende viele tausend Anhänger neopaganer Strömungen, die von keltischer Religiosität und Druidentum beeinflusst sind. Eine esoterische Suche nach Sinn und religiösen Ausdrucksformen hat hier ein altes Ziel neu entdeckt.

Ganz anders sind ausgesprochen profane Pilgerziele einzuordnen, an denen eine Verehrung von herausragenden Gestalten der Politik, der Popkultur und des Sports stattfindet. Meist stehen im politischen Raum geschichtlich einflussreiche Alleinherrscher oder Revolutionäre im Vordergrund. Das Bild zeigt das Mausoleum von Ho Chi Minh, des vietnamesischen Revolutionärs und Präsidenten Vietnams, der sein Volk durch die Befreiungskriege gegen Frankreich und später gegen Amerika führte. Obwohl Ho Chi Minh persönlich bescheiden war, entstand nach seinem Tod im Jahr 1969 ein Personenkult, bei dem sein einbalsamierter Leichnam zum Pilgerziel unzähliger Menschen wurde (oft »Zwangspilger« in herbeizitierten Gruppen).

Ein ähnlich pompöses Mausoleum befindet sich auf dem größten Platz der Welt, dem *Tian'anmen* (Platz des Himmlischen Friedens) in

Besucher des Ho-Chi-Minh-Mausoleums, Hanoi, Vietnam

Peking, China. Hier wird in einem gewaltigen Mausoleum der im Jahr 1976 verstorbene Mao Zedong verehrt. Sein konservierter Leichnam ist ebenso wie bei Ho Chi Minh das Pilgerziel gewaltiger Menschenmassen, die – oft staatlich verordnet – in einer endlosen Schlange am »Großen Vorsitzenden« vorbeiziehen. Etwas Vergleichbares gab es auch auf dem Roten Platz in Moskau mit dem Lenin–Mausoleum.

Was für Politiker gilt, gilt auch für andere »Größen« heutiger Kultur, etwa für verstorben Popmusiker. Das Grab von Elvis Presley (1935–1977), des » King of Rock 'n' Roll«, im amerikanischen Memphis etwa ist ebenso Ziel von Pilgern wie das Grab des Rocksängers James Morrison (1943–1971, »The Doors«) auf dem Pariser Friedhof Père Lachaise oder das von Rockmusikern und Motorradgangs oft besuchte Grab des österreichischen Musiker Falco (1957–1998) auf dem Wiener Zentralfriedhof. Auch gibt es in weiterer Sicht ein Totengedenken, das zu Pilgerreisen Anlass gibt, etwa zu Veteranenfriedhöfen, wo die »Helden der Nation« erinnert und gefeiert werden.

Ganz anders stellt sich eine säkulare Form des Pilgern im sportlichen Bereich dar: Die Fans der verschiedenen Fußballmannschaften etwa besuchen nicht nur die Heimspiele in ihrer Stadt, sondern sie pilgern – oft mit hohen Kosten – zu den Auswärtsspielen, um ihre Verbundenheit mit der Mannschaft und einzelnen Sportidolen auszudrücken. Dies führt zu einer tiefen Gemeinschaftserfahrung, Stichworte: Fanblock, gemeinsames Singen, einstudierte Rituale mit einheitlichen Bewegungen (La Ola – Stadionwelle), einheitlichen Kleidungsstücken, Fahnen und Abzeichen, manchmal auch in den Vereinsfarben geschminkten Gesichtern und vielem anderen mehr. Solches Reisen ist ein ins Profane gewandeltes Pilgern, das aber dennoch in seiner Gestaltung den sakralen Ursprung nicht verleugnen kann.

Wieder ganz anders sind Wege, die an Schreckliches erinnern bzw. die zum Handeln in der Welt auffordern. Als der Olof-Palme-Friedensmarsch 1987 einen Pilgerweg zu den Konzentrationslagern durchführte, war dies als Mahnung an die Lebenden gedacht. Wenn pazifistische und antimilitaristische Ostermärsche jedes Jahr zum Frieden aufrufen oder Anti-Atom-Tod-Märsche vor Atomkatastrophen warnen, dann wird die Form des Pilgern zum gesellschaftlichen Engagement für Frieden, Gerechtigkeit und Schutz der Umwelt – auch hier lassen sich im Hintergrund noch religiöse Motive erahnen.

Nur mal schauen – touristisches Pilgern

Eine ganz andere Motivation steht hinter touristischem Pilgern, das keineswegs nur ein Symptom unserer Zeit ist. Bereits in der Antike wird von Reisenden berichtet, die die unterschiedlichsten Pilgerorte weniger aus religiösem Antrieb besuchten, sondern um auf ausgedehnten Reisen interessante Ziele zu besuchen. Das Kennenlernen und Besichtigen von Kultur, Bauwerken, Ritualen, sicher auch religiösen Ausdrucksformen standen im Vordergrund, kaum ein eigenes Tun oder eine eigene religiöse Überzeugung. Es gab in der Antike ebenso wie im Mittelalter Reiseschriftsteller, der Grieche Pausanias (115–180) gehörte ebenso dazu wie der nordafrikanische Muslim Ibn Battuta (1304–1368), der alle kulturell und religiös wichtigen Stätten in Nordafrika und Asien besuchte. In der Neuzeit war der amerikanische Schriftsteller Mark Twain (1835–1910) ein touristischer Pilgerreisender, der nicht nur in der Mitte und im Osten der Vereinigten Staaten unterwegs war, sondern auch in Europa.

Das touristische Reisen und Pilgern, das in früheren Zeiten nur priviligierten Personen zeitlich und finanziell möglich war, ist heute angesichts von Globalisierung und weltweiten Verkehrsverbindungen einer breiten Schicht zugänglich. So pilgern riesige Menschenströme zu den Weltkulturerbestätten der UNESCO sowie zu den heiligen Stätten der Weltreligionen überall auf der Welt. Die verschiedenen Jakobswege führten 2013 über 200 000 Besucher nach Santiago de Compostela, die Wallfahrt in den französischen Marienwallfahrsort Lourdes wurde von 6 Millionen Pilgern unternommen, zum Kumbh Mela in Allahabad kamen weit mehr als 100 Millionen Pilger. Bei den meisten von ihnen werden wohl religiöse Gründe vorherrschend gewesen sein, doch pilgern auch viele, um einfach nur einmal zu schauen, um Neues zu erleben sowie die riesigen Gemeinschaften an solch heiligen Orten wahrzunehmen.

Beispielhaft lässt sich dies am touristischen Pilgern in China darstellen: Durch die wirtschaftlichen Reformen seit 1990 und die größere Freizügigkeit, was Reisen innerhalb und außerhalb Chinas angeht, sind die Chinesen zu »Reiseweltmeistern« geworden. Die großen Tempel in den chinesischen Städten oder an den Hängen der Heiligen Berge sind zu überlaufenen Touristenzielen geworden. Natürlich vollziehen viele dieser Touristenpilger auch religiöse Rituale wie etwa das Anzünden von Räucherstäbchen, doch das Gespür für Heiliges ist weithin verschwunden – man klettert auf Buddha- und Götterstatuen, um Selfies zu machen, und anderes mehr. Touristisches Pilgern – eine Verschiebung religiösen Tuns in den säkularen Bereich.

Weiter und darüber hinaus

Mit dem Pilgergruß des Jakobswegs »Ultreïa et suseia!« – »Weiter und darüber hinaus« wurde dieses Kapitel eingeleitet. Dieser Spruch ist verschieden zu deuten: als Ermunterung auf einem anstrengenden Weg, als Mahnung zu je neuem Aufbruch, als Blick auch über den Horizont, nicht nur geographisch, sondern auch religiös im Blick auf das Göttliche und die Vollendung des Lebens bei ihm. Dies wird in den folgenden Kapiteln konkretisiert werden. Das Pilgern in den Religionen kann – trotz ihrer inhaltlichen Verschiedenheit – zusammengefasst werden:

- Beim Pilgern ist der Weg genauso wichtig wie das Ziel, es geht um Be»weg»ung des Menschen durch neue Anstrengung.
- Pilgern ist körperliche Anstrengung vor spirituellem Hintergrund – Körper, Geist, Seele, Gemüt wirken zusammen, der ganze Mensch ist gefragt.
- Pilgerwege betonen eine ortsgebundene Frömmigkeit und führen zu heiligen Orten, an denen sich Himmel und Erde berühren.
- An Pilgerorten wird Gott, menschlicher Erfahrung nach, in herausragender Weise erfahrbar. Die Pilgerfahrt ruft das Göttliche hervor.
- Bereits vor dem Ziel bringt der Weg selbst innere Erfahrungen, führt zu Reifung und tieferer Erkenntnis.
- Dem Pilgerweg entspricht der Lebensweg des Menschen, der über Höhen und durch Tiefen führt und ein letztes Ziel kennt.
- Pilgern geschieht aus unterschiedlichen, oft miteinander verschränkten Motiven: Besinnung auf die eigene Geschichte, Wandlungsprozessen Raum geben, Aufbruch zu neuen Lebenszielen, Dankbarkeit für das Leben und alles darin, Gutes wie Belastendes,

Bitte um Schutz und Segen für sich selbst und für andere, Suche nach neuen Horizonten, Erfahrung der Tiefe, Begegnung mit Fremdem und Fremden, Sehnsucht, alles hinter sich zu lassen, Offenheit für neue Erfahrungen, religiöse Pflichten erfüllen.
- Pilgern ist ein Symbol für das menschliche Leben, das nicht endgültig, sondern der Übergang in ein anderes, vollendetes Leben ist.
- Pilgern ist Frömmigkeit, Beten mit den Beinen und zugleich mit dem Herzen.

Man kann durchaus berechtigte Kritik am Pilgern üben. Der Mystiker Thomas von Kempen (1380–1471) sagte spöttisch: »Wer viel pilgert, wird selten heilig.« Und Martin Luther (1483–1546) schimpfte über die »Bescheißerei zu Trier«, wo die Pilger zum Heiligen Rock Jesu wanderten und dort viel Geld in den Taschen der Kirche ließen – eine Kritik mehr an Auswüchsen und äußerer Werkgerechtigkeit als an inneren Motiven. Doch das ist nur die eine Seite.

Denn Pilgern liegt heute wieder im Trend und ist ein erstaunliches Phänomen sowohl der historischen wie der aktuellen Religionskultur. Pilgern stellt ein weg- und ortsbezogenes Format menschlicher Religiosität dar. Pilgern ist in allen Religionen eine berechtigte und wichtige Art der Religionsausübung.

Pilger in Kyoto, Japan

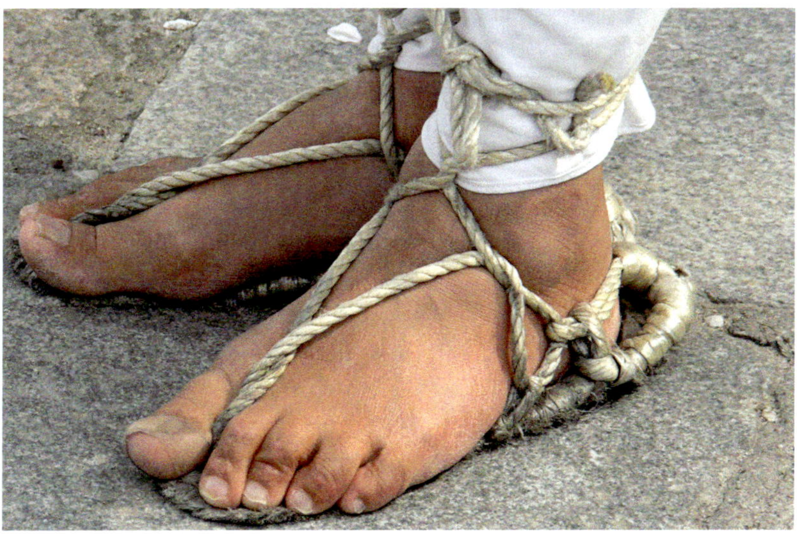

Orte der Gottbegegnung

Gott hat keinen und jeden Ort,
doch manche Orte erscheinen den Menschen
geeigneter für eine Begegnung mit dem Göttlichen –
es sind Orte, wo Himmel und Erde sich berühren.

Pilgerreisen und Wallfahrtsorte erzählen davon, wie Menschen auf ihren Wegen und an deren Zielen in besonderer Weise Gott, das Göttliche, das den Menschen Übersteigende erfahren haben. Dahinter steht die allen Religionen gemeinsame Vorstellung, dass nicht jeder Ort auf der Welt gleich ist. Es gibt Orte, die – bildlich gesprochen – dem Himmel näher sind als andere. Es gibt Orte, die spirituell aufgeladen sind und Menschen leichter als andere zu religiösen Erfahrungen führen können. In den aus alter Zeit stammenden Naturreligionen, aber auch in den Weltreligionen späterer Zeit, sind dies oft Orte mit ins Auge fallenden Besonderheiten, etwa einem Berg, einer Quelle, einem Fluss oder einer Höhle.

Andere spirituell aufgeladene Pilgerorte haben mit dem Wirken der Religionsstifter zu tun; sie sind gleichsam eine Reise zu den Quellen einer Religion und rufen die Grundlagen dieser nicht nur durch das Wort, sondern durch die Bewegung dorthin in einer den Menschen transformierenden Weise in Erinnerung. So gibt es für Christen Reisen in das Heilige Land, für Muslime zu den Wirkungsstätten Mohammeds in Mekka und Medina, für Buddhisten zu den vier Pilgerorten von Geburt, Erleuchtung, erster Lehrrede und Eingang ins Paranirvana des Buddha (Lumbini, Bodh Gaya, Sarnath, Kushinagara), für Hindus zu den Geburtsorten der Avataras von Vishnu – Krishna und Rama. Selbst Qufu in China ist zu einem »Wallfahrtort« von konfuzianisch geprägten Menschen geworden, die sich hier an Geburt und Wirken von Kongzi (Konfuzius) erinnern und sein Wohnhaus und sein Grab besuchen.

Über das Wirken der Religionsstifter hinaus gehen Pilgerfahrten zu Orten, in denen man den Segen und Schutz der Gottheit auf eine vermittelte Weise erfahren kann: Solche Vermittlung kann durch verstorbene oder auch lebende Personen erfolgen, etwa Pilgerfahrten zu den Gräbern von Heiligen, Imamen, Gurus, buddhistischen Äbten, daoistischen Weisen. Vermittlung kann darüber hinaus auch durch Gegenstände erfolgen, die eine besondere Beziehung zum Religionsstifter oder den Grundbegriffen einer Religion haben – ein Reliquienkult an heiligen Orten, gleich ob zum (vermeintlichen) Heiligen Rock Jesu in Trier oder zum (ebenso vermeintlichen) Zahn des Buddha in Kandy. Verehrt werden zudem vielfältige Reliquien von Heiligen, ebenso Orte, wo Heilige erschienen sind.

Pilger auf dem Weg, Kamakura, Japan

Diese und weitere Formen stellen eine ortsgebundene und ortsbezogene Frömmigkeit dar, die sich oft fernab der offiziellen Linie einer Religion entwickelt hat und manchmal auch von den religiösen Autoritäten nicht anerkannt wird (wie etwa der aus der Neuzeit stammende Marienwallfahrtsort Međugorge in Bosnien-Herzegowina). Doch die Volksreligiosität geht immer eigene Wege: Menschen lassen sich in ihrer Vielgestaltigkeit nicht in ein Korsett religiöser und von oben bestimmter Dogmen einpassen.

Manche Religionen – etwa die Sikhs – verweisen darauf, dass die äußeren Pilgerfahrten zu heiligen Orten unwichtiger sind als die inneren Pilgerfahrten, denn nur sie allein können Menschen verändern. Im Islam wird von den meisten Muslimen der Dschihad als innere Anstrengung (und nicht als äußerer, gewalttätiger Kampf) verstanden. Auch die christliche Mystik, der islamische Sufismus und erst recht die reformatorischen Kirchen mit ihrem »allein der Glaube« haben Kritik an äußerlichen religiösen Vollzügen wie Pilgerfahrten geübt.

Berge und Quellen – Orte der Natur

Heilige, spirituelle Orte – und damit Pilgerziele – können auffällige Phänomene in der Natur sein: ein hoher oder ungewöhnlich geformter Berg (der Berg Sinai für Juden und Christen, der Berg Kailash für Buddhisten, Hindus und Jain, die Heiligen Berge Chinas für Buddhisten und Daoisten, der Berg Koya [Koyasan] für japanische Buddhisten und Shintos ...), eine Quelle mit Leben spendendem Wasser (wie etwa für katholische Christen in Lourdes oder für Hindus die Quellen des Ganges), ein heiliger Fluss (der Jordan für Juden und Christen, der Ganges für Hindus) oder eine Höhle, in der sich Religionsstifter oder Pilger bergen konnten und können – die Höhle erinnert symbolisch an den bergenden Mutterschoß.

Ein herausragendes Beispiel ist der Adam's Peak im Südwesten der tropischen Insel Sri Lanka, der von Buddhisten (Hauptreligion des Inselstaates), Hindus, Muslimen und Christen verehrt wird. Er ist mit seinem auf der Bergspitze gelegenen Heiligtum ein herausragendes Beispiel einer verschiedene Weltreligionen übergreifenden Frömmigkeit. Auf seiner Spitze ist eine etwa 1,5 m lange Vertiefung zu sehen; diese wird von den Buddhisten als Fußabdruck des Buddha verehrt. Als der Buddha nämlich bei einer (mythischen, nicht historischen) Reise nach Sri Lanka gekommen sei, habe er als Erinnerung an seinen Besuch diesen zu verehrenden Fußabdruck hinterlassen. Auch die hinduistischen Tamilen verehren diesen Fußabdruck. Doch ihrer Meinung nach war es der große Gott Shiva, der nicht nur auf dem Berg Kailash im Himalaya seinen Sitz hat, sondern auch auf dieser Bergspitze Sri Lankas. Hier soll Shiva seinen Schöpfungstanz vollzogen und dabei die Welt neu geschaffen haben. Muslime verstehen den Fußabdruck als von Adam, dem ersten Menschen, stammend, der hier auf dem heiligen Berg zum ersten Mal den Boden der Erde betreten hat. Christen haben seit der portugiesischen Eroberung der Westküste Sri Lankas im 16. Jahrhundert diesen Gedanken übernommen, von den Portugiesen stammt auch der Name *Pico de Adam*. Doch sehen manche Christen im Fußabdruck auch eine Erinnerung an den Apostel Thomas, der der Legende nach Südindien missioniert hat und dabei auch nach Sri Lanka gekommen sei.

Adams Peak bei Ratnapura, Sri Lanka

Der Berg als Sitz der Götter – das gilt besonders für den heiligen Berg Kailash in Westtibet, der von Hindus, Buddhisten, Jain und von Anhängern der vorbuddhistisch-tibetischen Bönreligion verehrt wird. Der Kailash darf nicht bestiegen werden, allein der mystische Dichter Milarepa hat der Legende nach auf seinem Gipfel meditiert. Wohl aber wird der Kailash auf einem 53 km langen Pilgerweg im Uhrzeigersinn umrundet – eine mehrtägige und anstrengende, weil über einen 5700 m hohen Pass führende Strecke. In der hinduistischen Mythologie ist der Kailash der mystische Berg Meru; dieser ist Sitz der Götter, vor allem des Gottes Shiva und seiner Familie (Parvati, Ganesha, Karttikeya). Von diesem König der Berge, dem Zentrum des Universums, entspringen die vier heiligen Flüsse Indus, Sutlej, Karnali und Brahmaputra, die dem Subkontinent Indien Leben und Fruchtbarkeit bringen. Der Lama Anagarika Gowinda (1998–1985) schreibt: »Einige Berge sind nur Berge, andere aber haben eine Persönlichkeit und dadurch die Macht, die Menschen zu beeinflussen. Der größte von ihnen, seit Beginn der Zeit, ist und bleibt der Kailash.«

Was für heilige Berge gilt, gilt auch für heiliges Wasser: Quellen (etwa Tirta Empul auf Bali), Seen (etwa der Manasarovar-See am Kailash), Flüsse (etwa Ganges, Yamuna und der mythische Fluss Sarasvati in Indien) sind Orte besonderer spiritueller Erfahrung und deshalb für unzählige Menschen wichtige Pilgerorte. Wasser steht für das Leben, das von der Gottheit geschenkt wird, dazu für Reinheit und Neuanfang. Im Islam gibt es die Quelle Zamzam, die an die Rettung der biblisch-koranischen Gestalten Hagar und Ismael erinnert und zu der die Pilger des muslimischen Hadsch gehen. Auch gibt es in der islamischen Volksreligiosität oft heilige Quellen wie in der marokkanischen Todra-Schlucht, deren Wasser unfruchtbaren Frauen zum Kinderwunsch verhelfen und die wichtige Pilgerorte darstellen. Germanen, Kelten, Griechen und Römer kannten heilige Quellen und Brunnen – damals ebenfalls bedeutende Pilgerziele.

Geburt und Tod – Orte der Religionsstifter

Die Stifter der großen Religionen der Menschheit stellen »spirituelle Leuchttürme« dar, die auf Geschichte und Kultur vieler Völker und Regionen, auch global einen hohen Einfluss genommen haben. Deshalb verwundert es nicht, wenn die Religionen ihre Stifter in hohem Maß verehren und dabei besonders die Orte berücksichtigen, an denen sie gewirkt haben, bzw. an denen herausragende Erinnerungen an die Stifter bewahrt werden.

Die Stifter werden meist – etwa Mohammed oder Guru Nanak (Sikhismus), Bahā'u'llah (Bahai) – als Menschen mit einem zeitgemäßem Lebenslauf dargestellt. Doch gibt es auch Stifter, die sowohl menschlich wie göttlich verstanden werden. Jesus wurde zuerst als Prophet in der Linie der alttestamentlichen Propheten verkündet, zudem als in einer besonderen Beziehung zu Gott stehend (Messias, Sohn Gottes). Zunehmend aber und besonders durch die Konzilien des 4. und 5. Jahrhunderts wird formuliert, dass er Gott *und* Mensch zugleich ist, in untrennbarer Wesenheit. Ähnliches geschah beim Buddha, der sich als Lehrer und Mensch wie alle verstand, über den aber schon bald eine Fülle von Legenden erzählt wurden, die ihn nicht als Gott, wohl aber als himmlisches Wesen ansahen, das aus dem Tushita-Himmel zur Erde kam, um aus Mitleid mit allen Lebewesen einen Weg zur Befreiung aus dem Leidenskreislauf zu zeigen. Spätere Zeiten vor allem in der Volksfrömmigkeit von Mahayana- und Vajrayana-Buddhismus verehren Siddhartha, den Buddha, wie einen Gott.

Ähnliches gilt auch für verschiedene Avataras des hinduistischen Gottes Vishnu, besonders von Rama und Krishna. Sie sind zwar eingebettet in eine menschliche Geschichte, zugleich aber Zwischenwesen mit göttlichen Kräften. Die Antike kennt Halbgötter wie Herakles und Perseus; die chinesische Mythologie erzählt von der Apotheose, Vergöttlichung von bedeutenden Gestalten nach ihrem Tod wie beim General Guan Yu (160–219), der zum daoistischen Kriegsgott Guan Di erhoben wurde.

Die Wirkungsorte solcher Gestalten, besonders die Orte ihrer Geburt und ihres Todes entwickelten sich zu Pilgerorten, an denen man sich mit den Religionsgründern und damit mit der von ihnen begründeten oder abgeleiteten Religion in besonderer Weise verbunden weiß. Nach Ende der Christenverfolgung im Römischen Reich pilgerte etwa die Kaiserinmutter Helena zu den Orten des Heiligen Landes Israel, an denen Jesus den Evangelien nach war, besonders Betlehem (Geburt) und Jerusalem (Tod). Vergleichbare Pilgerreisen ins Heilige Land wurden bald von vielen unternommen. Als dies wegen der muslimischen Eroberung nicht mehr uneingeschränkt möglich war, wurden anderenorts Ersatzstätten geschaffen – so etwa im 12. und 13. Jahrhundert im äthiopischen Lalibela ein nachgebildetes Jerusalem bzw. Israel (mit Fluss Jordan, Berg Golgota etc.), zu dem die christlichen Pilger wandern konnten, nachdem dies im eigentlichen Heiligen Land nicht mehr möglich war. Auch ist dies der Ursprung von »Heiligen Stiegen« (etwa die Scala Santa – Heilige Treppe der Lateranbasilika in Rom oder die Stiege auf dem Bonner Kreuzberg), die an den Leidensweg Jesu erinnern und an seinen Aufstieg zum Palast des Pilatus, wo er verurteilt wurde.

Neben dem (theologischen, wohl nicht historischen) Geburtsort Jesu, Betlehem, und dem Ort seines Leidensweges bis

Kopf des liegenden (= toten) Buddha im Paranirvana-Tempel, Kushinagara, Indien

zum Kreuzestod, Jerusalem, ist besonders Galiläa mit dem See von Gennesaret das Ziel christlicher Pilger aus aller Welt. Dem entsprechen bei Buddhisten die vier wichtigsten Pilgerorte Lumbini (Geburt des Siddhartha Gautama), Bodh Gaya (Erleuchtung: Siddhartha wird zum Buddha), Sarnath (Ort der ersten Lehrrede: Gründungsort des buddhistischen Mönchsordens) und Kushinagara (Hinübergehen des Buddha ins Nirvana). Mit Ayodhya und Vrindivan/Mathura sind die Gedenkorte der Geburt von Rama und Krishna benannt, der Avataras des hinduistischen Gottes Vishnu. Dorthin strömen unzählige Pilger, aber auch weitere Orte ihres Wirkens werden verehrt. Muslime pilgern beim Hadsch nach Mekka, wo die Kaaba das Symbol des einen und einzigen, zudem nicht darstellbaren Gottes ist. Viele kommen aber danach auch nach Medina (*medina al-nabi*, die Stadt des Propheten), wo sich die erste islamische Moschee im ehemaligen Wohnhaus Mohammeds und auch sein Grab befinden. Auch gibt es in vielen islamischen Richtungen Pilgerfahrten zu Gräbern von Heiligen und bedeutenden Lehrern, in der Schia zu den Gedenkorten der Prophetenenkel Hasan und Husein und der Imame. Jains gedenken an unterschiedlichen Pilgerorten der »Furtbereiter« (Tirthankaras), welche die Lehre der Jains geprägt haben (vgl. Seite 204).

Erinnerungen an die Großen – Orte der Heiligen

Alle Religionen kennen neben den Religionsstiftern herausragende Gestalten, die sich – den Stiftern folgend – durch ein intensives religiöses Leben, durch eine Nähe zur Gottheit und durch Engagement für die Menschen ausgezeichnet haben. Solche Personen – Männer wie Frauen – werden als »Heilige« verstanden in dem Sinn, dass heilig nicht moralische Vollkommenheit bezeichnet, sondern eine besondere Beziehung zum Göttlichen.

Heilige sind Vorbilder, sie machen Mut, sich in nicht gleicher, aber vergleichbarer Weise an Gott zu binden und für die Menschen einzusetzen. Deshalb wird an wichtigen, »heiligen« Orten an die Heiligen erinnert, sie werden dort gefeiert und verehrt. Auch wenn solche Verehrung in der Volksreligiosität manchmal die Züge eines unkritischen

Personenkults annimmt, so steht dahinter doch das Bemühen, den eigenen Glauben zu stärken und Kraft für ein Leben aus dem Glauben zu gewinnen – richtig verstanden soll jeder zum »Heiligen« werden.

Im jüdischen Bereich werden vor allem die Graborte der großen Gestalten der Hebräischen Bibel besucht, das Grab Abrahams, Saras und anderer in der Machpela-Höhle in Hebron etwa. Aber auch die Grabstätten von wichtigen Personen der späteren jüdischen Geschichte sind Zielorte von Pilgern, auf dem alten jüdischen Friedhof in der Prager Altstadt etwa das Grab von Rabbi Löw (1520–1609).

Im christlichen Bereich hatten in den ersten Jahrhunderten zum einen die Märtyrer und (wenn bekannt) ihre Gräber ein hohes Ansehen, zum anderen die (auch als Märtyrer gestorbenen) Apostel und ihre Grabstätten. Die vermeintlichen Grabstätten von Petrus (unter dem Petersdom) und Paulus (in der Kirche San Paolo fuori le mura) in Rom, Matthias (Trier) und Thomas (im südindischen Chennai) wurden zu den ersten christlichen Pilgerstätten; erst ab dem 9. Jahrhundert kam auch das Grab des Apostels Jakobus in Santiago de Compostela hinzu, auf das hin sich das größte europäische Netz von Pilgerwegen entwickelte und bis in unsere Zeit erhalten blieb. In späteren Zeiten der Kirchengeschichte entstanden auch Pilgerfahrten zu Marienwallfahrtsorten und zu Orten anderer Heiliger.

Ein strenger fundamentalistische Islam kann neben der Verehrung des einen Gottes keine Verehrung von Heiligen zulassen, doch in der muslimischen Volksfrömmigkeit sieht dies ganz anders aus. Schiiten verehren die Grabmoschee des vierten Kalifen Ali (des aus ihrer Sicht ersten Imam) in Nadschaf, Irak, auch andere Länder wie Afghanistan (Masar-e Scharif) und Usbekistan (Shihimardon im Ferganatal) kennen Ali-Mausoleen, die von Pilgern besucht werden. Auch die Söhne Alis, Hasan und Husein, werden durch den Besuch ihrer Grabstätten in Medina und Kerbala verehrt. Die Sunna kennt in Zentralasien, in Indien, in den Maghreb-Staaten und in Westafrika eine Fülle von Heiligengräber als Pilgerziele.

Da es im Hinduismus und im Theravada-Buddhismus wegen der Verbrennung der Toten keine Friedhöfe, Mausoleen und Grabstätten gibt, werden hinduistische und buddhistische Heilige nur selten an ihren Sterbeorten (etwa Kushinagara, vgl. das Bild auf Seite 41) verehrt, sondern häufiger an bekannten Orten ihres Wirkens: So ist etwa der Sri-Aurobindo-Ashram im indischen Puducherry zum Zentrum der Verehrung des Hindu-Mystikers Sri Aurobindo Ghose (1872–1950) geworden; der tibetische-buddhistische Heilige Padmasambhava (8. Jahrhundert) wird sowohl in dem von ihm gegründeten tibetischen Kloster Samye verehrt, dem ältesten Kloster des tibetischen Vajrayana, als auch in der Höhle des kleinen Klosters Tigernest im Parotal von Bhutan, wo er meditiert haben soll.

Zur Gemeinschaft finden – Orte der Religionen

Die Pilgerorte der jeweiligen religiösen Tradition tragen zur Gemeinschaftsbildung einer Glaubensrichtung bei – beste Beispiele sind der muslimische Hadsch und die hinduistische Kumbh Mela. Von da aus werden solche heiligen Orte oft Angehörigen anderer Religionen verschlossen. Nach Mekka und Medina darf – bei Androhung der Todesstrafe – kein Nichtmuslim reisen. In Marokko ist bis auf zwei Ausnahmen Nichtmuslimen das Betreten aller Moscheen verboten, somit auch der Grabmoschee des Staatsgründers und Heiligen Moulay Idriss. In ähnlicher Weise können Nichthindus in den wichtigsten Shiva-Tempeln Indiens zwar das Tempelgelände betreten, nicht aber das Allerheiligste besuchen. Hinter solchen Konzepten steht der Gedanke der religiösen Reinheit, aber auch eine Identitätsfindung durch Abgrenzung von anderen.

Es gibt Gegenbeispiele, wo ein heiliger Ort religionsübergreifend verehrt wird. Die Beispiele des Adams Peak in Sri Lanka (vgl. Seite 38) oder des Berges Kailash (vgl. Seite 39) sind bereits bekannt. Doch besteht vor allem in Süd- und Ostasien weithin die Auffassung eines »sowohl – als auch«, nicht eines »entweder–oder«. Deshalb kann ein gläubiger Hindu auch an einem christlichen Gottesdienst in der Thomaskathedrale in Chennai teilnehmen und das Grab des Apostels besuchen. Deshalb finden sich an buddhistischen Wallfahrtsorten Chinas auch Erinnerungen an daoistische Heilige und umgekehrt in daoistischen Tempeln nicht nur Buddha- und Bodhisattvafiguren, sondern auch solche von herausragenden buddhistischen Arhats, die als Heilige verehrt werden.

Um heilige Orte kann es heftigen Streit geben, so im nordindischen Mathura. Dort gab es seit alter Zeit einen Tempel, in dem an Krishna gedacht wurde, der wichtigste Pilgerort für die Verehrer dieses Avataras Vishnus. Der intolerante islamische Mogulherrscher Aurangzeb (1618–1707) ließ diesen Tempel abreißen und dort eine Moschee bauen – vergleichbar, als hätten Muslime in Betlehem die alte Geburtskirche Jesu durch eine neue Moschee ersetzt. Dass von gewaltbereiten Hindus versucht wird, dies in Mathura zu ändern, ebenso in Ayodhya, dem Geburtsort Ramas mit ähnlicher Geschichte, kann zum Ausgangspunkt eines Bürgerkriegs werden. Eine ähnliche spannungsgeladene Situation ist in Jerusalem der Tempelberg, der von Juden und Muslimen beansprucht wird. Heilige Orte können gemeinschaftsbildend, aber leider auch trennend sein.

Sich dem Geheimnis nähern – mystische Orte

An heiligen Orten und auf den Pilgerwegen dorthin soll eine, den Alltag durchbrechende und den Alltag übersteigende Beziehung zur

Shinto-Torii, Zugang zu einem Tempel auf einer Insel des Ashi-Sees, Japan

verehrten Gottheit aufgebaut werden. Dies wird von den Pilgern in manchen Religionen durch besondere Kleidung deutlich gemacht: Muslimische Männer müssen beim Hadsch ein einheitliches, weißes Gewand aus zwei Leinentüchern anziehen – jeder Unterschied aufgrund von sozialem Stand wird so zurückgestellt, Gemeinschaft gebildet und zugleich geschieht eine innere Vorbereitung auf das heilige Tun des Pilgerns und der Gottesverehrung. Ähnliches geschieht an hinduistischen Pilgerorten der indonesischen Insel Bali, hier ist beim Besuch der Tempel ein Sarong und eine Schärpe (Tempelschal) zu tragen. Die japanisch-buddhistischen Pilger auf dem Shikoku haben mit runden Grashüten, weißen Gewändern, Pilgerstab und weißer Pilgertasche eine eigene, sie von touristischen Besuchern abgrenzende Kleidung, die ihre religiöse Motivation ausdrückt, sich auf den Weg zum Göttlichen zu machen. Auf den Jakobuswegen war dies früher mit Pilgermantel (Pellerine), Pilgerhut, Stab und Tasche, dazu das Muschelabzeichen, ähnlich.

Grenzt solche besondere Pilgerkleidung sich von weltlichem, profanem und sakralem, heiligem Tun ab, so sind auch die Pilgerorte meist deutlich von ihrer Umgebung unterschieden: Bei Tempel- und Klosteranlagen gibt es in der Regel eine Umzäunung durch eine Mauer, die das Areal »einfriedet« und zu einem dem weltlichen Tun entzogenen Gebiet macht. Dies wird in japanischen Shinto-Schreinen besonders durch die Torii sichtbar, leuchtend-rot gestrichenen Toren am Eingang des heiligen Bereiches (vgl. das Bild auf Seite 45). Die indisch-buddhistischen Torana (etwa in Sanchi), die Gopuram, Tortürme am Eingang der ummauerten riesigen südindischen Tempelanlagen, die chinesisch-daistischen Pailou, aber auch die skulpturenreichen gotischen Kathedralportale, die gespaltenen Tore balinesischer Tempel und die Torhäuser (Iwane) vor islamischen Moscheen, Medresen und Mausoleen haben eine vergleichbare Funktion: Sie führen die Gläubigen und Pilger langsam in den heiligen Bereich, lassen sie eine Schwelle überschreiten (vgl. die Eingangsschwelle in vielen südostasiatischen Tempelgebäuden), bringen sie aus dem weltlichen Bereich in den Erfahrungsbereich göttlicher Nähe. Eine ähnliche Aufgabe haben durchaus auch Reinigungszeremonien wie die für Muslime vor dem Gebet in der Moschee verpflichtende Waschung; das katholische Weihwasserbecken am Eingang der Kirchen ist ähnlich zu sehen.

Viele heilige Orte sind nur mit großer Mühe über lange Zugänge zu erreichen, zu den Bergheiligtümern führen Aufstiegstreppen, für deren Besteigung Stunden benötigt werden: etwa 7000 Stufen = 1500 Höhenmeter bei der Besteigung des daoistischen Berges Taishan, über 4000 Stufen hinauf zu den 836 Tempeln des heiligen Berges Shatrunjaya, bei Palitana, Gujarat, Indien, dem wohl wichtigsten Pilgerziel des Jainismus.

Hat man sich aber dann ausreichend vorbereitet, ist man den oft mühsamen und langen Weg zum Pilgerziel gegangen (den japanischen Saigoku-Weg etwa mit ca. 1400 km), so erreicht man das Ziel des Weges – heilige Orte mit ihrer konzentrierten Religiosität, die über allerlei Lehren und Dogmen einer Religion hinaus in die Tiefe führen, in das Geheimnis des Göttlichen, das der Pilger sucht und erfahren will. Der Weg und die äußere Gestaltung dieses Weges mit Meditation, Gebet, Gesang, Kleidung, Ritualen und anderem mehr, auch die Tempel, Pagoden, Mausoleen, Kirchen, Gebetsstätten, Schreine selbst sind im Letzten nur Vorbereitung auf das Eigentliche hin: auf die Gotteserfahrung an heiligen Orten.

Pagoden in Bagan, Myanmar

Judentum

Ich freute mich, als man mir sagte:
»Zum Haus des Herrn wollen wir pilgern.«
(Psalm 122,1)

Im Buch der Psalmen innerhalb der Hebräischen, Jüdischen Bibel gibt es ein eigenes kleines Wallfahrtsbuch, das die Psalmen 120–134 umfasst. Dies sind poetische Texte, die von Not und Verzweiflung eines Beters künden, aber mehr noch von seiner unbeschränkten Hoffnung auf Rettung, die ihm im Heiligtum des Herrn widerfahren wird: »Gott umgibt sein Volk, wie die Berge Jerusalem umgeben« (Psalm 125,2); das aber führt dazu, dass »die Tränen in Jubel gewandelt werden« (Psalm 126,5). Mit diesem Vers ist das israelitisch-jüdische Grundverständnis aufgezeigt: Gott hat sein Volk Israel bzw. die Juden als Volk aus allen Völkern erwählt und begegnet seinem auserwählten Volk mit seiner ganzen Herrlichkeit. Diese *Schechina* (hebräisch = Einwohnung) Gottes wird als seine innere Gegenwart im Volk, im Land Israel und besonders in Jerusalem mit dem Ort des jüdischen Tempels verstanden. Über 3000 Jahre hinweg in der Zeit des Reiches Juda/Israel, in der Zeit des Judentums nach dem babylonischen Exil bis in die Neuzeit, in der Zeit auch seit der Staatengründung Israels 1948 ergibt sich somit eine grundlegende Linie nicht nur der jüdischen Re-

Judentum
Etwa 15 Millionen Menschen bekennen sich zu dieser weltweit verbreiteten Religion, die zugleich die »Mutterreligion« von Christentum und Islam ist. Das zentrale Bekenntnis des Judentums ist der Glaube an den einen Gott, der sich in der Geschichte als barmherzig erwiesen hat. Er hat das Volk Israel als sein heiliges Volk erwählt und ihm das Land Israel gegeben. Die Bedeutung von Gott, Volk und Land bestimmen auch heute die unterschiedlichen Richtungen des Judentums: orthodox, konservativ oder liberal.

ligion, sondern – davon abhängig – auch des jüdischen Volkes und seines Bemühens um einen eigenen Staat. Dieses Bemühen konzentriert sich im Symbol des Tempelberges in Jerusalem – auch wenn der Tempel nicht mehr vorhanden ist und sich stattdessen der muslimische Felsendom auf dem Platz des Tempels über den letzten Rest einer Befestigungsmauer erhebt, die das erhöhte ehemalige Tempelgelände abstützt: Die Klagemauer erinnert somit nicht allein an den verlorenen Tempel, sondern ist das spirituelle und geistige Zentrum des Judentums, nicht nur im neuen Staat Israel und seiner jüdischen Bewohner, sondern auch für die Juden in den Diasporagemeinden weltweit. »Nächstes Jahr in Jerusalem« ist deshalb weltweit der traditionelle Gruß der Juden beim Sederabend anlässlich des Pessahfestes (Pascha).

Jüdische Klagemauer vor muslimischem Felsendom, Jerusalem, Israel

Die Geschichte des Judentums beginnt dabei mit halbnomadischen Stämmen, die in der späten Bronzezeit von Osten her in das Land Kanaan/Palästina einwandern (von Abraham bis Mose) und das Land in einem längeren Prozess einnehmen (12.–11. Jahrhundert v. Chr.). Am Beginn der Königszeit (ca. 1020–587 v. Chr.) war das Gebiet unter den Königen Saul, David und Salomo ein einheitliches Reich, dann zerbrach es in ein wohlhabenderes Nordreich Israel und das kleines Gebiet Juda in den Bergen rund um Jerusalem. Das Nordreich ging bereits im 8. Jahrhundert zugrunde; Juda und Jerusalem wurden 587 v. Chr. von den Babyloniern erobert, die jüdische Oberschicht ins Exil nach Babel geführt. Dort und nach der Rückkehr aus dem Exil erfolgte eine religiöse Neubesinnung, der jüdische Glaube und auch die meisten Schriften der Hebräischen Bibel entstanden in der Form, wie sie bis heute weithin erhalten sind.

Tempelwallfahrt damals – das Herz des Judentums

Jerusalem (hebräisch *Jeruschalajim* = »vom Gott Schalom gegründet«, »Stadt des Friedens«) ist die Hauptstadt Israels/Judas mit einer langen, bereits vor der Landnahme beginnenden Geschichte. Bereits in alter Zeit gegründet tauchte die befestigte Stadt im Zusammenhang mit der Abrahamerzählung auf; Melchisedek, der König von Salem (Jerusalem), brachte Brot und Wein aus der Stadt heraus und sprach ein Segenswort über Abram (Gen 14,18–21).

Wesentliche Bedeutung gewann Jerusalem aber erst nach der Eroberung durch König David (ca. 1000–961 v. Chr.), der diese Stadt zu seinem Privatbesitz (»Stadt Davids«) und zur Hauptstadt Israels machte. Damit wurde Jerusalem politisches, kulturelles und durch die Bundeslade und den späteren Tempel auch religiöses Zentrum des Landes, bis in unsere Zeit ist dies so geblieben. Davids Sohn Salomo (961 – 931 v. Chr.) erbaute auf dem Tempelberg (wahrscheinlich schon vorher ein Kultort) den ersten Tempel, in dessen Allerheiligsten die Bundeslade aufgestellt wurde. Dieser Tempelberg wurde Zion genannt, nach einem Gebirge mit diesem Namen (oder »Tochter Zion«, weil der Zionsberg nur ein Teil dieses Gebirges ist). Mit Zion verbindet sich der Gedanke, dass Jerusalem von Gott auserwählt ist – heilige Stadt auf heiligem Berg, Zionsberg und Stadt Jerusalem: Der Name Gottes, das heißt Gott selbst, wohnt hier (1 Könige 8,16).

In Jerusalem wurden David, Salomo und weitere Könige Judas begraben. Nach der Reichsteilung blieb Jerusalem die Hauptstadt des Südreiches Juda; nach dem Ende des Nordreiches Israel (722 v. Chr.) nahm seine religiöse Bedeutung als verbleibender Kultort der Juden eher noch zu. Im Jahr 587 v. Chr. zerstörte der babylonische König Nebukadnezzar Jerusalem, doch konnten die Juden nach ihrer Rückkehr aus dem Exil die Stadt wieder aufbauen. Im Jahr 70 n. Chr. wurde Jerusalem schließlich von den Römern zerstört.

Lange blieb die Stadt von verschiedenen Mächten umkämpft, in der Zeit der Kreuzzüge besonders von muslimischen und christlichen Heeren. Heute ist Jerusalem die Hauptstadt des neuen Staates Israel, zugleich sehen aber auch die Palästinenser Jerusalem als ihre Hauptstadt an.

Jerusalem zählt heute für drei Weltreligionen als heilige Stadt: Für Juden ist es die Stadt Davids und die politische und religiöse Mitte des Volkes Israel. Für Christen ist es der Ort, an dem Jesus gekreuzigt und auferweckt wurde und der Ort der ersten christlichen Gemeinde. Für Muslime ist Jerusalem nach Mekka und Medina eine heilige Stadt, weil der Überlieferung nach ihr Prophet Mohammed von hier (Felsendom) seine Himmelsreise angetreten hat (vgl. Seite 108 ff.).

Zentraler Ort in Jerusalem für das nationale wie religiöse Verständnis der Juden war und ist der Tempelberg. Dies ist der Ort, wo sich heute der muslimische Felsendom und die Al-Aksa-Moschee befinden – zentraler Ort des Streits zwischen Juden und Muslimen. Der erste jüdische Tempel wurde von König Salomo etwa 960 v. Chr. errichtet. Dieser (im Vergleich zum heutigen Gelände wahrscheinlich erheblich kleinere) Tempel wurde 587 durch Babylon zerstört. Nach dem Babylonischen Exil wurde der Tempel Salomos in einfacher Form wieder aufgebaut (»Zweiter Tempel«, etwa 520 v. Chr.). Diesen Tempels ließ König Herodes (37–4 v. Chr.) vergrößern und prächtig gestalten; er fand im jüdisch-römischen Krieg 70 n. Chr. sein Ende.

Der Tempel war der Ort, wo bis zum Exil die Bundeslade aufbewahrt wurde, und galt deshalb als Ort der unmittelbaren Gegenwart Gottes. Der Tempel war somit, wenn auch nicht der geografische, der religiöse und nationale Mittelpunkt nicht nur der Stadt Jerusalem, sondern des ganzen Landes. Mehr noch: Juden hielten den Tempelberg für den Mittelpunkt der Welt, den Berg, auf dem sich Himmel und Erde berühren. Dass dieser heilige Ort in Israel liegt, ist für den gläubigen Juden noch heute ein Hinweis auf die Erwählung des Volkes durch Gott.

Die Wallfahrten zum Jerusalemer Tempel

Der Tempel war für Juden der alten Zeit das »Haus des Herrn«, zu dem man an den drei Wallfahrtsfesten *Pessah*, *Schawuot* und *Sukkot* voll Freude pilgerte: »Das Herz geht mir über, wenn ich daran denke: Wie ich zum Haus Gottes zog in festlicher Schar, mit Jubel und Dank in feiernder Menge« (Psalm 42,5).

Blasen des Schofar-Horns anlässlich des Schawuot (Wochenfest), Jerusalem, Israel

Pessah: Das hebräische Wort »pessah« [griechisch »pascha«] wird meist als »vorübergehen«, also als »Vorübergang des Herrn« gedeutet. Dies geht auf die biblische Exodustradition zurück, auf den Aufbruch des Volkes Israel aus der Unterdrückung in Ägypten. Am Beginn dieses Weges stand das Mahl des Pessah (Exodus 12). Es dürfte ursprünglich ein Mahl von Nomaden in der Wüste gewesen sein, bei der Kleinviehhirten in der Vollmondnacht des Frühlingsbeginns durch diese kultische Handlung Schutz und Segen für ihre Herden und für sich selbst erbaten. Brot, Bitterkräuter und ein Lamm gehörten zu diesem Mahl.

Diese Tradition wurde später in einer rückblickenden Deutung mit der Aufbruchssituation aus Ägypten verbunden und mit der Gotteserfahrung Israels verknüpft. Die einzelnen Elemente des Nomadenmahls wurden neu erklärt, etwa die Bitterkräuter als Hinweis auf die Unterdrückung in Ägypten, das ungesäuerte Brot als Hinweis auf den überraschenden Aufbruch. In Kanaan wurde diese »heilsgeschichtliche« Pessahfeier dann mit einem weiteren Fest verbunden, das aus einer Ackerbaukultur stammt: dem siebentägigen Fest der ungesäuerten Brote (Mazzot): Die Erstlinge der neuen Ernte werden zu neuem Brot gebacken – neues Leben entsteht durch die Gnade und das Erbarmen der Gottheit. Die so erweiterte Feier wurde schließlich in einer Feier am Jerusalemer Tempel zentralisiert, daran hielt man vor allem nach der Rückkehr aus dem Exil fest, die als zweiter Auszug aus der Knechtschaft verstanden wurde. Pessah ist also eine heilsgeschichtliche Feier, eine Erinnerung an den befreienden Gott, der für sein Volk der »Ich-bin-da« ist und es zu neuem Leben befreit.

Schawuot (hebräisch = »Woche«), das jüdische Wochenfest, findet 50 Tage (sieben Wochen) nach dem Pessah statt. Es ist ursprünglich ein fröhliches Erntedankfest für die Weizenernte, das wohl aus vorisraelitischer Zeit stammt und von den kanaanäischen Stämmen übernommen wurde. In Exodus 34,22 wird es auch »Tag der Erstlingsfrüchte« genannt. Bei diesem Fest las man nach dem Exil als Toralesung das Kapitel 34 aus dem zweiten Buch Mose über den Bundesschluss am Sinai. Deshalb überlagerte der Dank für den Sinaibund und die Übergabe des Gesetzes an Israel die Erntedankfeier: Schawuot erinnert und vergegenwärtigt den Bund Gottes mit den Menschen.

Schawuot ist neben Pessah und Sukkot eines der Wallfahrtfeste, an dem jüdische Pilger aus dem ganzen Land in Jerusalem zusammenkamen und im Jerusalemer Tempel Tier- und Ernteopfer darbrachten, vorrangig die Erstlingsgaben der Ernte und die Erstgeburten der Tiere. An Schawuot werden die Häuser mit Früchten und Blumen geschmückt, beim gemeinsamen Mahl sind Milch und Honig wichtig, auch aus Milch gefertigte Speisen: Die Tora ist wie Milch, die das Volk erquickt. Die Nacht des Schawuot ist mit Torastudium, aber auch mit Fest, Mahl und Gesang gefüllt.

Sukkot (hebräisch *sukka* = »Laubhütte«), das Laubhüttenfest, war nach Pessah und Schawuot das dritte und wichtigste Erntedankfest. Das siebentägige Fest fand im Herbst nach Abschluss aller Erntearbeiten (Wein- und Olivenernte) statt. Wie Pessah und Schawuot kann auch Sukkot auf kanaanäisch-vorisraelitische Zeiten zurückgehen, als man in den Wein-und Obstgärten einfache Hütten (sukka) aus Zweigen errichtete, um darin während der Erntezeit zu übernachten. Sukkot war mit Pessah und Schawuot auch ein Wallfahrtsfest, an denen man nach Jerusalem zog, um Gott dort im Tempel für den Ertrag der Ernte zu danken und für eine gute Ernte im nächsten Jahr zu bitten.

Nach dem Exil kam zum Erntedank die Erinnerung an die Geschichte Israels, an den Zug Israels durch die Wüste und daran, dass Gottes Lichtglanz auf dieser Wüstenwanderung über den Zelten/Hütten der Israeliten war. Deshalb baute man nun Hütten aus Zweigen, Blättern, Blumen und Früchten und aß und schlief auch in diesen Hütten. In Levitikus 23,40f. heißt es: »Nehmt schöne Baumfrüchte, Palmwedel, Zweige von dicht belaubten Bäumen und von Bachweiden, und seid sieben Tage lang vor dem Herrn, eurem Gott, fröhlich!

Sieben Tage sollt ihr in Hütten wohnen, damit eure kommenden Generationen wissen, dass ich die Israeliten in Hütten wohnen ließ, als ich sie aus Ägypten herausführt. Ich bin der Herr, euer Gott.« Beim Gottesdienst im Jerusalemer Tempel gab es zu diesem Fest nicht nur die üblichen Tieropfer (Brandopfer), sondern auch ein Wasseropfer – eine Art Fruchtbarkeitskult, der vielleicht aus alter kanaanäischer Zeit stammte: Wasser verweist auf Leben und Fruchtbarkeit, die von Gott geschenkt werden.

Jerusalem heute – Sehnsucht nach Erlösung

Die drei abrahamitischen Religionen Judentum, Christentum und Islam berufen sich nicht allein auf den gemeinsamen »Stammvater des Glaubens« Abraham, sondern verstehen Jerusalem jeweils als heiligen Ort ihres Glaubens (vgl. auch Seite 64f. und 108f.). Das zeigt sich im Stadtbild von Jerusalem, wo heute über 1000 Synagogen, 150 Kirchen und 80 Moscheen das Stadtbild einer heiligen Stadt dreier Religionen prägen. Ebenso kommen Pilger dieser drei Religionen nach Jerusalem (sofern es ihnen vom Staat Israel erlaubt wird, bei Palästinensern ist dies oft eingeschränkt). Jerusalem ist im Vorderen Orient der Pilgerort schlechthin – dies gilt für Geschichte und Gegenwart.

In Psalm 122,2ff. heißt es (vgl. Seite 48): »Schon stehen wir in deinen Toren, Jerusalem, du starke Stadt. Dorthin ziehen die Stämme hinauf, die Stämme des Herrn, wie es Israel geboten ist, den Namen des Herrn zu preisen.« In unserer Zeit gibt es keine Tempelwallfahrten mehr, aber im Judentum ist die Gebetsrichtung und auch die Richtung des Toraschreins in den Synagogen weltweit Jerusalem geblieben – die Stadt jüdischer Geschichte und zugleich der Verheißung und Hoffnung auf die Ankunft des Messias, der Tempel und Stadt neu errichten und damit das endzeitliche Heil beginnen wird. Micha 4,1 lautet: »Am Ende der Tage wird es geschehen: Der Berg mit dem Haus des Herrn [= Tempel] steht fest gegründet als höchster der Berge; er überragt alle Hügel. Zu ihm strömen die Völker.« Der Zionsberg ist also der Weltenberg, die geistige Mitte nicht nur des jüdischen Volkes, sondern der ganzen Menschheit, des gesamten Kosmos.

In radikalen jüdischen Gruppen wird immer wieder die Forderung vorgetragen, den muslimischen Felsendom zu zerstören und an der Stelle des ehemaligen jüdischen Tempels einen »Dritten Tempel« neu zu erreichten, weil dieser die Voraussetzung für das Kommen des Messias und damit für die erhoffte Zeit des Heiles und der Gemeinschaft mit Gott ist. Solche Forderungen werden manchmal auch durch gewalttätige Provokationen auf dem Tempelberg unterstützt. Doch die meisten religiösen Juden glauben, dass ein solcher Dritter Tempel erst in der messianischen Zeit, also nach dem Kommen des Messias, in Angriff genommen werden kann. Doch bleibt der Jerusalemer Tempelberg eine der gefährlichsten Stellen der Welt – der Streit um den Tempelberg kann zum Anlass für weitere Kriege werden.

Die meisten jüdischen Pilger aus aller Welt allerdings ziehen friedlich zur Klagemauer, die von ihnen die »Westliche Mauer« *(kotel)* genannt wird. Diese Mauer ist für Juden nach der Zerstörung des Tempels das Sinnbild für den auf ewig bestehenden Bund Gottes mit seinem Volk. Hier befindet sich das letzte Stück des Zweiten Tempels, denn die Klagemauer wurde erst kurz vor der Zerstörung Jerusalems um das Jahr 60 n. Chr. durch den von den Römern eingesetzten jüdischen König Herodes Agrippa II. vollendet.

An der Klagemauer beten die Pilger, still oder halblaut, nach Männern und Frauen getrennt, die Männer meist in Gebetsschals *(tallit)* gekleidet und mit einer Kippa auf dem Kopf. Besonders die (ultra-)orthodoxen Juden mit ihren Schläfenlocken, schwarzen Hüten und Mänteln und mit *Tefillin* (Gebetsriemen am rechten Arm und am Kopf, mit kleinen Gebetskapseln versehen, in denen Worte der Tora aufbewahrt werden) fallen dort auf. Die Klagemauer mit ihren großen Quadersteinen ist dafür bekannt, dass in die Ritzen der Steine kleine Gebetszettel geschoben werden mit Fürbitten, Dankworten und anderen Gebetssätzen. Aus den Ritzen gefallene Gebetszettel werden auf dem Ölberg bestattet.

Jüdische Pilger kommen heute meist zu den Pilgerfesten Pessah, Schawuot und Sukkot nach Jerusalem. Doch auch zu anderen Jahreszeiten zeigen sie mit ihrer Pilgerfahrt ihre Verbundenheit mit ihrer Religion, wie es in Micha 4,5 heißt: »Alle Völker gehen ihren Weg, jeder ruft den Namen seines Gottes an; wir aber gehen unseren Weg im Namen Jahwes, unseres Gottes für immer und ewig.«

Das Heilige Land – Orte der Gottesbegegnung

Wie in allen Religionen so hatten auch im frühen Israel (die Zeit von Landnahme bis Exil) besondere Orte sakralen Charakter. Das sind vor allem Orte mit geografischen Besonderheiten: ein Berg, herausragende Bäume (die Eichen von Mamre), eine Quelle oder ein großer Stein. Auch die Grabstellen von Vorfahren können sakralen Charakter haben (Hebron und die Höhle von Machpela = Grab von Abraham, Sara, Jakob und Rebekka). An solchen Kultstätten wurden – für eine bäuerliche Bevölkerung wichtig – Fruchtbarkeitsgötter und -göttinnen verehrt wie Aschera, Astarte, Baal und andere; auch die Jahwe-Verehrung fand zu Beginn an solchen Orten statt. Im Zuge der »Jahwe-allein-Bewegung« (vgl. den Propheten Elija im 9. Jahrhundert v. Chr.) wurde die Verehrung der kanaanäischen Götter zurückgedrängt, aber nicht völlig aufgegeben. Das geschah konsequent erst nach dem Exil, als mit dem Wiederaufbau des Tempels und der Stadt Jerusalem eine rituelle Konzentration auf das Zentrum erfolgte.

Die wohl wichtigste dieser alten Kultstätten war *Sichem* (hebräisch »Schulter, Nacken«) Stadt 50 km nördlich von Jerusalem. Sichem war eine uralte Kultstätte mit einem Baumkult (Terebinthe) und seit der Väterzeit ein heiliger Ort, an dem bereits Abraham und Jakob einen Altar errichteten (Genesis 33,20); Josef wurde hier begraben (Josua 24,32). Zur Zeit der Landnahme war Sichem Standort der Bundeslade und damit das religiöse Zentrum der Stämme Israels, zugleich der Versammlungsort, an dem das Volk zusammenkam, um den Bund mit Gott zu erneuern. Salomo macht Sichem zur zweiten Hauptstadt seines Reiches. Nach der Trennung in Nordreich Israel und Südreich Juda wurde Sichem zur ersten Hauptstadt des Nordreiches (später Samaria), in der Rehabeam zum König Israels proklamiert wurde. 724 wurde Sichem durch die Assyrer zerstört.

Die wichtigere Grabstätte, die an die Stammväter und -mütter Israels erinnert, ist jedoch *Hebron* (hebräisch »Ort des Bundes«). Hierhin kommen – anders als nach der nur noch in archäologischen Fundstücken nachzuweisenden Stadt Sichem – auch heute noch Pilger. Schon in ältester Zeit war Hebron ein Heiligtum. Besonders die Vätergeschichten der Hebräischen Bibel sind mit diesem Ort verknüpft.

Abraham, Isaak und Jakob (Genesis 13,18; 35,27; 37,13) kommen hierher; Abrahams Frau Sara wird in Hebron auf einem von Abraham gekauften Stück Land begraben. In Hebron wird David bei einer Versammlung der Stämme Israels zum König ausgerufen (2 Samuel 5,1–3). Hebron ist seine Hauptstadt, bevor er Jerusalem erobert. Heute werden in der Machpela-Höhle Hebrons die (vermuteten) Gräber von Abrahams und Sara, Isaak, Jakob, Rebekka und Lea von Juden, Christen und Muslimen verehrt – es sind die Stammväter und -mütter jüdischen Glaubens, aber auch der Christen und Muslime.

Seit alter Zeit war die Machpela-Höhle ein Ziel jüdischer Pilger, nach der konstantinischen Wende kamen im 4. Jahrhundert auch christliche Pilger hinzu und bauten eine Kirche. Im 10. Jahrhundert entstand hier eine Moschee, die in der Kreuzfahrerzeit um 1100 von der Abrahamskathedrale abgelöst wurde. Nach der muslimischen Rückeroberung wurde zuerst eine zweite Moschee gebaut – heute der Grundbestand der Ibrahimsmoschee. Später wurde Juden und Christen der Zugang zu der heiligen Stätte versagt, dieses Verbot wurde erst im 20. Jahrhundert (für Juden erst 1967) wieder aufgehoben.

Ibrahim-(Abraham-)Moschee, Hebron, Palästina

Christentum

Ein Jude namens Apollos kam nach Ephesus.
Er stammte aus Alexandria
und war unterwiesen im Weg des Herrn.
Er sprach mit glühendem Geist
und trug die Lehre von Jesus genau vor.
(aus Apostelgeschichte 18,24f.)

Hinduismus und Christentum sind die Religionen mit den meisten Pilgerzielen und einer umfassenden Pilgertradition – Muslime haben vor allem nur ein Ziel: beim Hadsch Mekka und die Kaaba zu erreichen. In den christlichen Konfessionen ist die Stellung zum Pilgern allerdings unterschiedlich: Viele katholischen Christen waren früher als Pilger unterwegs, heute sind es weniger; in der orthodoxen Kirche gibt es auch Pilger (etwa zum Berg Athos), aber das Pilgern hat geringeren Stellenrang. Die evangelische Kirche lehnt äußeres Tun weithin ab und kennt deshalb nur in sehr geringem Maß Wege zu religiösen Zielen: etwa ins Heilige Land oder im Reformationsjahr nach Wittenberg ... Hinduismus und Christentum unterscheiden sich im Wesen der Pilgerorte: Geht es im Christentum zum einen um die Erinnerung an große Gestalten seiner Geschichte (etwa Pilgerfahrten zu den Apostelgräbern), zum anderen um Wege zu wundertätigen und

Christentum

Aus dem Judentum erwachsen und vom Juden Jesus von Nazaret herkünftig, nicht gegründet, ist das Christentum heute mit ca. 2,2 Milliarden Anhängern die größte Weltreligion. Das Christentum übernimmt vom Judentum den Glauben an den einen Gott, der sich nach christlicher Überzeugung mit drei »Gesichtern« zeigt, mit Vater und Schöpfer, mit Sohn und Retter, mit Geist als Lebenskraft. Unterschiedliche christliche Konfessionen sind die orthodoxen, katholischen, protestantischen Kirchen, die Kirchen des Ostens und die Freikirchen.

heilbringenden Reliquien, so stehen hinter den hinduistischen Pilgerfahrten meist alte Mythen, die von einem unmittelbaren Eingreifen der Götter in das kosmische Geschehen künden. Christliche Pilgerziele sind – wenn auch oft legendär begründet – letztlich an die Geschichte angebunden, hinduistische an die Kosmologie – dies entspricht den unterschiedlichen Denkkategorien von West und Ost.

Christliche Pilgerin, Spanien – die Muschel als Pilgerzeichen des Jakobswegs

Das Stichwort »Weg« ist dabei bereits mit den Anfängen des Christentums verknüpft. In der Apostelgeschichte, die in einem späteren Rückblick ihres Autors Lukas vom Anfang der Christenheit und ihren ersten Gemeinden kündet, wird mehrfach vom »neuen Weg« gesprochen (etwa Apostelgeschichte 22,4 oder im Eingangszitat). Der Begriff »Weg« wird im Neuen Testament symbolisch verstanden für Rettung und Erlösung: »Christus hat uns den neuen und lebendigen Weg erschlossen« (Hebräer 10,19). Christen sind in ihrem Selbstverständnis Menschen auf dem Weg, auf dem Weg zu Glaube, Hoffnung und Liebe und letztlich auf dem Weg zur Vollendung bei Gott. Mit dem Christentum ist von seinem Ursprung her immer Be»weg«ung verbunden.

Jesus – auf dem Weg

Die vier Evangelien stellen keine Biografie Jesu dar; sie sind theologische Deutungsversuche der Person und des Wirkens Jesu, die von Gemeinden der zweiten und dritten Generation rückblickend erfolgten. Natürlich gehen sie auf historisches Geschehen zurück, aber sie stellen keine Geschichtsschreibung dar, erst recht nicht in heutigem Sinn. Deshalb kann auch nur sehr bedingt auf das Reden und Wirken Jesu zurückgegriffen werden: Seine Kreuzigung ist ebenso belegt, wie die Erfahrungen der Jünger mit dem Lebenden nach seinem Tod. Dazu kommen – aus nachösterlicher Sicht Erzählungen von seinem Lehren und Wirken.

Aus solchen Texten geht allerdings eindeutig hervor, dass Jesus während seines öffentlichen Wirkens, das – nach den Evangelien unterschiedlich – in einem Zeitraum von einem oder drei Jahren stattfand, immer »unterwegs« war. Das Wort »gehen« ist eines der am häufigsten gebrauchten Worte im Neuen Testament vom Beginn der Jesuserzählung an: »Jesus ging wieder nach Galiläa; er verkündigte das Evangelium Gottes« (Markus 1,14). Anders als jüdische Rabbis, die in ihrem Lehrhaus blieben und dort von ihnen selbst ausgewählte Schüler unterrichteten, ging Jesus zu den Menschen, besonders zu den Randgruppen der Gesellschaft, den Kranken, Behinderten und Ausgegrenzten. Seine Reisen sind dabei Vorbild auch für die Jünger und Jüngerinnen, die ihm schon bald nachfolgten. Sie mussten sich mit Jesus auf den Weg machen, sie wurden von ihm ausgesandt (vgl. Lukas 10) – Jüngersein ist Leben auf dem Weg.

Das Johannesevangelium mit seiner tiefen Reflektion der Gestalt und Bedeutung Jesu vertieft dies noch dadurch, dass in diesem Text der Weg als Symbol für den Lebensweg verstanden wird, der zu einem letzten Ziel hinführt – Menschen, die aus dem Glauben leben, sind nichts anderes als Pilger. Der Theologe Karl Rahner (1904–1984) drückte dies so aus: »Sind wir nicht alle Pilger auf einer Reise, Menschen, die keine bleibende Stätte haben? Aber wohin geht die Reise?« Diese symbolische Bedeutung des Weges als Pilgerweg zur Vollendung bei Gott, den der christlich Glaubende nach Johannes in der Bindung an Jesus unternimmt, gipfelt in einer der sieben »Ich-bin-Aussagen« Jesu: »Ich bin der Weg und die Wahrheit und das Leben« (Johannes 14,6). In der (von Lukas stilisierten) Pfingstpredigt des Petrus wird dies als unter Rückblick auf einen Psalmvers als Motiv einer Bekehrung zum Glauben an Jesus aufgegriffen: »Du zeigst mir die Wege zum Leben« (Apostelgeschichte 2,28, nach Psalm 16,11). Die spirituelle Bedeutung christlichen Pilgerns ist durch das Wort Jesu und die Deutung gleichsam vorgezeichnet.

Christen – auf dem Weg

Die Apostelgeschichte des Lukas (wohl um 85–90 n. Chr. entstanden) zeichnet in rückblickend-idealisierter Weise den Weg der jungen Christenheit von Jerusalem aus, dem Ort der Urgemeinde, bis nach Rom, dem Zentrum des Römischen Reiches – die christliche Botschaft erreicht alle Länder und Völker, die damals im Blick waren. Die Botschaft Jesu vom Reich Gottes und der barmherzigen Zuwendung des Vaters zu allen ohne Vorbedingung und zugleich die Botschaft von Jesus als dem Weg zum Vater ist gleichsam der erste christliche Pilger, der sich auf den Weg macht.

Konkret geschah dies durch Apostel, die bereits von der Urgemeinde in alle Richtungen ausgesandt wurden. Der Begriff »Apostel« (griechisch »Abgesandte«) meinte dabei zuerst alle Missionare, die sich auf den Weg machten, die Botschaft von Jesus zu verkünden, Männer wie Frauen, beauftragt von der Ursprungsgemeinde zwar, aber kein Amt ausübend, sondern motiviert von der eigenen Begeisterung, einen »neuen« Weg zum Leben gefunden zu haben. Erst die viel später geschriebenen Evangelien verengten den Begriff »Apostel« dadurch, dass sie ihn mit den »Zwölf« verknüpften, die von Jesus symbolisch aus dem Jüngerkreis gewählt wurden, um das »neue Volk Israel« darzustellen – dies konnten in Angleich an die zwölf Söhne des alttestamentlichen Jakob (die Stammväter der zwölf Stämme Israels) dann auch nur Männer sein, um das Symbol verständlich zu halten.

Gleichsam der Prototyp eines solchen Apostels, eines Menschen auf dem Weg des neuen Glaubens, ist Saulus/Paulus. Streng jüdisch erzogen und ausgebildet, aber, weil im kleinasiatischen Tarsus geboren, mit römischem Bürgerrecht, konnte Paulus eine Brücke zwischen dem Judentum und der Mittelmeerkultur des Hellenismus und des Römischen Reiches darstellen und so eine Ausbreitung des neuen Glaubens über das Judentum hinaus programmatisch verfolgen (vgl. das Apostelkonzil in der Darstellung des Lukas, Apostelgeschichte 15). Die Missionsreisen des Paulus sind für ihn selbst – davon künden seine Briefe, die frühesten Schriften des Neuen Testaments – nicht nur die Wege eines begeisterten, geisterfüllten Christen, sondern zugleich auch sein eigener Pilgerweg, um das von Jesus verkündete Heil von

Gott nicht nur zu anderen zu tragen, sondern auch für sich selbst zu verwirklichen. Die Nachfolge Jesu in der Verkündigung (Missionierung) ist die christliche Realisierung der Pilgerschaft – des Weges zur Vollendung. Eine solche Motivation – Pilgern als persönlicher Weg zur Vollendung – finden wir auch in anderen Religionen, wie Hinduismus, Buddhismus und Daoismus; der islamische Hadsch nach Mekka ist dagegen eher die besonders intensive Form einer Gottbegegnung und eines Lebens aus dem Glauben (vgl. Seite 96ff.).

Das Heilige Land – Erinnerungen an Jesus

Israel ist nicht allein das von Gott geschenkte Land in der Sicht jüdischen Glaubens, sondern auch für Christen das »Heilige Land«. Hier wurde Jesus geboren, hier lebte und wirkte er, hier starb er und hier erfuhren ihn die Jüngerinnen und Jünger auch nach seinem Tod als den unter ihnen Lebenden. Israel ist die Ursprungsregion christlichen Glaubens und so verwundert es nicht, dass trotz aller geschichtlichen Wirren und politischen Probleme Israel das vorrangige Pilgerland der Christen ist und schon immer war.

Das wird – allerdings nur ansatzhaft – in der Apostelgeschichte und auch in Paulusbriefen deutlich, wenn darin eine Verbundenheit und Solidarität der um das Mittelmeer verstreuten ersten Gemeinden mit der Urgemeinde in Jerusalem erkennbar ist. Auch wurden von den Christen der Urgemeinde bereits im ersten Jahrhundert der Hügel Golgota als Kreuzigungsort Jesu und das in der Nähe befindliche Grab Jesu verehrt. Aber erst nach der dann einsetzenden Verfolgungszeit der Christen im Römischen Reich begannen im 4. Jahrhundert Reisen christlicher Pilger in das Heilige Land. Die ersten Reisen lassen sich an zwei Frauen festmachen.

Helena (248/250–329), die Mutter des römischen Kaisers Konstantin, reiste im Alter von 76 Jahren ins Heilige Land. Dort veranlasste sie in Jerusalem Grabungen unter einem ehemaligen römischen Venustempel und fand dabei – der Legende nach – das Grab Christi und Teile des Kreuzes Jesu, also den Kreuzigungsort Golgota. Von den wertvollen Kreuzreliquien ließ sie Stücke nach Konstantinopel und

Rom senden, der Rest verblieb in Jerusalem, wo Helena den Anstoß gab, über dem Kreuzigungsort und dem Grab eine Grabkirche zu errichten. Von Jerusalem aus reiste Helena auch in das Dorf Betlehem und fand dort die Geburtshöhle Jesu, über der sie ebenfalls eine Kirche bauen ließ – eine erste Geburtskirche entstand; die jetzige Bausubstanz dieser Kirche stammt allerdings aus dem späten 5. Jahrhundert. Auch andere Orte im Heiligen Land werden mit der Pilgerreise von Helena und ihren Kirchenstiftungen in Verbindung gebracht – Helena gilt als der Prototyp christlicher Heilig-Land-Pilger.

Egeria, von der keine Lebensdaten oder andere Informationen bekannt sind, war eine aus Gallien stammende Pilgerin, die von 381–384 das Heilige Land bereiste und darüber einen ausführlichen Reisebericht schrieb. Diesem Bericht (Itinerar) ist nicht nur eine Beschreibung der für Christen wichtigen Orte im Heiligen Land, sondern auch detaillierte Angaben über die christliche Liturgie in der Stadt Jerusalem zu verdanken, einer Stadt, in der Egeria fast drei Jahre lebte. Daraus wird erkennbar, dass es zum ab dem 4. Jahrhundert gefeierten Geburtsfest Jesu eine Prozession zur Geburtskirche in Betlehem gab. Vor allem aber beschreibt sie die Feiern, Gottesdienste und Prozessionen in der Heiligen Woche, also von Palmsonntag bis Ostern – die Feier von Leiden, Sterben und Auferstehen Jesu in der heiligen Stadt Jerusalem. Es gibt eine Prozession vom Ölberg in die Stadt am Palmsonntag, eine Nachtwache auf dem Ölberg von Gründonnerstag auf Karfreitag sowie die Kreuzverehrung am Karfreitag und eine Auferstehungsfeier am Ostermorgen in der von Helena gestifteten Kirche. Dieser liturgischen Ordnung folgen Christen weltweit bis heute.

Christliche Pilger auf der Via Dolorosa, dem Kreuzweg Jesu, Jerusalem, Israel

Schon am Reisebericht der Egeria wird deutlich, dass unter allen heiligen Orten im Heiligen Land *Jerusalem* herausragt. Hier gedenkt man des Kerns der christlichen Botschaft, des Todes und der Auferweckung Jesu. Mit Jerusalem verbinden sich aber auch andere Szenen des Lebensweges Jesu: von der Erzählungen über die Darbringung Jesu im Jerusalemer Tempel (Lukas 2,21–40) und dem zwölfjährigen Jesus beim Gespräch mit den Schriftgelehrten im Tempel (Lukas 2,41–52) in den Kindheitslegenden des Lukasevangeliums bis zu mehrfachen Besuchen beim Pessah in Jerusalem, die das Johannesevangelium (2,23; 7,10) aufführt. Jerusalem ist auch der Ort des Abendmahls und damit der inneren Mitte christlicher Liturgie.

Für die christlichen Pilger, die vom 4. Jahrhundert an bis heute (mit Unterbrechungen in streng muslimischen Zeiten) nach Jerusalem kamen, war die Heilige Woche von Palmsonntag bis Ostern die entscheidende Zeit. Auch heute finden sich christliche Pilger aus aller Welt zur Kar- und Osterwoche in Jerusalem ein. Sie gehen dabei am Karfreitag, oft als Zeichen von Buße und Verbindung mit Jesus mit schweren Holzkreuzen beladen, den legendären Leidensweg Jesu nach, an den in der Altstadt von Jerusalem mit den 14 Stationen der *Via Dolorosa* (Schmerzensweg) erinnert wird. Eine sicher legendäre Wegstrecke, aber beim Pilgern kommt es hier wie andernorts nicht auf historische Genauigkeit an, sondern auf die innere Motivation – hier ist es die Anbindung an Leiden, Sterben und damit auch Auferstehen Jesu.

Die *Grabeskirche* (Name des westlichen Christentums, von den orthodoxen und östlichen Kirchen *Auferstehungskirche* genannt) mit dem vermeintlichen Ort der Kreuzigung und des Grabes Jesu, damit auch Ort seiner Auferweckung am Ostermorgen, ist außen wie innen ein Gewirr von Bauteilen und Einrichtungsgegenständen, die von verschiedenen, insgesamt sechs christlichen Konfessionen miteinander, manchmal auch gegeneinander gepflegt werden. Der unselige Streit der Konfessionen um die heiligen Stätten der Grabeskirche wird daran deutlich, dass der Schlüssel zur Kirche einem Muslim anvertraut ist. Der erste von Helena und ihrem Sohn Konstantin in Auftrag gegebene Bau einer Grabkirche wurde nach mehreren Teilzerstörungen im Jahr 1009 durch die Fatimiden endgültig vernichtet, auch die Grabhöhle überstand nur in kleinen Teilen. Dies war einer der Auslöser der christlichen Kreuzzüge, durch die 1099 Jerusalem wieder in christliche Hand fiel und im 12. Jahrhundert der Kirchenbau neu in nahezu der heutigen Bausubstanz errichtet wurde. Im Innern der Kirche findet sich über den Resten der Grabhöhle eine im 19. Jahrhundert errichtet Rotunde als Kapellenbau, nahebei ein Stein, auf dem die Salbung des Leichnams Jesu stattgefunden haben soll. Auf dem Felsen der Hinrichtungsstätte Golgota (auch Kalvarienberg genannt, von der lateinischen Übersetzung von Golgota als *calvariae locus*, »Schädelstätte, weil der Felsen wie ein Schädel aussieht) steht heute ein Altar.

In Jerusalem sind zudem weitere Stätten Pilgerorte: der (legendäre) Abendmahlssaal, an dessen Stelle Kirchen aus dem 4. und 12. Jahrhundert standen, die aber im 15. Jahrhundert durch einen gotischen Raum ersetzt wurden. Für deutsche evangelische Christen ist die Erlöserkirche wichtig, die von 1893–1897 in der Nähe der Grabeskirche erbaut wurde. Ein anderer bedeutender Ort ist der Ölberg mit Vaterunserkirche, Todesangstbasilika und Himmelfahrtkirche und dem schönsten Blick auf den Tempelberg und die Altstadt von Jerusalem.

Tod und Auferweckung Jesu sind die entscheidenden Aussagen christlichen Glaubens – deshalb auch ist Jerusalem mit Via Dolorosa und Grabeskirche das bedeutendste Ziel christlicher Pilger im Heiligen Land. Im 4. und 5. Jahrhundert bedachte man jedoch auf den christlichen Konzilien die Stellung von Jesus als Gott und Mensch in ungetrennter Einheit. In der Folge dieser theologischen Festlegung wurde Maria als »Gottesmutter« bezeichnet – dies aber führte zu einem verstärkten Blick auf den Geburtsort Jesu. Dieser wird bei Matthäus und Lukas in ihren Kindheitslegenden Jesu mit der Davids»stadt« *Betlehem* gleichgesetzt, die anderen Texte des Neuen Testaments verstehen Jesus als Nazoräer und aus Nazaret stammend. Doch es geht theologischen Aussagen nicht um eine Biografie oder historische Fakten, sondern um Deutungen des Glaubens – durch den Ort Betlehem wird Jesus als der zweite David proklamiert.

In Betlehem erinnert die Geburtskirche an den Beginn des Lebens Jesu, an die Inkarnation (Fleischwerdung, Menschwerdung [Gottes]) in Jesus. Ursprung dieses heiligen Ortes ist eine kleine Höhle, die durchaus in antiker Zeit als Wohnhöhle (auch mit Tieren darin) genutzt sein kann – dies war nicht unüblich. Diese Höhle wurde bereits im 2. Jahrhundert von Christen der Region verehrt, dann aber ließ Kaiser Hadrian im Zuge der Christenverfolgung darüber einen Adonistempel bauen. Erst Helena (vgl. Seite 63) errichtete über der Höhle eine Kirche, aus der nach langer Baugeschichte die heutige Geburtskirche entstand (heute auch UNESCO-Weltkulturerbestätte). Unter der Kirche ist in der Höhle am »Geburtsort Jesu« ein silberner Stern in den Boden eingelassen: Jesus ist das – an dieser Stelle neugeborene – Licht der Welt (vgl. Johannes 8,12). Der Kirchenlehrer Hieronymus (347–420) übersetzte in Betlehem die Bibel in die lateinische Sprache *(Vulgata)*, zur Geburtshöhle schrieb er: »In dieser Erdspalte wurde der Schöpfer von Himmel und Erde geboren.«

Betlehem (hebräisch »Haus des Brotes«) geht auf eine vorchristliche und damit jüdische Geschichte zurück. Rahel, die Frau des Stammvaters Jakob, wurde in Efrata (= Betlehem) beigesetzt. Das alttestamentliche Buch Rut erzählt von Rut, deren Schwiegervater aus Betlehem stammt und die sich deshalb – obwohl Ausländerin aus Moab – in einer wirtschaftlichen Notsituation nach Betlehem wendet (Wirtschaftsflüchtling) und dort ihren Retter und Ehemann Boas findet.

Legendärer Ort der Geburt Jesu, Geburtskirche, Betlehem, Israel

Vor allem aber stammt David, der große König Israels, aus Betlehem. Deshalb – so die jüdische Erwartung auch zur Zeitenwende – wird der Messias, der von Gott gesandte Retter, auch aus Betlehem kommen – als zweiter David. Christen konnten diese Vorstellung auf den von ihnen als Christus/Messias verstandenen Jesus beziehen, die Geburtslegenden Jesu bei Matthäus und Lukas zeigen dies auf.

Neben Jerusalem und Betlehem ist besonders die Landschaft Galiläa im Norden Israels für christliche Pilger von hohem Interesse, weil hier im Wesentlichen das öffentliche Wirken Jesu stattfand. Dies gilt für seine Heimatstadt Nazaret, mehr noch für den 212 m unter NN gelegenen See Gennesaret (auch See Tiberias genannt) und die umliegenden Orte wie Kafarnaum, Betsaida und Tabgha (Berg der Seligpreisungen).

Nazaret war zur Zeit Jesu ein kleiner Ort (heute Stadt) in Galiläa, etwa 30 km westlich vom See Gennesaret. Nazaret war die Stadt Josefs, Marias und Jesu, »ihre Stadt« (Lukas 2,39) und wohl auch der historische Geburtsort Jesu. In Nazaret verbrachte Jesus die erste Zeit seines Lebens bis zu seinem öffentlichen Wirken. Auch danach kehrte er wiederholt nach Nazaret zurück und lehrte am Sabbat in der Synagoge, wurde aber von den Bewohnern seiner Heimatstadt abgelehnt (Lukas 4,16–30). Dennoch wird er im Neuen Testament häufig als »Jesus von Nazaret« oder »der Nazarener« bezeichnet (etwa Markus 1,24), was allgemein auf seine Herkunft aus Nazaret gedeutet wird.

Während Nazaret für Juden ohne Bedeutung ist und weder in der Hebräischen Bibel noch im Talmud erwähnt wird, stellt die Stadt für christliche Pilger einen wichtigen Ort in Israel dar. Hier verehren sie – neben Betlehem – den Ursprung Jesu. Dies geschieht vor allem in der katholischen Verkündigungsbasilika, einem Bau aus dem Jahr 1969, der aber auf dem Bestand von vier früheren Kirchen errichtet wurde. Eine erste Kirche gab es bereits im Jahr 570, vielleicht schon früher. Die Pilgerin Egeria (vgl. Seite 63) dagegen berichtet nicht von einer Kirche, sondern von einer Höhle mit einem Altar. In dieser Höhle (heute Unterkirche der Basilika) wurde und wird an Maria erinnert, die hier die Ankündigung der Geburt Jesu durch den Engel Gabriel erhalten haben soll (deshalb Verkündigungsbasilika). Die große Oberkirche mit ihrer Kuppel prägt heute den Anblick der sonst weithin gesichtslosen Stadt Nazaret.

Der ca. 20 km lange und 8–12 km breite See *Gennesaret* liegt im Norden Israels, östlich der Landschaft Galiläa; er wird auch »Galiläisches Meer« genannt. Der fischreiche See und das fruchtbare Land westlich des Sees waren für die Ernährung der großen Bevölkerung Galiläas von hoher Bedeutung. Obwohl der See nicht allzu groß ist, können Fallwinde von den Gebirgen zu plötzlichen Stürmen führen. Die ersten Jünger Jesu waren Fischer vom See Gennesaret (aus Kafarnaum). Viele Erzählungen der Evangelien spielen auf oder am See Gennesaret: die Stillung des Seesturms (Markus 4,36.41), der Seewandel Jesu (Markus 6,48–50), der reiche Fischfang (Lukas 5,1–11), die Erscheinung des Auferstandenen am See von Tiberias (Johannes 21). Auch gibt es Erzählungen von Heilungen, die Jesus in den Orten rund um den See vollzog, etwa die Heilung der Schwiegermutter des Petrus in Kafarnaum (Markus 1,29ff.).

Kafarnaum (hebräisch »Dorf des Naum«) ist eine kleine Stadt am westlichen Ufer des Sees Gennesaret. In Kafarnaum hatte Petrus ein Haus, in das Jesus nach dem Besuch der Synagoge von Kafarnaum (Markus 1,21) einkehrte. Auch später kehrte Jesus wiederholt nach Kafarnaum zurück, dort heilte er den Gelähmten (Markus 2,1–12). Kafarnaum ist Zentrum des ersten öffentlichen Wirkens Jesu. Dennoch beklagt Matthäus, dass die Stadt die Botschaft Jesu nicht angenommen hat (Matthäus 11,23).

Betsaida (hebräisch »Haus des Fischfangs«) liegt am Nordufer des Sees Gennesaret und war die Heimatstadt der Apostel Petrus, Andreas und Philippus (Johannes 1,44). In Betsaida heilte Jesus einen Blinden (Markus 8,22–26). Betsaida und anderen galiläischen Städten wird wegen ihres Unglaubens das Gericht angedroht (Matthäus 11,20–24). In der Hebräischen Bibel ist Betsaida nicht erwähnt, doch für christliche Pilger sind See Gennesaret, Kafarnaum und Betsaida wichtige Stationen einer Rundreise durch das Heilige Land.

Etwas abseits der Orte rund um den See Gennesaret liegt der 588 m hohe Berg *Tabor*, der markant aus der südwestlich des Sees gelegenen Ebene Jesreel herausragt. Bereits früh galt der Tabor als heiliger Berg, auf dem eine Kultstätte lag. Der Prophet Hosea wendet sich gegen diesen Kult und betont die alleinige Verehrung Jahwes (Hosea 5,1). Psalm 89,13 verbindet den Berg mit dem Hermongebirge und versteht beide Erhebungen als natürliches Gotteslob. Obwohl im Neuen Testament nicht ausdrücklich benannt, gilt der Tabor Christen als der Berg der Verklärung Jesu (Markus 9,2) und damit als eine wichtige Stätte christlichen Glaubens – Jesus zeigt sich hier in göttlicher Herrlichkeit, eine nachösterliche Deutung des Auferweckten. Daran erinnert auf dem Berg die Verklärungskirche aus dem 20. Jahrhundert.

See Gennesaret, Galiläa, Israel

Jesus vor Ort – Erinnerungen weltweit

Nicht jeder kann nach Jerusalem und ins Heilige Land reisen – das ist nicht nur heute so, sondern war in früheren Zeiten noch mehr als heute nur einem sehr eingeschränkten Personenkreis möglich – zudem wurden solche Pilgerfahrten oft durch die politische Situation vor Ort verhindert. Deshalb wird in vielen christlichen Regionen weltweit auf andere Weise an Jesus erinnert, meist durch Reliquien (etwa Splitter des Kreuzes als Erinnerung an den Tod Jesu oder die Gebeine der Heiligen Drei Könige als Erinnerung an seine Geburt).

Im Jahr 1187 wurde das bis dahin von christlichen Kreuzfahrern beherrschte Jerusalem vom muslimischen Herrscher Saladin endgültig erobert; in der Folge konnten christliche Pilger nicht mehr ins Heilige Land reisen. Bereits im 12., dann verstärkt im 13. Jahrhundert, wurde in manchen christlichen Regionen nach Ersatz gesucht. Kaiser Gebra Maskal von Äthiopien (Regierungszeit 1189–1229), später mit dem Beinamen Lalibela und Heiliger der Äthiopischen Kir-

Beta (Haus) Betlehem, Lalibala, Äthiopien

che, versuchte deshalb, christlichen Pilgern in seinem Reich Ersatz zu schaffen. In seiner Hauptstadt *Lalibela* (= »Neu-Jerusalem«), auf dem äthiopischen Hochland in 2500 m Höhe gelegen, ließ er elf monolithische (aus einem einzigen Felsstein gehauene) Kirchen erbauen, die gleichsam das biblische Heilige Land nachbildeten und mit Berg Golgota, Fluss Jordan, aber auch dem Grab von Adam und Eva eine theologische Topografie des Heiligen Landes auf äthiopischem Boden darstellten. Auch gibt es eine Kirche mit dem Namen Beta Betlehem (Haus Betlehem), in der besonders der Geburt Jesu gedacht wird. Bis heute sind diese Felsenkirchen von Lalibela das wichtigste Ziel äthiopischer Pilger zu Weihnachten und Ostern (vgl. auch Seite 41).

In anderen Ländern wurden seit dem Mittelalter besondere Christus-Reliquien herausgestellt. Die wichtigsten sind Splitter des Kreuzes Jesu, die an vielen Orten verehrt werden, besonders in der römischen Kirche Santa Croce und in vielen Heilig-Kreuz- oder Kreuzerhöhungs-Kirchen in anderen Ländern (in Deutschland etwa im Bernwardskreuz im Hildesheimer Dom, im Heilig-Kreuz-Reliquiar im Heilig-Kreuz-Münster in Schwäbisch Gmünd, etc.). Fragwürdig sind sogenannte Reliquien der ersten Klasse, die aus Körperteilen der betreffenden Person bestehen sollen. Wegen der Himmelfahrt Jesu können dies nur Teile sein, die bereits vorher entfernt wurden. In der römischen Lateranbasilika – und das ist reichlich geschmacklos – wird etwa die vermeintliche Vorhaut Jesu *(sanctum praeputium)* aufbewahrt. Doch auch 14 andere italienische Kirchen rühmen sich dieses Heiligtums. Anderenorts wurden die Milchzähne und bei der Kreuzigung vergossene Blutstropfen verehrt.

Ebenso fragwürdig sind Berührungsreliquien Jesu. Die bekannteste ist das im Dom von Turin aufbewahrte Grabtuch, ein 4,3 m langes und 1,1 m breites Leinentuch, auf dem Vorder- und Rückseite eines Menschen eingeprägt sind. Seit dem 14. Jahrhundert wird dieses Tuch als das Grabtuch Jesu gedeutet, in das er nach der Kreuzigung eingewickelt worden sein soll. Wissenschaftliche Untersuchungen können diesen Befund nicht bestätigen. Skurriler sind andere Kleidungsstücke: die Windeln Jesu etwa im Aachener Dom, der Heilige Rock im Trierer Dom (Martin Luther dazu: »Bescheißerei in Trier«), die Sandalen Jesu (heute in der Sankt-Salvator-Basilika in Prüm, Eifel). Neben Resten des Heiligen Kreuzes werden auch andere Leidenswerkzeuge verehrt:

Bei der Kreuzigung Jesu genutzte Nägel werden u.a. in den Domen von Monza (Lombardei, Italien), Mailand, Trier und Bamberg, aber auch in der römischen Kirche Santa Croce und in der Schatzkammer der Hofburg in Wien aufbewahrt. Die Dornenkrone Jesu dagegen wird in der Kathedrale Notre Dame in Paris verehrt. Der in Essig getauchte Schwamm, der Jesus bei der Kreuzigung gereicht wurde, ist zwischen Aachen und Rom (Santa Maria Maggiore und Lateran) aufgeteilt. Die Säule, an der Jesus gegeißelt wurde (Johannes 19,1), soll sich heute in der Kirche Santa Prassede (nach der Märtyrin Praxedis des 2. Jahrhunderts) befinden; sogenannte Geißel- oder Passionssäulen aber wurden im Mittelalter in vielen Kirchen nachgebildet. Von hoher Bedeutung ist auch das Schweißtuch der Veronika, in das Jesus auf dem Kreuzweg sein Antlitz abgebildet haben soll – es wird heute in der Veronika-Säule des Petersdoms in Rom aufbewahrt. Die Tradition dieses legendären Abbildes Jesu (lateinisch-griechisch *vera und eikon* = »wahres Bild [Jesu]) geht auf byzantinische Erzählungen zurück, die mit der Stadt Edessa verbunden sind – Jesus selbst habe durch sein Abbild den kranken König Edessas geheilt.

All diese und viele andere Christusreliquien wurden von Pilgern besucht und werden es teilweise noch heute (Aachener Heiligtumsfahrt alle sieben Jahre, Trierer Heilig-Rock-Wallfahrt, zuletzt 2012, Ausstellung des Grabtuchs in Turin, zuletzt 2015, dann wieder 2025). Trotz aller auch innerhalb der katholischen Kirche zu hörenden Kritik gegenüber solch frommem, aber durchaus fragwürdigem Tun werden manche Menschen an solchen Orten und im Anblick der heiligen Gegenstände, die an Jesus, den Herrn, erinnern, in ihrem Glauben gestärkt, andere dagegen eher abgestoßen. Doch muss beachtet werden, dass es nicht um eine historische Faktizität dieser Gegenstände geht – die ist mehr als fragwürdig –, sondern um Aussagen des Glaubens, der hinter all dem letztlich die Beziehung zu Jesus und über ihn zu Gott selbst sieht. Zudem gibt es auch in anderen Religionen Vergleichbares (etwa die Verehrung eines Buddha-Zahnes in Kandy, Sri Lanka, oder von Haaren des Buddha in der Shwedagon-Pagode in Yangoon, Myanmar, vgl. auch Seite 170f.). Für Geschichte und Gegenwart christlichen (katholischen) Pilgerns aber sind Orte mit Christusreliquien nach wie vor von Bedeutung, es geht hier um Spiritualität und Stärkung des Glaubens, nicht um historische Fakten.

Zu den Pilgerorten, an denen im weitesten Sinn Christusreliquien verehrt werden, können auch die Gebeine der »Drei Heiligen Könige« gezählt werden, da es hier um legendäre Gestalten aus der unmittelbaren Umgebung der Geburt Jesu geht und nicht um geschichtliche Gestalten wie die Apostel (vgl. Seite 74ff.) oder die Heiligen (vgl. Seite 80ff.). Die Verehrung der Körperreliquien (Knochen) der im Neuen Testament (vgl. Matthäus 2,1) als »Sterndeuter aus dem Osten« bezeichneten Gestalten führt weiter zum Glauben an die Geburt des Gottessohnes, die bei Matthäus von solchen Magiern (etwa aus Persien), bei Lukas von den Hirten bezeugt wird: Jesus kommt für die Mächtigen und die Armen zur Welt. Wiederum ist es Helena, Konstantins Mutter, die mit diesen Reliquien in Verbindung gebracht wird. Sie brachte sie nach Konstantinopel, von dort gelangten sie in die Basilika des heiligen Eustorgius in Mailand, 1164 wurden sie auf Geheiß Kaiser Friedrich Barbarossas durch den Kölner Erzbischof und Reichskanzler Rainald von Dassel nach Köln gebracht. Dort wurde in den folgenden Jahren vom Goldschmied Nikolaus von Verdun der prachtvolle Dreikönigsschrein gefertigt, der heute im Chorumgang des Kölner Doms steht und im Mittelalter wesentlich dazu beigetragen hat, dass man sich zum Bau des Kölner Doms entschloss – die wegen der kostbaren Reliquien zu erwartenden und dann auch eingetroffenen Pilgerströme waren ein bedeutender wirtschaftlicher Faktor für die Stadt am Rhein.

Pilger auf dem Weg zum Kloster Simonos Petras, Berg Athos, Griechenland

Auch in der Orthodoxie gibt es eine Verehrung von Christusreliquien und dementsprechend auch Pilgerfahrten zu den Orten, an denen sie aufbewahrt werden. Dies betrifft vorrangig die Teiles des

Kreuzesholzes, die von Helena 326 in Jerusalem aufgefunden wurden und die teilweise dort blieben, zum Teil auch nach Rom und Konstantinopel gebracht wurden. Die Jerusalemer Kreuzesreliquie wurde 614 durch die Perser nach Ktesiphon bei Bagdad verschleppt, gelangte aber dann wieder in die Hand des byzantinischen Reiches, zuerst nach Konstantinopel, dann 630 wieder nach Jerusalem in die Grabeskirche. Nach der islamischen Eroberung Jerusalems im Jahr 637 verliert sich die Spur dieser Jerusalemer Reliquie, ähnlich ist es bei der in Konstantinopel. Doch wird heute in der orthodoxen Mönchsrepublik auf dem Berg Athos nach wie vor ein Stück des Kreuzesholzes verehrt und von orthodoxen Pilgern besucht.

Für orthodoxe Christen ebenso wie für Christen anderer Konfessionen sind in der Regel die Orte des Heiligen Landes als Pilgerziele wichtig, die bereits aufgeführt wurden (vgl. ab Seite 62). Hinzu kommt für die Orthodoxie außerhalb Israels das 1088 gegründete Johanneskloster auf der heute griechischen Insel Patmos, das an die Erstellung des letzten neutestamentlichen Buches erinnert, der Offenbarung des Johannes, damit aber theologisch ebenso christologisch einzuordnen ist. Ein anderes Pilgerziel, das griechisch-orthodoxe Katharinenkloster auf dem Sinai am Fuß des Mosesberges, steht in Beziehung zu einer alttestamentlichen Gestalt, die aber als Modell für Christus verstanden wird – Jesus als zweiter Mose, als neuer Gesetzgeber (Bergpredigt), als neuer Anführer des Volkes Gottes (des neuen Bundes).

Die Zwölf – Erinnerungen an die Apostel

Christliche Pilgerorte beziehen sich vorrangig auf Christus, doch folgen dem auch Erinnerungsorte an die Apostel, an Maria und an andere Heilige – seien sie legendär (wie Santiago de Compostela) oder eher auf historischer Grundlage beruhend (wie das Paulusgrab in San Paolo fuori le mura, Rom). Wiederum – wie bei den Pilgerstätten in allen Religionen – geht es nicht um historische Faktizität, sondern um Stärkung des Glaubens und den Schutz Gottes, den der Glaubende oft mit der Fürsprache von Heiligen verbindet.

Unter den Aposteln (zum Begriff vgl. Seite 61) ragen besonders die sogenannten Apostelfürsten Petrus und Paulus heraus, die beide mit der Stadt Rom verbunden sind: *Petrus* (aramäisch »Kephas« = »Fels«), Beiname des Simon, war Fischer in Kafarnaum am See Gennesaret, als er von Jesus als erster berufen wird. Petrus gehört zum engsten Jüngerkreis und nimmt in allen Listen der Apostel den ersten Platz ein (vgl. Markus 3,16). Petrus erscheint als widersprüchlich – auf der einen Seite wird er als mutig und aufbrausend dargestellt, auf der anderen Seite als feige bis hin zur Verleugnung Jesu (Markus 14,66–72). Er gehört mit zu den ersten Zeugen der Auferweckung Jesu. Seine herausragende Stellung im Jüngerkreis wird in der Urgemeinde sichtbar; er hält am Pfingsttag eine große Rede, die zur Bekehrung vieler und damit zum Wachsen der Gemeinde führt. Der Überlieferung nach soll er etwa im Jahr 64 in Rom gekreuzigt worden sein.

Diese Überlieferung wird mit dem Ort verbunden, auf dem heute der *Petersdom* in Rom errichtet ist. Auf dem vatikanischen Hügel

Petersdom, Petersplatz und Papstpalast, Vatikan

befand sich ein alter römischer Friedhof, auf dem seit etwa 200 eine Grabstätte als Grab des Petrus verehrt wird, der nicht nur als erster und wichtigster Apostel gilt, sondern auch als erster Bischof der Stadt Rom (obwohl es das Amt eines Bischofs zur Zeit des Petrus noch gar nicht gab – diese hierarchische Ordnung entstand erst zu Beginn des zweiten Jahrhunderts). Über diesem Grab wurde von Kaiser Konstantin um 324 eine erste Petrusbasilika errichtet, eine fünfschiffige Hallenkirche, deren Altar genau über dem Grab lag. Deshalb ist ab dem 4. Jahrhundert eine Petrusverehrung an dieser Stelle gesichert. Sie wurde dann zunehmend auch zum Pilgerort der westlichen Kirche – und dies besonders im Mittelalter im Zusammenhang mit dem Ausbau der geistlichen und weltlichen Macht des Papstes, dessen theologische Legitimierung gleichsam mit diesem Ort verbunden war. Im Spätmittelalter bildeten die Pilgerströme zunehmend einen wichtigen Wirtschaftsfaktor in der Stadt Rom. Der inzwischen baufällige Konstantinbau wurde ab 1506 als gewaltige Kathedrale neu errichtet; bis 1626 dauerten Bau und Ausstattung – wiederum mit dem Altar über dem vermeintlichen Petrusgrab. Die Verehrung des Apostels Petrus an dieser Stelle ist bis heute stark mit der Stellung des Papstes in der Hierarchie der katholischen Kirche verknüpft.

Der offizielle Sitz des Papstes ist allerdings nicht der Petersdom, sondern die im Zentrum Roms gelegene *Lateranbasilika*, die eine der sieben Pilgerkirchen in Rom ist und politisch zum Vatikan, nicht zu Italien gehört. Im Zusammenhang der Pilgerfahrten zum Gedenken an Apostel ist die Lateranbasilika von Bedeutung, weil hier seit 1367 über dem Altar ein Aufbau (Ziborium) befindet, in dem sich die Häupter der Apostel Petrus und Paulus befinden sollen. Aus der Verbindung zu den beiden »Apostelfürsten« heraus ließen sich viele Päpste in dieser Kirche bestatten.

Zu den sieben Pilgerkirchen Roms gehören neben Lateranbasilika und Petersdom auch Sankt Paul vor den Mauern, Santa Maria Maggiore (vier Papstbasiliken) und Sankt Laurentius vor den Mauern, Santa Croce in Gerusalemme (Heilig-Kreuz-Kirche) und Sankt Sebastian in den Katakomben. Die meisten Rompilger des Mittelalters wie der Neuzeit nach der durch Philipp Neri wiederbelebten Rompilgerschaft schlossen sich in der heiligen Stadt einem Pilgerführer an, mit dem sie an einem Tag diese sieben Kirchen erreichen konnten.

Der zweite »römische« Apostel ist *Paulus* (römischer Name des jüdischen Saul[us]). Geboren im kleinasiatischen Tarsus war Paulus gläubiger Jude, hatte aber von Geburt an das römische Bürgerrecht. Streng jüdisch erzogen wurde er in der Anfangszeit der Kirche zum Verfolger der Christen. Als er deshalb nach Damaskus unterwegs war, begegnete er in einem Offenbarungsgeschehen Jesus und schloss sich der Christengemeinde an (Apostelgeschichte 9,1–22). Nun wurde er zum Apostel, der neue Gemeinden in den Ländern des östlichen Mittelmeerraums gründete und durch Besuche und Briefe aufbaute. Paulus wird durch seine Missionsreisen zu *dem* Missionar der jungen Kirche – er führte die »jüdische Sekte« der Jesusanhänger zur christlichen Weltkirche. Dies bewirkte er auch durch seine Theologie, die vom nachösterlichen Bekenntnis zum auferweckten Christus geprägt ist. Paulus wird am Ende seines Lebens als Gefangener nach Rom gebracht und soll dort wegen seines Glaubens hingerichtet worden sein.

Sein Gedenken ist in besonderer Weise mit der Kirche *Sankt Paul vor den Mauern* verbunden, die nicht in gleicher Weise wie der Petersdom und die Lateranbasilika Ziel der nach Rom kommenden Pilger war und ist, aber dennoch hohe Bedeutung hat. Auch diese vor der antiken Stadtmauer gelegene Kirche ist exterritorial und gehört zum Vatikan. Der vermeintlich im Jahr 67 enthauptete Paulus soll in einem Grabfeld an diesem Ort beigesetzt worden sein – Kaiser Konstantin ließ ebenfalls 324 dort eine erste Kirche errichten. Nach einem Brand wurde die Kirche 1854 neu errichtet. Bei archäologischen Arbeiten wurde 2006 unter dem Altar ein römischer Steinsarkophag gefunden – er wird als Begräbnisort des Paulus angesehen und ist dementsprechend ein wichtiges Pilgerziel in der Stadt Rom.

Das einzige Apostelgrab auf deutschem Boden befindet sich in *Trier* und soll die Gebeine des heiligen *Matthias* enthalten. Anstelle des durch Selbstmord umgekommenen Judas Iskariot wird Matthias nach Ostern in der Urgemeinde durch Losentscheid in die Gruppe der zwölf Apostel gewählt (Apostelgeschichte 1,21–26). So wurde die Zwölfzahl als Zeichen für die zwölf Stämme Israels wiederhergestellt. Legenden erzählen über Matthias, das er nach Pfingsten nicht mehr lange in Jerusalem geblieben sei, sondern missionierend durch Judäa, Griechenland und andere Länder des Mittelmeerraumes gezogen sein, bis er schließlich nach Ägypten und Äthiopien kam. Dort wurde er ermordet. Nach anderen Berichten sei er in das Gebiet der Skythen gereist und dort wegen seines Glaubens getötet worden. Die Kaiserin Helena habe seine Gebeine nach Trier gebracht, wo sie in der Matthias-Kirche bestattet sind. Bis heute nehmen an den meist von Bruderschaften durchgeführten Matthiaswallfahrten nach Trier (dort dann auch zum Heiligen Rock, vgl. Seite 71f.) viele Christen aus Westdeutschland teil.

Bedeutender als diese eher regional gewählten Pilgerwege ist der wohl bekannteste Pilgerweg der Welt: der *Jakobsweg* oder, richtiger, die Jakobswege, die wie ein Spinnennetz ganz West- und Mitteleuropa durchziehen und deren Ziel die nordwestspanische Stadt *Santiago de Compostela* ist. Der Name *Santiago* kommt von *sanctus Iacobus* (heiliger Jakobus), *Compostela* vom lateinischen *campus stellae* (Sternenfeld).

Der Apostel Jakobus der Ältere war Sohn des Fischers Zebedäus und Bruder des Apostels Johannes. Beide wurden von Jesus bereits früh berufen und zählten zusammen mit Petrus zu den bevorzugten Aposteln. Jakobus war in der Jerusalemer Urgemeinde tätig und erlitt dort als erster der zwölf Apostel im Jahr 44 den Märtyrertod durch Herodes Agrippa. Seine Gestalt wurde durch alte spanische Legenden mit Spanien verknüpft, weil sein Leichnam ins spanische Santiago de Compostela gebracht und dort im 9. Jahrhundert wieder aufgefunden worden sein soll. Jakobus wurde in dieser Zeit zum Schutzheiligen gegen den Islam (»Maurentöter«). Ab 10. Jahrhundert gewann die Ja-

Kathedrale, Santiago de Compostela, Spanien

kobswallfahrt zu seinem Grab in Compostela an Bedeutung. Es entstanden europaweit Jakobsbruderschaften und Jakobshospize, dazu auch verschiedene Orden, die sich auf Jakobus beriefen.

In den ersten Jahrhunderten, in der Zeit der Reconquista, der Rückeroberung des bis 1492 teilweise muslimisch beherrschten Spaniens durch christliche Herrscher, war mit Santiago der Kampf gegen den Islam verbunden. Dies ist heute ohne Bedeutung; Motive wie Danksagung, Fürbitte, auch körperliche und spirituelle Herausforderung prägen die internationale Pilgergemeinschaft, die sich nach Santiago auf den Weg macht. Seit dem Mittelalter ist die Jakobsmuschel das Pilgerzeichen dieser Menschen, die ihm auf dem Weg Schutz und Hilfe garantierte, die aber, ganz profan, zum Wasserschöpfen genutzt werden konnte. Die Jakobsmuschel ist heute in den westeuropäischen Ländern das Wegzeichen der vielen Jakobswege. Pilgerumhang (Pelerine), Pilgertasche und Pilgerstab waren traditionell weitere Insignien der Jakobspilger, heute abgelöst von Funktionskleidung, Rucksack und Walkingstöcken. Zahlreiche Jakobsbruderschaften kümmern sich um die Pilgergruppen, aber auch um den Erhalt und die Auszeichnung der Wege bzw. deren Infrastruktur wie Herbergen und anderes.

Der Ursprung der heutigen Kathedrale in Santiago de Compostela stammt aus dem 11. Jahrhundert, doch wurde der ursprünglich romanische Bau in der Gotik und auch danach immer wieder verändert und erweitert. Bedeutsam ist der *Pórtico de la Gloria,* das Portal im Westeingang, durch das die Pilger kommen und mit den Fingern der rechten Hand die Mittelsäule berühren als Zeichen dafür, dass sie ihr Pilgerziel erreicht haben. In der Regel werden zum Abschluss der Pilgerfahrt in der Kathedrale festliche Gottesdienste gehalten, zu Hochfesten wird dabei auch das berühmte Botafumeiro geschwenkt, ein 1,6 m hohes und über 50 Kilogramm schweres Weihrauchfaß, 1851 aus Messing und Bronze gefertigt; es wird von acht Männern durch ein langes Seil durch den ganzen Kirchenraum geschwenkt. In früheren Zeiten diente der Weihrauch nicht nur dem Lobe Gottes, sondern auch dazu, den Geruch der nach langer Pilgerfahrt nicht mehr ganz sauberen Pilger zu übertünchen.

Von geringerer Bedeutung als Petrus, Paulus und Jakobus (der Ältere) sind die anderen Aposteln. Es gibt nur Legenden über ihr Wirken sowie über ihre Begräbnisorte, manchmal aber noch nicht einmal das. Dennoch sind einige dieser Orte zu christlichen Pilgerstätten geworden und werden häufig besucht – einige Beispiele:

- *Andreas*, der Bruder des Petrus gehörte zur Urgemeinde in Jerusalem und kam bis nach Griechenland, wo er im Jahr 60 den Märtyrertod an einem schräg gestellten Kreuz (Andreaskreuz) erlitten haben soll. Seine Körperreliquien gelangten nach Konstantinopel, wurden aber im vierten Kreuzzug von den Kreuzfahrern gestohlen und nach Amalfi im italienischen Süden gebracht, dort werden sie heute im Dom Sant' Andrea verehrt.
- *Matthäus*, Apostel und in der kirchlichen Tradition auch der Verfasser des Matthäusevangeliums, ist aufgrund seiner Reliquien im nahe bei Amalfi gelegenen Salerno dort Stadtpatron.
- *Philippus* soll im antiken Hierapolis begraben worden sein (heute nahe Pamukkale, Türkei).
- *Judas* bzw. *Thaddäus* (die Angaben der Evangelien unterscheiden sich) missionierte in Armenien, dem später ersten christlichen Staat, und gründete die Armenische Apostolische Kirche. Er wurde um 66 in der Kara Kelisa (der »Schwarzen Kirche«) des von ihm gegründeten Thaddäusklosters im heutigen Nordwest-Iran beigesetzt, die Region gehörte damals zum großarmenischen Reich. Diese Kirche ist heute ein bedeutendes Pilgerziel für armenische Christen aus Armenien, dem Iran sowie den Diasporagebieten in Frankreich und USA.
- *Bartholomäus* soll zusammen mit Thaddäus in Armenien missioniert haben, doch seine Körperreliquien kamen zuerst nach Lipari und Benevent in Italien, dann in die römische Kirche San Bartolomeo all' Isola (Tiberinsel). Die Hirnschale des Heiligen soll von Friedrich Barbarossa in den Frankfurter Dom gebracht worden sein, andere Traditionen sprechen von Bartholomäus-Reliquien im bayerischen Kloster Andechs und an anderen Orten.
- *Thomas* gehörte zu den ersten Jüngern und wird in den Apostellisten meist zusammen mit Philippus erwähnt. In den Evangelien wird Thomas als Suchender und zugleich Zweifelnder dargestellt (vgl. Johannes 20,2–29). Die Legende erzählt über den weiteren Lebenslauf des Thomas, dass er als Missionar nach Osten gezogen ist und durch Persien hindurch nach Indien kam. In Südindien soll er am Hof des Königs Gundaphar in der Nähe der heutigen Stadt

Chennai (früher Madras) gewirkt, dort im Jahr 72 auf dem heute Thomasberg genannten Hügel den Märtyrertod erlitten haben und im nahen Stadtteil Mylapore begraben worden sein. An dieser Stelle ist heute die Thomas-Basilika, ein hoher neugotischer Bau an der Stelle früherer Bauten. Auf Thomas gehen die sogenannten »Thomaschristen« zurück, die mit sieben Millionen Mitgliedern heute verschiedenen christlichen Denominationen angehören, vor allem der mit Rom unierten Syro-Malebarischen Kirche. In Indien gibt es viele Thomaskirchen (etwa in Mumbai), in denen Pilger des Apostels gedenken.

Thomaskathedrale mit dem Grab des Apostels Thomas in der Krypta, Chennai, Tamil Nadu, Indien

Nicht zu den Aposteln, wohl aber zur frühen christlichen Tradition zählt *Johannes der Täufer*, der in den Evangelien als Vorläufer Jesu dargestellt wird. An vielen Orten wird behauptet, die – aus christlicher Pilgersicht wertvolle – Kopfreliquie des Johannes zu besitzen. Um diese Ehre streiten sich die Kathedrale von Amiens (nach der sie auch als Raubgut nach dem vierten Kreuzzug aus Konstantinopel gekommen sein soll), die Kirche San Silvestro in Capite in Rom und zugleich im Jordanischen Madaba eine Johannes geweihte Kirche. Bedeutsamer aber ist Damaskus. Hier war im 4. Jahrhundert nach der Konstantinischen Wende ein römischer Jupitertempel durch eine christliche Basilika ersetzt worden, in der der Kopf des Johannes aufbewahrt wurde. Dieser Ort wurde und wird nach der muslimischen Eroberung auch von Muslimen verehrt, da Johannes aus ihrer Sicht einer der Propheten ist, die Mohammed vorausgingen. Die christliche Kirche wurde zur Umayyadenmoschee umgewandelt, das Grab des Johannes darin ist das spirituelle Zentrum.

Pilger vor alter Basilika, Guadalupe, Mexiko

Mutter vor Ort – Erinnerungen an Maria

In der Volksfrömmigkeit vor allem der katholischen Kirche, aber teilweise auch der orthodoxen Kirchen, haben Marienwallfahrtsorte einen hohen Stellenrang. Oft werden Orte, die an Maria erinnern, stärker besucht als Orte, die an Jesus oder die Apostel erinnern. Maria, die Mutter Jesu, wird in den Evangelien vor allem in den Kindheitslegenden des Matthäus und Lukas erwähnt, danach nur selten. Sie gehörte nach dem Tod und der Auferweckung zur Jerusalemer Urgemeinde (Apostelgeschichte 1,14). Sie soll, der Legende nach, im kleinasiatischen Ephesus gestorben sein, wo heute ihr Grab verehrt wird. Für viele Christen ist Maria das Modell eines beständigen Glaubens und Schwester glaubender Menschen. Die frühen Konzilien bezeichnen Maria als »Gottesgebärerin«, doch damit war mehr eine christologische Aussage (Jesus als wahrer Gott und Mensch) gemeint als eine Aussage über Maria selbst. Erst in der Neuzeit wird die Bedeutung Mariens in der katholischen Kirche durch zwei dogmatische Grundsatzentscheidungen betont: 1854 Dogma von der Unbefleckten Empfängnis Mariens (Maria ohne Erbsünde empfangen), 1950 Maria leiblich in den Himmel aufgenommen. Diese Aussagen haben Maria in einer aus evangelischer Sicht überhöhten Weise dargestellt, die nicht biblisch begründet und deshalb nicht akzeptabel ist.

Doch die Marienfrömmigkeit in der katholischen Kirche wurde durch solche Entscheidungen erheblich verstärkt. Das wirkte sich auch auf die teilweise viel älteren Marienwallfahrtsorte aus. Einer der bedeutendsten Orte ist *Guadalupe*, heute ein Stadtteil von Mexiko-City (nicht zu verwechseln mit dem gleichnamigen Wallfahrtsort in Spanien, der auf das 14. Jahrhundert zurückgeht). Das Gnadenbild der Lieben Frau von Guadalupe ist das spirituelle Zentrum des christlichen Mexikos und zugleich mit ca. 20 Millionen Pilgern jährlich einer der meist besuchten Wallfahrtsorte der Welt. Dieses Heiligtum und die Pilgerfahrt nicht nur der Mexikaner, sondern auch Glaubender aus anderen lateinamerikanischen Ländern, geht zurück auf einen Vorgang des Jahres 1531: Der indigene Juan Diego (2002 als erste Indigener Amerikas heiliggesprochen) hatte eine Marienerscheinung, die aber vom zuständigen Bischof nicht anerkannt wurde. Erst als Diego vom Ort der Erscheinung Rosen pflückte, in seinen Mantel einwickelte und dem Bischof brachte, änderte sich dies, denn im Mantel war nun ein Bild Mariens erschienen – dargestellt als junge Frau mit rotem Kleid und einem blauen, sternengeschmückten Mantel, auf einer Mondsichel stehend. Schon bald wurde auf dem Hügel Tepeyac, früher der Verehrungsort einer aztekischen Erntegöttin, nun Ort der Marienerscheinung, eine Basilika errichtet, in der das Gnadenbild (auf dem Mantel des Juan Diego) aufbewahrt wurde. Weil diese alte Basilika für die vielen Pilger nicht ausreichte, zudem baufällig war, wurde 1975 eine neue, gewaltige Basilika für 40 000 Personen erbaut, die heute Pilgerort ist und wo die vielen Pilger auf vier Laufbändern am Gnadenbild vorbeigefahren werden.

Im europäischen Raum ist in erster Linie *Lourdes* als Marienwallfahrtsort zu nennen. Auch zu dieser Stätte, besonders zu der Grotte der Marienerscheinung, kommen jedes Jahr Millionen von Pilgern aus dem ganzen europäischen Raum. Der Wallfahrtsort geht auf das Jahr 1858 zurück: Das 14-jährige Mädchen Bernadette Soubirous

(1844–1879, später Ordensschwester und 1933 heiliggesprochen) hatte in der Grotte Massabielle insgesamt 18-mal die Erscheinung einer Frau, die sich auf Soubirous Frage als »Unbefleckte Empfängnis« offenbarte – nur vier Jahre zuvor war dieses Dogma verkündet worden. Die Frau trug ein weißes Kleid und einen blauen Mantel (himmlische Farbe) und forderte Bernadette auf, an dieser Stelle eine Kirche errichten zu lassen. In der Grotte entspringt eine Quelle, deren Wasser Heilkräfte zugesprochen werden – Lourdes ist deshalb für viele wunderbare Heilungen bekannt und wird besonders von Schwerkranken und Behinderten besucht (z.B. auf von Maltesern oder Pfadfindern betreuten Pilgerfahrten). Es gibt in der Nähe für die Kranken Bäder mit dem Quellwasser. Zudem befinden sich im vom kommerziellen Rummel (Verkauf von Devotionalien, u.a. als Marienfiguren gestaltete Flaschen mit dem Wasser der Quelle) abgetrennten stillen Bereich drei große Kirchen: die 1866–1771 erbaute Kirche der Unbefleckten Empfängnis oberhalb der Grotte, die Rosenkranzbasilika aus dem Jahr 1889 und die unterirdische, 25 000 Besucher fassende Unterkirche, die 1957 fertiggestellt wurde.

Mariengrotte, Lourdes, Frankreich

Wie bei keinem anderen Marienwallfahrtsort hatten die Pilgerfahrten nach Lourdes Auswirkungen über den Ort selbst hinaus. In vielen Kirchen – nicht nur in Europa, sondern weltweit – wurden Statuen der Maria aufgestellt, die dem Vorbild in der Grotte von Lourdes entsprechen (vgl. das Foto) – das Original dieser Marienfigur stammt aus dem Jahr 1864. Oft wurde auch die Grotte selbst nachgebildet – mit Statue und natürlicher oder künstlicher Quelle. Lourdesgrotten in oder bei Kirchen, aber auch in freier Natur, verbreiteten in der katholischen Kirche eine intensive Marienfrömmigkeit, die manchmal die Christusbeziehung in den Hintergrund treten ließ. Solche Grotten entstanden von Pilgern aus Dankbarkeit für in Lourdes erfahrene Hilfe oder Heilung, aber auch aus anderen Gründen. In Deutschland wird es mehr als hundert solcher Grotten geben, aber auch aus den anderen europäischen Ländern sowie aus Kanada, Singapore (Kirche Lady of Lourdes), Thailand (Chombung) und Südindien (Tiruchirapally) sind solche Grotten bekannt.

Der portugiesische Marienwallfahrtsort *Fátima* nördlich von Lissabon hat nicht nur ähnliche Bedeutung in der katholischen Kirche, sondern auch eine vergleichbare Geschichte. Hier sind es drei Kinder, Lucia dos Santos (1907–2005) und die Geschwister Jacinta (1910–1920) und Francisco Marto (1908–1919), denen im Jahr 1917 während des Schafehütens die Jungfrau Maria mehrfach auf dem Feld erschienen war. Da sich diese Erscheinung schnell herumsprach, fanden sich am 13. Oktober 1917 Tausende auf dem Feld ein und sahen ein Sonnenwunder. Dies führte zur Anerkennung der Erscheinungen und zur Verehrung der Lieben Frau von Fátima und zum Entstehen einer Wallfahrtstradition dorthin. Im kleinen Ort steht seit 2007 neben der alten Basilika die gewaltige Kirche der Heiligen Dreifaltigkeit, die in der katholischen Kirche als internationales Heiligtum zählt. Weltweit gibt es inzwischen Fátimakirchen und -kapellen, in denen die Jungfrau von Fátima verehrt wird. Einige dieser Kirchen sind selbst zu Pilgerorten geworden, so etwa im luxemburgischen Wiltz, wo an Christi Himmelfahrt viele tausend Pilger ein Pilgerfest feiern, das die Toten des Ersten Weltkriegs (Ardennenoffensive) in Erinnerung ruft.

In allen katholisch geprägten Ländern gibt es eine kaum überschaubare Fülle weiterer Marienwallfahrtsorte. Mit ca. 8 Millionen Pilgern im Jahr ist das brasilianische *Aparecida* im Bundesstaat São

Paulo wohl das bedeutendste Lateinamerikas nach Guadalupe. Hier hatten drei Fischer im Jahr 1717 eine wundertätige Marienstatue gefunden, die heute, als Schutzmantelmadonna kostbar ummantelt, in einer 1980 geweihten modernen Basilika aufbewahrt wird und Ziel der Pilger ist. Ähnlich wie in Lourdes und Fátima befinden sich in Brasilien hunderte von Aparecida-Kirchen, die auf ihre Weise an diesen Pilgerort erinnern und teilweise selbst von Pilgerzügen besucht werden.

Am anderen Ende der Welt, im südostasiatischen Osttimor, ist die heilige Mutter von *Aitara* das Ziel der dort (durch die portugiesische Kolonialzeit) weithin katholischen Bevölkerung. Der Berg Aitara (755 m) ist durch einen großen Banyanbaum geprägt – hier kommen also die religiöse Symbolik von Weltenberg und Weltenbaum zusammen; die Mitte der Welt ist an einem solchen Ort erfahrbar. Neben diesem Baum wurde nach Marienerscheinungen im Jahr 1900 vor mehreren einheimischen Frauen zuerst ein Schrein, später eine den Schrein umgebende Kirche errichtet.

In Afrika liegt der einzige vom Vatikan anerkannte Marienwallfahrtsort in Ruanda. 1981 soll es in dem kleinen Ort *Kibeho* zu Marienerscheinungen gekommen sein, bei denen die *nyina wa jambo* (Mutter des Wortes) zu Umkehr und Buße aufgerufen habe. Doch ausgerechnet an diesem heiligen Ort gab es beim Bürgerkrieg und Völkermord in 1994–1995 Massaker mit vielen tausend Toten, bei denen sich auch katholische Priester und Nonnen als Täter beteiligt haben sollen – Kibeho, ein Ort der Gewalt, nicht des Friedens und des christlichen Glaubens.

In Europa gibt es außerhalb von Deutschland bedeutende Marienwallfahrtsorte etwa im belgischen Banneux, im Ort Međugorge in Bosnien-Herzegowina (erst seit den 1980er Jahren und kirchlich nicht anerkannt), in Knock in Irland, im italienischen Tindari (Stadtteil des sizilianischen Messina, verehrt wird eine Schwarze Madonna), im Tiroler Nonstal im Dorf Unsere Liebe Frau im Walde. In Polen ist auf dem heiligen Berg Jazna Góra bei *Częstochowa* (Tschenstochau) das Paulinerkloster, in dessen Klosterkirche das Bildnis der Schwarzen Muttergottes gezeigt wird, byzantinischen Ursprungs und im Mittelalter entstanden. Tschenstochau ist besonders am Fest Mariä Himmelfahrt im August Ziel großer Pilgerströme.

In Österreich ist *Mariazell* in der Steiermark seit dem 12. Jahrhundert der bedeutendste Wallfahrtsort, bis zu einer Million Pilger kommen dort jährlich in eine gotische Kathedrale des 14. Jahrhunderts. In der Gnadenkapelle wird dort eine kleine Lindenholzfigur als Gnadenbild verehrt, das Maria als Schutzpatronin Österreichs bekennt – die *Magna Mater Austriae*, wegen ihres weit ausladenden glockenförmigen Rocks auch als Glockenmadonna bezeichnet. Diese Skulptur ist in Österreich Nationalheiligtum.

Unter den vielen Marienwallfahrtsorten in Deutschland (u.a. Andechs, Beuron, Kevelaer, Neviges, Essen, Marienthal im Westerwald, Schönstatt bei Vallendar, Werl) ragt Altötting in Bayern heraus. In der dortigen Gnadenkapelle wurde bereits seit 1330 ein Bildnis von Maria mit dem Kind verehrt, die »schwarze Maria von Ötting«. Die Legende erzählt, wie 1489 ein dreijähriges Kind in einen Bach gefallen war. Das leblose Kind wurde von der Mutter in eine Kapelle gebracht und erwachte dort wieder zum Leben. Danach pilgerten aus dem ganzen süddeutschen Raum Menschen nach Altötting, um dort die Madonna um Hilfe anzurufen – Votivtafeln künden davon.

Gnadenkapelle (Mitte), Altötting, Deutschland

Helfer – Erinnerungen an die Heiligen

In der katholischen und orthodoxen Kirche haben Heilige einen hohen Stellenwert, Maria an erster Stelle. Heilig wird alles genannt, was in einer besonderen Beziehung zu Gott steht: Gegenstände (etwa Altar), Zeiten und Feste (etwa Ostern), Orte (etwa Jerusalem), auch Personen. Solche als Heilige bezeichneten Frauen und Männer werden nicht angebetet (und damit als »Gottheiten« anerkannt), sondern wegen ihres vorbildlichen Lebens und Glaubens verehrt. Viele Grabstätten von Heiligen, manchmal auch Stätten ihres Lebens sind zu Pilgerorten geworden, wo man ihres vorbildlichen Wirkens gedenkt. Wegen der nicht überschaubaren Fülle von Heiligen in Katholizismus und Orthodoxie werden hier nur exemplarisch einige wenige vorgestellt, die für unseren Kulturraum und unser Brauchtum wichtig sind:

Nikolaus von Myra war Bischof der Stadt Myra (heute Demre in der Türkei) und nahm im Jahr 325 am Konzil von Nizäa teil. Um sein Leben rankte sich schon früh ein Kranz von liebenswürdigen Legenden, etwa die Geschichten vom Brotwunder, bei dem die in Hungersnot geratene Stadt Myra mit Brot versorgt wird, oder vom Seewunder, bei dem Nikolaus Matrosen in Seenot rettet. Alle Nikolauslegenden stimmen darin überein, dass er als Helfer in Notlagen tätig war. Deshalb gilt er als Schutzpatron vieler Berufe. Seine Gebeine wurden zuerst in Myra beigesetzt, doch italienische Kaufleute stahlen sie im 11. Jahrhundert und brachten sie nach Bari in die dortige Basilika San Nicola. In Bari gibt es im Mai

Nikolaus von Myra, Prozessionsstatue für die Schiffsprozession, Bari, Italien

zu Land und zu Wasser eine Prozession zu Ehren des Heiligen. In der orthodoxen Kirche wird weniger der wundertätige Nikolaus verehrt, sondern der große Bischof, der den Menschen das Evangelium brachte. In der griechisch-orthodoxen Kirche kommt der Heilige gleich nach Maria, in der russischen wird er als »Bild der Barmherzigkeit Gottes« angesehen.

Martin von Tours ist einer der beliebtesten Heiligen der katholischen Kirche. Er wurde 316 in Sabaria, Pannonien (heute Ungarn), geboren, erhielt in Pavia, der Heimatstadt seines Vaters eine christliche Erziehung und wurde Taufbewerber (Katechumene). Als römischer Soldat kam nach Gallien. Dort, so erzählt die Legende, begegnete er in Amiens einem Bettler, mit dem er seinen Mantel teilte. In einem Traum der folgenden Nacht begegnete ihm dann Christus, der mit diesem halben Mantel bekleidet war. Martin verließ die Armee, ließ sich taufen und als Missionar seiner Heimat Ungarn aussenden. Dort aber hatte er keinen Erfolg und zog sich für einige Jahre als Einsiedler auf eine einsame Insel in der Adria zurück. Danach gelangte er zurück nach Poitiers und gründete dort das Kloster Ligugé, das erste Kloster Galliens. Es wurde in den folgenden Jahren zu einem bedeutenden geistigen Zentrum Frankreichs und Martin wurde im ganzen Land als Seelsorger und Ratgeber bekannt. Die Gemeinde von Tours wählte ihn 371 gegen seinen Willen zu ihrem Bischof. Martin starb 397. Über seinem Grab erhob sich bereits früh eine Basilika, im 19. Jahrhundert wurde diese Gedenkstätte durch eine im neobyzantinischen Stil erbaute neue Kirche ersetzt, deren Krypta mit dem Grab Martins Ziel vieler Pilger ist.

Martin von Tours mit dem Bettler, Statue im Vorhof der Martinsbasilika, Tours, Frankreich

Elisabeth von Thüringen
mit Kirchenmodell, Elisabethkirche,
Marburg, Deutschland

Elisabeth von Thüringen (1207–1231) ist die große deutsche Heilige des 13. Jahrhunderts. Die Tochter des ungarischen Königs wurde bereits mit vierzehn Jahren Gattin von Graf Ludwig (Wartburg bei Eisenach). Als junge Fürstin wandte sie sich gegen den Luxus am Hof und begann mit Werken der Nächstenliebe, von denen zahlreiche Legenden (Rosenwunder, Pflege des Aussätzigen ...) erzählen. Dabei setzte sie sich persönlich ein, stieg von der Wartburg hinab zu den Armen und Kranken. Dies wurde von der Familie ihres Mannes nicht hingenommen (»Verschleuderung von Familienvermögen«); Elisabeth konnte sich aber während der Lebenszeit von Ludwig gegen alle Angriffe zur Wehr setzen. Ihre eigentliche Bewährungsprobe begann nach dem frühen Tod ihres Mannes (1227 auf einem Kreuzzug), als sie mit ihren drei Kindern aus der Wartburg vertrieben wurde. Als 20-Jährige gründete sie in Marburg ein Krankenhospiz; sie trennte sich von ihren Kindern und schloss sich dem Franziskanerorden an. Elisabeth starb 1231 und wurde in Marburg begraben. Im Zusammenhang mit ihrem Grab wurden bald wunderbare Heilungen berichtet; dies führte zu einem Zustrom von Pilgern, für die ab 1235 die Marburger Elisabethkirche gebaut wurde – in die frühgotische Kirche ist die ehemalige Kapelle des von Elisabeth gegründeten Hospitals integriert und beherbergt den Sarkophag der Heiligen; der goldene Elisabethschrein aus dem Jahr 1326 wird in der Sakristei aufbewahrt. Während in der ersten Zeit dort Körperreliquien der Heiligen von Pilgern verehrt wurden, ist dies seit der Reformation nicht mehr der Fall, der Verbleib der Reliquien ist unbekannt.

Bonifatius (672–754) wird »Apostel Deutschlands« genannt, weil er wesentlich zur Missionierung der germanischen Stämme beigetragen hat. Ursprünglich hieß er Winfried; in Südengland geboren, trat er in ein Benediktinerkloster ein. Im Jahr 715 entschloss er sich, eine Missionsreise zu den Friesen zu unternehmen, hatte damit aber keinen Erfolg. 718 beauftragte ihn der Papst mit der Germanenmission und gab ihm den neuen Namen Bonifatius. Im Gebiet des heutigen Hessens begann er mit seiner missionarischen Arbeit. Die Legende erzählt, wie er in der Ortschaft Geismar die Donareiche, Symbol des heidnischen germanischen Glaubens, fällte und damit den »Gott der Christen« als den Mächtigeren zeigte. Aus dem Holz der Donareiche baute er die erste Kirche in diesem Gebiet. Bonifatius gab der jungen germanischen Kirche eine eigenständige Struktur und gründete die Bistümer Salzburg, Regensburg, Freising, Passau, Würzburg und Erfurt; er selbst wurde Erzbischof von Mainz. Am Ende seines Lebens zog er erneut zur Mission nach Friesland. Dort wurde er 754 nach anfänglichen Erfolgen ermordet. Die Verehrung des Heiligen war bis in die Neuzeit auf Fulda beschränkt, wo bis heute an seinem Todestag, dem 5. Juni, die Bonifatiuswallfahrt zu seinem Grab stattfindet. Erst seit dem 19. Jahrhundert wird er deutschlandweit verehrt. Seine Reliquien befinden sich heute nicht in Fulda, sondern in Horsheim und Eibingen; die Wallfahrtskirche in Eibingen ist deshalb ein wichtiges Pilgerziel (Eibinger Reliquienschatz).

Bonifatius,
Statue von Werner Henschel, 1830,
vor dem Dom in Fulda, Deutschland

In Deutschland gibt es weitere Gedenk- und Pilgerstätten von Heiligen. Der *vierzehn Nothelfer*, vierzehn bedeutenden Heilige des

2.–4 Jahrhunderts, die in besonderen Notsituationen angerufen werden, gedenkt man u.a. in Vierzehnheiligen (Oberfranken), in Mainz-Gonsenheim und in Düsseldorf-Bilk. Im hessischen Eibingen wird Hildegard von Bingen verehrt, in Heisterbacherrott Judas Thaddäus, im saarländischen St. Wendel der heilige Wendelinus, ein Missionar im Gebiet des Saarland im 6. Jahrhundert. Alle diese und viele weitere Orte sind Pilgerziele. In den anderen europäischen Ländern sieht es ähnlich aus: In der nordalbanischen Stadt Ląc pilgern tausende zu einem Kloster, das nach dem heiligen Antonius von Padua benannt ist. Im französischen Lisieux ist die der heiligen Therese von Lisieux (1873–1897) geweihte Basilika Pilgerziel. Der 764 Meter hohe Berg Croagh Patrick in Irland ist eine Wallfahrtsstätte des irischen Missionars Patrick (5. Jahrhundert) – Ende Juni steigen tausende Pilger, oft barfuß, auf den heiligen Berg. In Italien ist besonders Assisi mit den Gräbern der heiligen Franziskus und Klara ein wichtiges Pilgerziel, ebenfalls Padua mit dem Grab von Antonius von Padua. Im österreichischen Salzkammergut pilgern viele Gläubige zum Grab des heiligen Wolfgang in der gleichnamigen Stadt, er war Missionar und Bischof von Regensburg im 10. Jahrhundert. Pilger gedenken auch des Eremiten Leonard von Limoges (6. Jahrhundert) u.a. in Tamsweg im Lungau, Österreich, wo ein Holzbildnis an ihn erinnert. Polen kennt den Wallfahrtsort Annaberg in Oberschlesien, wo eine Statue der heiligen Anna, der Legende nach die Mutter Mariens, seit dem 15. Jahrhundert Pilgerziel ist. Die Wallfahrt in das schweizerische Dorf Flüeli-Ranft erinnert an den Schweizer Nationalheiligen Nikolaus von Flüe (Bruder Klaus, 1417–1487). Die Reliquien des ungarischen Königs Stephan finden sich im Stephansdom in Budapest, zu dem jährlich am 20. August eine große Prozession führt.

Neben stationären Wallfahrtsorten durchziehen große Pilgerwege Europa. Dies betrifft nicht nur den Jakobsweg (vgl. Seite 78f.), sondern zudem Wege, die an andere Heilige erinnern: Der italienische *Franziskusweg* führt über 30 Etappen von Florenz über Assisi nach Rom; der relativ neue *Benediktweg* erinnert an den Gründer des europäischen Mönchstums und führt von seinem Geburtsort Norcia in Umbrien über Subiaco bis Montecassino, dem Zentrum der Benediktiner. Andere Pilgerwege sind u.a. der Wolfgangweg von Regensburg nach St. Wolfgang und der St.-Rupert-Weg von Altötting bis Salzburg.

Spanische Pilger beim Weltjugendtag 2005 vor dem Dom, Köln, Deutschland

Neue Bewegungen – Orte der Spiritualität

Die meisten Pilgerorte und Pilgerwege des Christentums haben eine lange Geschichte. Heutige Pilger stellen sich in die Tradition früherer Glaubenden – auch dies ist ein Motiv von Pilgerfahrten: Verbundenheit glaubender und suchender Menschen über Zeiten und Regionen hinweg. Doch gibt es auch in unserer Zeit neue Impulse für ein Pilgern aus dem Glauben heraus. Dies wird nicht nur an zunehmenden Pilgerzahlen auf den Jakobswegen sichtbar, sondern auch an neuen Pilgerzielen (etwa Međugorge, vgl. Seite 86) und Pilgerwegen (etwa der Benediktweg, vgl. Seite 94). Hinzu kommen auch neue geistliche Bewegungen, die viele Menschen, vor allem jüngere, im wahrsten Sinn des Wortes in Bewegung setzen. Die internationalen Treffen der Weltjugendtage und die Taizébewegung sollen hier als Beispiele einer neuen, »bewegten« christlichen Spiritualität dienen, die eine weltweite Verbindung von Christen schafft.

Der *Weltjugendtag* wurde 1984 von Papst Johannes Paul II. initiiert, das erste Treffen fand in Rom statt. Da zu diesem Jugendtreffen überraschend viele Pilger kamen, wurde im folgenden Jahr ein weiteres Treffen in Rom veranstaltet, danach folgten Weltjugendtage im Abstand von 2–3 Jahren, nun auch an Orten in anderen Ländern. 2005 war der erste Weltjugendtag auf deutschem Boden, zu dem mehr als eine Million junger Menschen in Köln zusammenkamen. 2016 gab es einen Weltjugendtag im polnischen Krakau, 2019 wird das Treffen im mittelamerikanischen Panama stattfinden. Zielgruppe dieser religiösen Großveranstaltung sind Jugendliche und junge Erwachsene zwischen 14 und 30 Jahren. In »Tagen der Begegnung« gibt es zuerst an vielen Orten des Veranstalterlandes für die jungen Pilger Einblicke in die Kultur und den Glauben des betreffenden Landes. Danach kommen alle zum eigentlichen Weltjugendtag in der ausgewählten Stadt zusammen. Dort gibt es während einer Woche unterschiedliche Gottesdienste, Katechesen zur Glaubensverkündigung, Bibelgespräche, Konzerte und andere kulturelle, vor allem spirituelle Veranstaltungen in großer Zahl. Oft sind die internationalen jungen Pilger in Gastfamilien untergebracht, sodass sich häufig dauerhafte Beziehungen zwischen jungen Christen weltweit ergeben. Höhepunkte der Weltjugendtage sind die großen Eröffnungs- und Abschlussgottesdienste; die abschließende Eucharistie wird vom Papst zelebriert.

Einen ganz anderen spirituellen Impuls setzt die *Communauté de Taizé* (Gemeinschaft von Taizé) in der Nähe von Cluny in Frankreich. Dieser ökumenisch ausgerichtete Männerorden veranstaltet internationale Jugendtreffen, die aber über die Konfessionsgrenzen hinweg Jugendliche einladen. Gegründet wurde die Gemeinschaft von Taizé durch den reformierten Christen und Theologen (Frère) Roger Schutz (1915–2005). Aus einer sozialen Einrichtung im Dorf Taizé, in der sich Schutz zusammen mit Freunden um Waisenkinder und Kriegsgefangene kümmerte, entstand 1949 der ökumenische Orden, der sich bewusst in die Tradition der alten Mönchsorden stellte – Frère Roger wurde Prior des neuen Ordens.

Die Brüder von Taizé setzen als wesentliche Ziele ihrer Gemeinschaft den Frieden in der Welt und die Überwindung der Grenzen zwischen den Völkern und zugleich auch die Überwindung der konfessionellen Mauern des Christentums. Ökumene und Frieden sind deshalb auch die wichtigsten Stichworte der seit 1970 stattfinden Jugendtreffen der Communauté. Bereits vorher waren immer wieder Jugendliche Gäste der Gemeinschaft, 1970 verkündete Frère Roger ein Konzil der Jugend, das in den Folgejahren fortgesetzt wurde und ab 1979 in den »Pilgerweg des Vertrauens auf der Erde« überging: Jugendliche weltweit sollen sich für Frieden und Versöhnung einsetzen und – soweit sie Christen sind – vom Evangelium her zu Gebet und Spiritualität geführt werden.

Dieser Ansatz hat zu einer neuen weltweiten Pilgerbewegung geführt, bei der vor allem in den Sommermonaten tausende Jugendliche nach Taizé kommen, in dem Klostergelände eine Zeitlang bleiben und an den Gottesdiensten in der inzwischen gebauten großen Versöhnungskirche teilnehmen. Die Gesänge von Taizé werden nunmehr weltweit in Gottesdiensten aller Konfessionen eingesetzt. Zusätzlich gibt es jährliche europäische Jugendtreffen an wechselnden Orten, die zehntausende Jugendlicher zusammenbringen.

Pilger beim Gebet, Taizé, Frankreich

Islam

Das erste Haus, das für die Menschen errichtet wurde,
ist gewiss dasjenige in Mekka;
voller Segen ist es und Rechtleitung für die Weltenbewohner.
In ihm sind deutliche Zeichen.
Es ist die Stätte Abrahams, und wer es betritt, ist in Sicherheit.
Und Gott hat den Menschen die Pflicht zur Wallfahrt
nach dem Haus auferlegt, allen, die dazu eine Möglichkeit finden.
(Koran, Sure 3,96–97, Übersetzung Khoury)

An keinem anderen Ort konzentriert sich muslimischer Glaube so sehr wie in Mekka und dort in der Umrundung der Kaaba, des würfelförmigen Gebäudes innerhalb der großen Moschee. Hier ist das »Heilige Haus« des Islam, seine spirituelle Mitte. Hier ist Gott nicht in einer Statue oder einem Bild darstellt, sondern dieser Ort symbolisiert Gott, den Erbarmer und Barmherzigen, ruft den Allerbarmer ins Bewusstsein und führt den Gläubigen zu Ritualen innerhalb der Umma, der muslimischen Gemeinschaft, die ihn in gemeinsamem Glauben mit Menschen aus allen Völkern verbinden. Jeder volljährige und gesunde Muslim soll die Wallfahrt nach Mekka (den Hadsch) wenigstens einmal im Leben unternehmen. Wer sich also auf den Weg macht und die Kaaba siebenmal wie vorgeschrieben umrundet, der macht dadurch

Islam

Aus Judentum und Christentum erwachsen versteht sich der Islam in Bezug auf Abraham als erste, in Bezug auf seinen Gründer Mohammed, den letzten der Gesandten Gottes, als letzte Weltreligion. Etwa 1,6 Milliarden Menschen gehören den Richtungen der Sunna, der Schia und weiterer kleiner Gruppierungen an. Bestimmend ist für Muslime der unbedingte Glaube an den einen und einzigen Gott, den Barmherzigen,dem man sich glaubend zu unterwerfen hat (= Islam) und den man mit Gebet, Fasten im Ramadan und dem Hadsch verehrt.

gleichsam Gott zum Mittelpunkt seines Lebens. Schon auf dem Weg, dann aber in Mekka während des mehrtägigen Rituals betet der Pilger das *Labbayk* (auch Labeika), das Pilgergebet, das seine innere Einstellung, seine Unterwerfung unter den einen Gott, deutlich werden lässt: »Ich stehe vor dir, Gott, es gibt neben dir keinen, ich stehe vor dir. Dein sind Lob und Segen und alle Herrschaft, es gibt keinen neben dir!« Unter Muslimen gilt der Spruch: »Du hast nicht richtig gelebt, bevor du auf dem Hadsch warst.« In Sure 22,27ff. wird Mohammed aufgefordert, die Gläubigen zur Wallfahrt aufzurufen, damit sie »den Umlauf um das heilige Haus durchführen«.

Pilger bei der Hadsch, Gebet auf dem Berg Arafāt, Mekka, Saudi-Arabien

Hadsch nach Mekka – fünfte Säule des Islam

Für den gläubigen Muslim gibt es fünf Hauptforderungen – die »Fünf Säulen des Islam«:

- *Shahada – das islamische Glaubensbekenntnis* – es ist gleichsam die Überschrift über alles weitere – durch das Glaubensbekenntnis gliedert sich ein Mensch in die islamische Umma ein und wird zu einem »Muslim«, der sich und sein ganzes Leben Gott unterwirft.
- *Salat – das fünfmalige tägliche Gebet* – es übersetzt das Glaubensbekenntnis in eine ständige Orientierung auf Gott und seinen Willen. Dabei schafft das Gebet eine Beziehung zwischen Gott und Mensch, und bindet zudem die Muslime untereinander zusammen.
- *Saum – Fasten im Ramadan* – der Verzicht auf Weltliches (besonders deutlich am Verzicht auf Essen und Trinken) soll den Muslim

Pilger umkreisen die Kaaba, Mekka, Saudi-Arabien

einmal im Jahr neu auf Gott orientieren. Zugleich wird die Umma durch ein gemeinsames Tun lebendig.

- *Zakat – Armensteuer/Almosengeben* – in einer Zeit ohne Sozialsystem waren Menschen auf die Solidarität ihrer Familie, bzw. ihres Stammes angewiesen. Die Armensteuer institutionalisiert diese Solidarität durch eine allgemeine und gerechte Regelung (Höhe je nach Einkommen).
- *Hadsch – Wallfahrt nach Mekka.*

Die fünf Säulen des Islam setzen den muslimischen Glauben in konkrete Äußerungen um. Sie sind unverzichtbare Grundforderungen, einfach zu verstehen und allen sozialen Schichten möglich. Sie verbinden eine innere, spirituelle Dimension mit äußeren Zeichen und äußerem Tun. Sie sind Religion – Rückbindung des Menschen an Gott – und zugleich Stärkung der Umma – der muslimischen Gemeinschaft. Durch diese fünf Säulen des Islam wird das öffentliche Leben in islamischen Ländern wesentlich geprägt.

Im Koran sind die fünf Säulen des Islam nicht systematisch aufgeführt, sondern nur in Andeutungen verschiedener Suren enthalten. Ein Hadith Mohammeds dagegen, das *Gabriel-Hadith*, gibt die Forderungen exakt wieder – sie stammen also aus der Anfangszeit des Islam: »Islam ist: Wenn du bekennst, dass es keinen Gott gibt außer Gott und dass Mohammed der Gesandte Gottes ist; dass du das Pflichtgebet verrichtest und die Armengabe leistest, dass du im Ramadan fastest und zum Haus Gottes pilgerst.«

Für Muslime in aller Welt ist *Mekka* die »Mutter der Städte«. Neben Rom für Christen, Varanasi und die vier Kumbh-Mela-Städte für Hindus und natürlich Jerusalem für Juden, Christen und Muslime ist Mekka der wichtigste Wallfahrtsort der Welt. Außerhalb des Hadsch bereits eine Millionenstadt, schwillt Mekka zur Wallfahrtszeit innerhalb von Stunden um weitere 2,5 Millionen Menschen an.

Der *Hadsch* nach Mekka zur Kaaba ist im islamischen Bereich nicht nur die größte Pilgerfahrt, sondern auch ein unersetzliches Element muslimischen Glaubens. Der Islam ist die einzige Religion, die eine Pilgerfahrt verbindlich vorschreibt, in allen anderen Religionen geht es beim Pilgern um ein freiwilliges Tun.

Nur Muslimen ist der Zutritt zu den heiligen Orten Mekka und Medina gestattet – das Königshaus Saudi-Arabien versteht sich als Wächter der heiligsten Stätten des Islam und damit der Religion des Islam. Ein Muslim kann jederzeit eine Wallfahrt nach Mekka (und nach Medina) unternehmen. Das zählt aber nur dann als geforderter Hadsch, wenn die Pilgerfahrt im letzten Monat des islamischen Kalenders *Dhu l-Hijra* unternommen wird. Aktuell lässt Saudi-Arabien jährlich über zwei Millionen Pilger zum Hadsch (auch Haddsch oder Hadj geschrieben) zu – eine gewaltige logistische Aufgabe, was Unterbringung und Versorgung in der Oase Mekka angeht.

Jeder Muslim ist zum Hadsch verpflichtet, wenn er gesundheitlich und finanziell dazu in der Lage ist. Sowohl Männer wie Frauen können an der Wallfahrt teilnehmen – meist aber werden die männlichen Familienoberhäupter auf die Reise geschickt, stellvertretend für alle. Wer die Wallfahrt unternommen hat, trägt den Ehrentitel »Hadsch« (auch »Hadschi«). Anders als in vielen Moscheen gibt es in der großen Moschee Mekkas keine räumliche Trennung der Geschlechter.

Die Pilger müssen sich durch eine rituelle Waschung und das Anlegen des Pilgerkleides vorbereiten (Männer: zwei weiße Gewänder um Hüfte und Schultern, Sandalen, Pilgerstab, Ledertasche; Frauen: weißer Rock, Oberteil mit langen Ärmeln, Kopftuch). So treten sie in den Pilgerstand, den Weihestand *Ihram* ein. Männer dürfen sich auf dem Hadsch weder rasieren noch die Haare oder die Nägel schneiden; Frauen dürfen sich nicht verschleiern. Die einheitliche Kleidung ist ein Sinnbild: Alle Glieder der Umma, der muslimischen Gemeinschaft, sind auf dieser Wallfahrt gleich, weil alle vor Gott gleich sind. Meist werden Pilger von Führern begleitet, die sie in die komplizierten Rituale der Hadsch einführen und während des mehrtägigen Hadsch zu den einzelnen Orten bringen.

Bereits vor der Zeit des Islam stand in der Oasen- und Handelsstadt Mekka der würfelförmige Bau der Kaaba (arabisch »al ka'ba« = »der Würfel«) und wurde als spirituelles Zentrum verehrt. In dem – heute leeren – Raum wurden bis zu 360 Statuen verschiedenster Götter und Göttinnen aufbewahrt, die Kaaba war deshalb bereits damals das Ziel vieler Pilger von der ganzen arabischen Halbinsel.

Die Kaaba hat eine Grundfläche von 11 x 12,6 m und eine Höhe von 13 m. Die einzige Tür im fenster- und heute schmucklosen Innenraum liegt in etwa zwei Meter Höhe und kann nur durch eine fahrbare Treppe erreicht werden. Die Ecken der Kaaba sind in die vier Himmelsrichtungen ausgerichtet, im Osten (Richtung Sonnenaufgang) befindet sich der in einer Höhe von 1,5 m angebrachte »Schwarze Stein«, einem von einem silbernen Band umgebenen Meteoriten. Die Kaaba ist mit einem schwarzen Tuch verhüllt: Sie wird nicht als das Haus Gottes verstanden, sondern sie symbolisiert Gott durch den schwarzen Stein. Die Kaaba ist somit das Symbol des einen Gottes; wenn sich die Pilger siebenmal im Kreis um die Kaaba bewegen, drücken sie damit aus, dass Gott der Mittelpunkt ihres Lebens und Handelns sein soll. Wer den heiligen Ort, die Mitte der Welt, umschreitet, nimmt durch sein Ritual eine Beziehung zu dieser Mitte auf, er tritt mit dem Heiligen in Verbindung.

Die spirituelle Aufladung der Kaaba wurde bereits in vorislamischer Zeit erfahren – von Pilgern, die die vielen Götter verehrten und wohl auch von jüdischen Pilgern. Eine alte islamische Legende, gleichsam die Ursprungslegende dieses Ortes, macht die enge Verbindung von Islam und Koran zum Judentum und der Hebräischen Bibel dadurch deutlich, dass viele große Gestalten der Hebräischen Bibel mit der

Kaaba legendär verbunden wurden: Adam, Noah, Abraham, Hagar und deren Sohn Ismael spielen eine Rolle und dann in einer im Islam geglaubten genealogischen Folge auch Mohammed, dessen Stamm der Quraisch bis auf Abraham zurückgeführt wird.

Nach Sündenfall und Vertreibung aus dem Paradies (vgl. Genesis 3) wurden Adam und Eva getrennt, Adam kam auf seiner Wanderung auf die arabische Halbinsel. Dort fand er in einer Oase, dem heutigen Mekka, die Quelle Zamzam (s.u. zum Ritual der Hadsch) und nahebei einen leuchtend weißen Stein, der ihn an Gottes Herrlichkeit erinnerte, die er im Paradies unmittelbar erleben konnte. Damit seine Nachkommen eine Erinnerung an Gott und Gottes Paradies hätten, baute er mit Steinen vom Berg Hira (dem Berg, an dem später Mohammed die Offenbarungen des Korans erhielt) ein würfelförmiges Gebäude um den heiligen weißen Stein – die Kaaba, der Erinnerungsort an den einen und einzigen Gott.

Als die große Flut (vgl. Genesis 6–9) die ganze Erde bedeckte und jedes menschliche Werk zerstörte, wurden auch die Mauern der Kaaba eingerissen; der Stein strahlte jedoch weiter, denn Gabriel, Gottes Engel, rettete ihn. Noahs Arche aber schwamm siebenmal um den heiligen Stein – dies ist das Modell für das siebenmalige Umkreisen der Kaaba durch die muslimischen Pilger bei dem Hadsch.

Mehrere tausend Jahre später vertrieb Abraham auf Drängen seiner Frau Sara seine Magd Hagar und den gemeinsamen Sohn Ismael, den Erstgeborenen Abrahams und damit Erbberechtigten. Sara wollte ihren eigenen (und Abrahams zweitgeborenen) Sohn Isaak bevorzugen (vgl. Genesis 21,9ff.). Hagar und Ismael, der als Stammvater der zwölf arabischen Stämme angesehen wird wie Isaak als Stammvater der zwölf jüdischen Stämme, flohen in die arabische Wüste. Sie waren dem Verdursten nahe, als Gott zu ihren Füßen die Quelle Zamzam entspringen ließ und so den Erstgeborenen Abrahams rettete. Zu dieser Quelle, nicht weit von Mekka gelegen, gehen bis heute die Pilger des Hadsch bei ihrem vorgeschriebenen Ritual.

Abraham besuchte später seinen Erstgeborenen. Er fand die Fundamente des von Adam gebauten Hauses des einen Gottes und baute mit Ismael die Kaaba erneut auf. Der Engel Gabriel brachte ihnen den leuchtenden Stein, der aber nicht länger weiß, sondern durch die Sünden der Menschen schwarz geworden war. Ismael baute ihn in die

Pilger auf dem Hadsch steinigen den Teufel, Mina bei Mekka, Saudi-Arabien

Kaaba ein – die muslimischen Pilger berühren ihn bei der Umrundung.

Diese alte Legende hat im heutigen Islam eine doppelte Funktion: Sie ist eine Ätiologie (Erzählung, die den Ursprung begründet) der Kaaba, der Ortschaft Mekka und mancher Orte im Umfeld (Quelle Zamzam, Berg Hira). Zum anderen werden die großen biblischen und in den Koran übernommenen Gestalten als Modell eines unbedingten Glaubens verstanden: Abraham hat sich dadurch als erster Muslim erwiesen, dass er bereit war, seinen erstgeborenen Sohn Ismael (in islamischer Sicht, in biblisch-jüdischer Sicht ist es Isaak) zu opfern – er hat sich ganz »Gott ergeben« (Islam). Von Abraham aus ergibt sich dann die Linie, die über Ismael, die zwölf arabischen Stämme (darunter der Stamm der Quraisch) bis zu Mohammed führte, der den Quraisch angehörte – dies ist die legendäre genealogische Linie des Islam.

Der Ablauf des Hadsch ist ein kompliziertes mehrtägiges Ritual, bei dem die Pilger auf die Hilfe von Pilgerführern angewiesen sind. Unter anderem gehören dazu (nicht chronologisch geordnet):

- Der Eintritt in den Weihestand *Ihram* durch Waschung (spirituelle Reinigung vor heiligem Geschehen) und Anlegen der einheitlichen Pilgerkleidung (niemand ist hervorgehoben, alle Mitglieder der Umma sind gleich).
- Das siebenmalige spiralförmige Umkreisen der Kaaba *Tawaf*, endend mit der Berührung des Heiligen Steins, das an das Kreisen der Arche Noah um die Kaaba erinnert. Den Tawaf vollziehen viele Pilger bereits beim Eintreffen in Mekka, er ist aber letztlich das Ziel der Hadsch nach allen anderen Ritualen, denn er führt den Pilger

zur spirituellen Mitte seines Glaubens: zur Bindung an den einen und einzigen Gott, der im Heiligen Stein der Kaaba symbolisiert ist. Der Abschiedstawaf, *Tawaf al-Wadaa*, ist der spirituelle Höhepunkt des Hadsch und zugleich führt er den Pilger aus seiner hierbei intensiv erfahrenen Gottesbeziehung wieder zurück in sein alltägliches Leben, der Weihestand Ihram ist danach beendet. Auch macht der Tawaf zusammen mit vielen tausend anderen Pilger (vgl. das Bild auf Seite 98) noch einmal die Einbindung des einzelnen Gläubigen in die Gemeinschaft der Muslime, die Umma, deutlich.

- Die Pilger trinken Wasser aus dem nahe der Kaaba gelegenen Brunnen *Zamzam*, der an Hagar und Ismael erinnert, die nach ihrer Verstoßung durch Abraham dort die Rettung durch den barmherzigen Gott erfuhren. Dieser Barmherzigkeit Gottes vertrauen auch die Pilger des Hadsch, das Trinken aus der Quelle ist ein Zeichen dafür (Wasser als Symbol des Lebens). Um auszudrücken, dass Menschen auf das Erbarmen Gottes angewiesen sind, laufen sie vorab dreimal zwischen den Hügeln Safa und Marwa hin und her, um an Hagars verzweifelte Wassersuche zu erinnern. Dieser Lauf symbolisiert das Tun der Menschen, das erfolglos bleibt, wenn es nicht durch das Erbarmen Gottes mit Leben (Symbol: Wasser) erfüllt wird.
- Über den Ort Mina gelangen die Pilger zum ca. 25 km entfernten Berg Arafāt, den sie besteigen und auf dessen Spitze sie das *Labbayk*, das Pilgergebet, sprechen: »Ich stehe vor dir, Gott, es gibt neben dir keinen, ich stehe vor dir.« (vgl. Text und Bild auf Seite 97). Hier findet der Pilgerweg des Hadsch seinen ersten großen und für die meisten Muslime auch emotional berührenden Höhepunkt. Sie unterstellen sich mit ihrem Ruf dem Willen Gottes und erfahren eine geistliche Stärkung durch das Pilgerritual. Bis zum Sonnenuntergang bleiben die Pilger auf dem Berg und übernachten dann in der Wüste in Zelten. An diesem Abend gilt der Hadsch bereits als erfüllt, so sprechen sich die Pilger den Glückwunsch zu: »Hadsch Mubarak, Hadsch Mabruk« (Glücklicher, gesegneter Hadsch [Hadsch hier als Begriff für den die Wallfahrt vollzogenen Pilger]).
- Im ca. 10 km von der Kaaba entfernten Tal von Mina findet die Steinigung des Teufels statt. Dies sind zwei verschiedene Rituale (vor und nach dem abschließenden Tawaf um die Kaaba). Früher symbolisierte eine Steinsäule den Teufel, heute ist dies wegen der

riesigen Pilgerzahlen ein konkav gebogene Steinwand. Die Pilger sammeln vorher sieben Steine (oder eine Vielzahl von sieben) und bewerfen damit den Teufel. Dieses Ritual wird wiederholt und dadurch emotional intensiviert. Es ist zugleich eine Absage an das Böse (in der Symbolfigur des Teufels) und eine Art Buße für eigene Schuld. Der Ritus soll den Pilger bereit machen für die intensive Gotteserfahrung bei der abschließenden Tawaf: Nicht der Teufel darf Macht über ihn haben, sondern allein der eine und einzige Gott, dem sich der Pilger glaubend unterwirft (*islam*).

- Während des Hadsch findet am 10. Tag des Monats *Dhu l-Hijra* das islamische Opferfest *Idu l-Adha* statt. Es erinnert daran, dass Abraham (arabisch Ibrahim), der erste Muslim, der Stammvater muslimischen Glaubens, dazu bereit war, seinen erstgeborenen Sohn Ismael zu opfern, wenn dies Gottes Willen wäre (vgl. im Koran Sure 37,99–113). Die in der Bibel nicht auf Ismael, sondern auf Isaak bezogene Szene wird als Glaubensprüfung des Abraham verstanden, denn selbstverständlich hatte Gott in seiner Barmherzigkeit nicht den Tod Ismaels im Blick, sondern den Glauben des Abraham (und koranisch auch des Ismael). Abraham und Ismael opferten schließlich einen Widder.

  Dies ist das Modell des islamischen Opferfestes, bei dem meistens Schafe geopfert werden (in Mekka allerdings auch Kamele). Während des Hadsch stellt das Opferfest einen weiteren Höhepunkt des Pilgerrituals dar, doch wird das Fest überall in der islamischen Welt gefeiert. Das Opfertier wird zwischen den Pilgern geteilt, ein Teil auch für ärmere Pilger zur Verfügung gestellt, die sich kein eigenes Tier leisten können. Darin zeigt sich die in der Umma geforderte Solidarität der Muslime.

Der Hadsch ist mit dem Opferfest beendet, doch viele Pilger bleiben noch einige Tage in Mekka oder sie reisen nach Medina zur Prophetenmoschee weiter (vgl. Seite 106).

Nicht alle Muslime können sich auf den Hadsch begeben, doch werden diejenigen, die dies tun können, als Stellvertreter für alle anderen angesehen, die gleichsam nur geistig an diesem religiösen Bemühen teilnehmen. Der Koran sagt: » Gott hat festgelegt, dass die Kaaba, der Unverletzliche Tempel, ein Symbol für alle Menschheit sein soll; und (so sind auch) der heilige Monat (der Pilgerfahrt) und die girlandengeschmückten Opfergaben dazu bestimmt, euch gewahr zu machen, … dass Gott volles Wissen von allem hat« (Sure 5,97, Übersetzung Asad).

Stärker als bei Wallfahrten in anderen Religionen ist der Hadsch ritualisiert und in seinem Ablauf präzise vorgeschrieben (ähnlich ja auch das fünfmalige tägliche Gebet der Muslime). Das könnte als rein äußerliches Tun missverstanden werden, doch geht es bei der Hadsch trotz festgelegtem Ablauf um spirituelle Erfahrungen des Einzelnen und eine Erneuerung der Beziehung des Gläubigen zu Gott, dem er sich unterwirft: »Wenn ihr beendet habt eure Riten, dann gedenkt Gottes« (Sure 2,200, Übersetzung Karimi). Der persische Mystiker Abu Hamid al-Ghazali (1058–1111) versteht den Hadsch zum einen als das muslimische Gegenstück zum christlichen Mönchtum – doch im Islam erfolgt ein spiritueller Gewinn nicht für einzelne abgesonderte Personen, sondern für jeden Gläubigen. Zum anderen ist der Hadsch ein Symbol für den Lebensweg und die Reise ins Jenseits: Der Pilger wird gemahnt, sich auf seinem Weg und seinem Lebensweg Gott ohne Bedingung zu unterwerfen.

Pilger beim Hadsch, Mekka, Saudi-Arabien

Medina und Jerusalem – die heiligen Stätten

Der sunnitische Islam kennt drei heilige Städte als Pilgerziele, die Schia benennt weitere Pilgerorte (vgl. Seite 110ff.): *Mekka* mit der großen Moschee *(Haram al-Sharif)* führt die Reihe der heiligen Städte an – hier ist das spirituelle Zentrum des Islam, hierhin führt der Hadsch, die für Muslime verpflichtende Wallfahrt. An zweiter Stelle steht *Medina*, die Stadt des Propheten mit der Prophetenmoschee, und an dritter *Jerusalem*, die Stadt, von der aus Mohammeds legendäre Nachtreise ins Paradies stattgefunden haben soll.

Medina liegt etwa 460 km nördlich von Mekka, dies macht etwa auf inzwischen gut ausgebauten Straßen fünf Fahrstunden mit dem Bus aus. Heute ist Medina eine Stadt mit fast zwei Millionen Einwohnern. Der Name *Medina* (arabisch *al-Madīna*) bedeutet eigentlich nur Stadt (vgl. Medina als Altstadt in vielen nordafrikanischen Städten), ausführlichere Namen sind: *al-Madīna al-munawwara* = »die erleuchtete Stadt« und *al-Madīna an-Nabī* = »Stadt des Propheten«. Doch

Prophetenmoschee, Medina, Saudi-Arabien

der ursprüngliche Name zur Zeit Mohammeds war *Yathrib*. In der Oasen- und Handelsstadt lebten fünf arabische Stämme, davon drei mit jüdischer Religion. Weil sich diese Stämme nicht einigen konnten, baten sie Mohammed, von Mekka aus nach Yathrib zu kommen und die Führung des Gemeinwesens zu übernehmen. Mohammed stand im Jahr 622 in seiner Heimatstadt Mekka unter erheblichem Druck, weil seine Verkündigung eines Glaubens an nur einen Gott von den meisten Bewohnern Mekkas nicht akzeptiert wurde. Deshalb nahm er das Angebot Yathribs an und wanderte mit seiner Familie und einigen Freunden, die bereits den muslimischen Glauben angenommen hatten nach Norden. Dieser Auszug aus Mekka wird Hidschra genannt und ist der Beginn der islamischen Zeitrechnung, weil nun in der Stadt Yathrib eine erste staatliche Form des Islam entstand.

Mohammed wechselte nicht nur den Wohnort, sondern auch seine Rolle innerhalb der muslimischen Gemeinschaft. War er bislang der Prophet und der Gesandte Gottes, der die ihm durch den Engel Gabriel offenbarten Suren des Koran verkündete, also ein religiöser Führer, so wurde er in Yathrib zum Staatsmann und auch militärischen Anführer der Stadt. In dieser Doppelfunktion kann man ihn nicht länger mit Jesus oder Buddha nur als Religionsstifter vergleichen, sondern am ehesten noch mit Mose, der die beiden Aufgaben von religiösem und politisch-militärischen Anführer vergleichbar ausfüllte.

Die Bildung des muslimischen Staatswesens in Yathrib geschah nicht ohne innere und äußere Konflikte. Im Inneren widersetzten sich die drei jüdischen Stämme dem Anspruch Mohammeds – sie wurden entweder aus der Stadt vertrieben oder massakriert. Von außen war die Stadt Mekka eine ständige Bedrohung der jungen muslimischen Gemeinschaft, bis im Jahr 629 Mohammeds Heer siegte, sich die Stadt Mekka ergab und muslimisch wurde. Mohammed vollzog in den folgenden Jahren bis zu seinem Tag im Jahr 632 den Hadsch nach Mekka, aber Yathrib, nun Medina an-Nabī – Stadt des Propheten – genannt, blieb das politische und militärische Zentrum des sich schnell über die arabische Halbinsel ausbreitenden muslimischen Reiches. Die von Mohammed ausgearbeitete »Gemeindeordnung von Medina« ist eine erste religiös-staatliche Konzeption islamischer Gemeinschaft.

In Medina hatte Mohammed seinen Wohnsitz in einem im damaligen Baustil als Hofhaus errichteten Anwesen. Darin wurde ab 622 auch die erste Moschee des Islam eingerichtet, später wurde Mohammed an dieser Stelle begraben. Die Prophetenmoschee, weniger das Grab Mohammeds (kein Personenkult im strengen Islam, die sufistische Richtung sieht dies anders, vgl. Seite 114ff.), wurde bereits in früher Zeit Ziel muslimischer Pilger. Die *Masjid al-nabawi* ist nach der großen Moschee in Mekka das zweitwichtigste islamische Kultgebäude. Wegen der zunehmenden Pilgerzahlen und dem Ausbau der Stadt unter den auf Mohammed folgenden vier rechtgeleiteten Kalifen wurde der Moscheebau immer wieder erweitert und fasst heute mit Vorplatz über 500 000 Personen. Minarette und Kuppeln überragen das durch viele Säulen getragene Dach der Moschee, unter einen grünen Kuppel befindet sich das Grab Mohammeds. Aber auch die Gräber der ersten beiden Kalifen Abu Bakr und Umar sind in diesem Gebäude.

Jerusalem ist für Muslime die drittwichtigste Stadt, auch wenn der Koran den Namen Jerusalem nicht erwähnt. Doch spricht Sure 17,1 aus muslimischer Sicht in verschlüsselter Weise von Jerusalem: »Preis sei dem, der seinen Diener [Mohammed] bei Nacht von der heiligen Moschee [der ersten Moschee in Medina] zur fernsten Moschee reisen ließ, damit Wir ihm etwas von unseren Zeichen zeigen.« Mit der fernsten Moschee (arabisch *al-masjid al-aqsā*) wird in der muslimischen Tradition der Jerusalemer Tempelberg mit den beiden bis heute dort erhaltenen Gebäuden Felsendom und Al-Aqsā-Moschee verbunden – diese sind allerdings erst nach der Zeit Mohammeds gebaut worden. Doch Muslime glauben, dass der Prophet in einer nächtlichen Reise auf dem Ross Buraq von Mekka aus zu einer weit entfernten »Kultstätte« (al-aqsā) gereist ist, wo er in den Himmel aufstieg, um sich mit anderen Propheten des Islam zu treffen und zugleich vom Engel Gabriel einen Einblick in das Paradies des Himmels und in den Abgrund der Hölle zu erhalten – ein Motiv, das in der seltenen bildlichen Kunst des Islam wiederholt aufgegriffen wurde. Als Ausgangspunkt der Himmelreise wird der im Oktagon des Felsendoms unter der goldenen Kuppel befindliche Felsen angesehen – Juden verstehen diese Stelle als Ort des jüdischen, von den Römern zerstörten Tempels. Während der Felsendom keine Moschee, sondern ein Schrein ist, befindet sich auf dem gleichen Gelände die Al-Aqsā-Moschee mit ihrer silbernen Kuppel. Neben dem Felsendom ist – gleichsam als Miniaturausgabe des großen Schreins – der Kettendom errichtet worden (vgl. das Bild). Der Tradition nach wurden hier von David Ketten aufgehängt, die bei der Rechtsprechung nur von rechtschaffenen Menschen berührt werden konnten. Doch zwei andere Deutungen dieses Gebäudes sind wahrscheinlicher: Zum einen kann es das Schatzhaus von Felsendom und Al-Aqsā-Moschee gewesen sein, so wie es Schatzhäuser in anderen Moscheen gibt (etwa in der Umayyadenmoschee in Damaskus). Auch möglich ist, dass sich in dem offenen, nur von Säulen begrenzten Raum ein Minbar befunden hat, ein muslimischer Predigtstuhl, von dem aus ein Imam die auf dem Platz anwesenden Gläubigen ansprechen konnte.

Für Mohammed und seine ersten Gefährten war – sicher auch unter Berücksichtigung der biblischen Tradition – die erste Gebetsrichtung auf Jerusalem gerichtet. Erst in der medinischen Zeit, als es Auseinandersetzungen mit jüdischen Stämmen, aber auch mit dem christlich-byzantinischen Kaiser gab, wechselte die Gebetsrichtung nach Mekka. Dennoch blieb Jerusalem bis heute ein wichtiges Pilgerziel für Muslime – Jerusalem ist nicht nur heilige Stadt für Juden (vgl. Seite 50ff.) und Christen (vgl. Seite 64f.), sondern auch für Muslime.

Felsendom und Kettendom, Jerusalem, Israel

Erinnerungen an Märtyrer – schiitische Pilgerorte

Die größte nichtsunnitische Gruppierung des Islam ist die *Schia* (Schia Ali = »Partei Alis) mit ca. 15 % der Muslime, die sich wiederum in verschiedene Richtungen aufteilt. Für die Schiiten sind die ersten drei Nachfolger Mohammeds, Abu Bakr, Umar und Uthman, keine rechtgeleiteten Kalifen, sondern Ali, der Schwiegersohn Mohammeds, ist der erste Kalif, der erste Imam (»der die Spitze einnimmt«); Sunniten verstehen ihn als vierten Kalifen. Nach Alis Ermordung folgen ihm seine Söhne Hassan (Hasan) und Hussein (Husain) als zweiter und dritter schiitischer Imam, die beide von den Sunniten nicht anerkannt werden. Danach gab es weitere neun Imame; der zwölfte allerdings verschwand und lebt bis zum Ende der Zeiten in Verborgenheit – die Kette der Imame ist im 9. Jahrhundert abgebrochen. Die Imame sind Mittler zwischen Gott und den Menschen und unfehlbare Lehrer schiitisch-islamischen Glaubens.

Die unterschiedlichen Auffassungen von Sunna und Schia über die Nachfolge Mohammeds (nicht über theologische Fragen) führte zu einer blutigen Auseinandersetzung, die im Jahr 680 in der Schlacht von Kerbala (auch Karbala, heute Irak) ihren Höhepunkt fand – die gesamte Führung der Schia kam dabei ums Leben. Der dritte Imam Hussein ibn-Ali wurde in *Kerbala* begraben – über seinem Grab erhebt sich heute in der Imam-Hussein-Moschee ein Mausoleum. Dieser Ort ist der wichtigste schiitische Wallfahrtsort für Gläubige aus dem Irak, dem Iran, dem Libanon und weiteren Gebieten. Dies ist zugleich die wichtigste und größte Moschee des Irak.

An die Ereignisse von Kerbala erinnern die Schiiten vor allem beim Aschura-Fest im islamischen Monat Muharram. Im sunnitischen Islam erinnert man sich an diesem Tag an die Geschichte Mohammeds; in der Schia dagegen stellt das Aschura-Fest eine Buß-, Passions- und Trauerzeit dar. Man erinnert sich an Ali, Hassan und Hussein und daran, dass in der Geschichte des Islam Schiiten meist zu Opfern sunnitischer Gewalt wurden. So gibt es in Kerbala, aber auch an anderen Pilgerorten der Schia Trauerfeiern zum Aschura-Tag, man erzählt von der gewaltsamen Unterdrückung, vor allem aber spielt man in Prozessionen die leidvolle Geschichte nach (Passionsspiele). Dabei wird das Martyrium Husseins kultisch inszeniert, vor allem üben junge Männer Selbstgeißelung *(Sinazani)* aus, um sich so mit dem Leiden der damaligen Märtyrer zu verbinden. Die Bilder von Menschen, die in klagender und weinender Prozession durch die Straßen ziehen und sich dabei mit Ketten den Rücken blutig schlagen, sind hoch emotional und prägen das Selbstverständnis der Schia. Auch bei Pilgerfahrten in anderen Religionen spielt der Aspekt der Askese häufig eine Rolle, aber in dieser markanten Weise gibt es dies nur in der Schia. Eine gemeinsame Trauer um die Märtyrer verbindet die Gläubigen über die Generationen hinweg mit der Zeit Alis und seiner Söhne – man nimmt an ihrem Schicksal und Leiden teil. Dem Aschura-Tag folgt eine 40-tägige Zeit, in der man aller Verstorbenen gedenkt, diese Trauerzeit wird mit einem Festtag abgeschlossen.

Imam-Hussein-Schrein-Moschee, Kerbala, Irak

Zur Zeit des (sunnitischen) Diktators Sadam Hussein waren schiitische Passionsspiele und Pilgerfahrten nach Kerbala verboten (ebenso im Iran zur Zeit des Schahs). Inzwischen aber sind die Passionsspiele an Pilgerorten der Höhepunkt des schiitischen Jahreskreises. Nach Kerbala kommen zu diesem Gedenkfest jährlich über eine Million Pilger, doch auch zu anderen Zeiten haben Pilger die Imam-Hussein-Moschee als Ziel, ca. 15 Millionen im Jahr.

Mit Kerbala vergleichbar ist eine andere irakische Stadt, *Nadschaf*, etwa 80 km südlich gelegen. Hier befindet sich die Grabmoschee des ersten schiitischen Imams, Ali ibn Abu Talib, des Schwiegersohns Mohammeds, verheiratet mit dessen Tochter Fatima, der aus schiitischer Sicht der unmittelbare Nachfolger des Propheten und damit der Träger der prophetischen Tradition ist. Die Imam-Ali-Moschee liegt im Zentrum der Stadt und ist umgeben von einem riesigen Friedhof – es ist eine islamische Tradition nicht nur hier, sondern in vielen muslimischen Ländern, die Verstorbenen in der Nähe von Heiligen beizusetzen, damit sie an deren *baraka* (Segen, Schutz) teilhaben können. Angeblich soll der Friedhof von Nadschaf mit 10 km^2 Fläche der größte der Welt sein. Die Frontseite der Moschee ist mit vergoldeten Ziegelsteinen geschmückt, die riesige Kuppel ist ebenfalls vergoldet; darunter befindet sich die Grabstätte Alis. Nadschaf ist zudem ein spirituelles Zentrum der Schia, hier befindet sich eine *Hazwa* (arabisch Madrasa, Medrese), eine theologische Universität. Auch nach Nadschaf kommen hunderttausende schiitische Pilger, allerdings sind es nicht so viele wie die Kerbala-Pilger.

Nicht nur im Irak gibt es schiitische Pilgerorte, die an Imame erinnern, die als Märtyrer gestorben sind. Im Osten des Iran, fast an der Grenze zu Afghanistan und Turkmenistan, ist die Stadt *Maschhad* (auch Mesched, 2,5 Millionen Einwohner) von Bedeutung, weil sich hier das Mausoleum des achten schiitischen Imams, der Imam-Reza-Schrein befindet. Ali ibn Musa ar-Rida, Imam Reza, stammte wie alle Imame aus der Familie Mohammeds und wurde 768 in Medina geboren. 818 wurde er im Ort Tus nahe bei Maschhad ermordet. Sein Grab in Maschhad ist die einzige Begräbnisstätte eines Imams im Iran und wird deshalb besonders herausgestellt. Obwohl Schiiten inzwischen wieder in den Irak nach Kerbala und Nadschaf reisen dürfen, ist Maschhad für iranische Gläubige der wichtigste Pilgerort geblieben. Um das Mausoleum mit seiner goldenen Kuppel sind andere religiöse Gebäude in einem großen Komplex angebracht, eine Moschee, eine Hazwa (Universität), eine bedeutende Bibliothek

Imam-Reza-Schrein (Ali-ibn-Musa-ar-Rida-Schrein), Maschhad, Iran

und – wie üblich in Moscheen – auch Sozialeinrichtungen wie eine Armenküche. Weitere theologische Universitäten wie die nach dem größten persischen Dichter Firdausi benannte Firdausi-Universität umgeben das Areal des Imam-Reza-Mausoleums. Mehr als 20 Millionen Pilger besuchen jedes Jahr das Mausoleum, die wichtigste Zeit ist auch hier das Aschura-Fest und die Zeit danach.

Im Osten des Iran gibt es eine Reihe kleinerer Mausoleen, in denen keine Imame oder deren Familienangehörigen bestattet wurden, sondern andere bedeutende Persönlichkeiten. Zu solchen Orten kommen aber dennoch viele Pilger, nicht nur aus Gründen der Verehrung herausragender Gestalten der persischen Geschichte, sondern auch aus religiösen Gründen, um von solchen Personen *baraka* (Segenskraft) zu erhalten. Dieses Konzept spielt im Sufismus (vgl. Seite 114ff.) eine bedeutende Rolle. Solche heiligen Orte sind etwa die Mausoleen des Dichters Abu l-Qasim Firdausi (940–1020) in Tus, des Mystikers Fariduddin Attar (1136–1220) und des Dichters Omar Khayyám (1040–1131) in Nishapur und anderer Persönlichkeiten.

Die heiligste Stadt im Iran ist aber zweifelsohne *Qom* (auch Ghom), eine Millionenstadt 130 km südlich von Teheran. Die Stadt wurde in der iranischen Revolution von 1978 durch den Ajatollah Chomeini bekannt, der nach seiner Exilszeit in Frankreich seinen Sitz wieder in Qom nahm und zum Begründer des heutigen islamischen Staates Iran wurde. Qom ist das geistlich-religiöse Zentrum des Iran und der gesamten Schia – hier lehren und studieren 50 000 Mullahs (Rechts- und Religionsgelehrte) und ihre Studenten an der Islamisch-Theologischen Hochschule Qom. Auch Qom besitzt ein bedeutendes Mausoleum, das zum Ziel vieler Pilger geworden ist. Im Schrein der Fatima-Masuma ist Fatima, die Tochter des siebten und die Schwester des achten Imams Reza beigesetzt, dieses Mausoleum ist das zweitwichtigste Heiligtum der iranischen Schiiten.

Gegenüber den zu Beginn des Kapitels genannten drei heiligen Städten Mekka, Medina und Jerusalem hat sich in der Schia die Ausrichtung der Pilgerziele verändert: Nicht mehr um die Grundlagen des muslimischen Glaubens geht es nun, sondern um einzelne Persönlichkeiten der (schiitischen) Geschichte, um Märtyrer, die als Vorbilder verehrt werden. Dieser Aspekt wird in den sufistischen Heiligtümern noch verstärkt (vgl. Seite 114ff.).

Sufis – der Weg zum Himmel

Es gibt im Islam nicht nur die streng an der ursprünglichen Überlieferung festhaltenden Richtungen Sunna und Schia, sondern auch mystische, asketische, ja, esoterische Strömungen, die meist unter dem Begriff *Sufismus* zusammengefasst werden. Der Name kommt vom arabischen *suf* (Schurwolle), ein Verweis auf die wollenen Gewänder der Sufis, oder von arabisch *safa* (rein), ein Hinweis auf die von den Sufis angestrebte Reinigung von Unkenntnis und Aberglauben. Für Sufis ist die Unterscheidung der Muslime in Sunna und Schia unwichtig. Sie bemühen sich durch unterschiedliche Formen der Meditation, aber auch durch Tanz und Musik (wie in Konya), Gott möglichst nahezukommen. Dazu ist es nötig, das Ego auszulöschen, damit Raum für Größeres frei wird. Höchstes Ziel ist die Auflösung des Ichs in Gott selbst, eine Liebe des Liebenden (Sufi) zum Geliebten (Gott). Der Sufismus ist vom orthodoxen Islam immer wieder blutig verfolgt worden – darin teilt er das Schicksal aller mystischen und esoterischen Gruppen in den Hochreligionen.

Viele Sufi-Gruppierungen gehen auf einen bedeutenden Meister zurück, der eine *Tariqa* (sufistische Ordensgemeinschaft) gegründet hat. Dies bewirkte dann, dass diese Gründerpersönlichkeiten über ihren Tod hinaus verehrt werden und ihre Grabstätten und Mausoleen zu bedeutenden Pilgerstätten wurden. Die Gläubigen beten an den Grabstätten, oft gibt es dort auch magische Bräuche (wie etwa einen Wunschbaum, unter dessen Zweigen unfruchtbare Frauen hergehen) und mancherlei Rituale (etwa in Nordafrika die »Hand der Fatima«, die apotropäischen, Dämonen abweisenden Charakter haben soll). Die Mitglieder der sufistischen Tariqa werden Derwische genannt von persisch *darwisch* (asketische Lebensweise, Bettler, vor Gott Armer). Sie können in klosterähnlichen Gemeinschaften leben, wandern aber oft von Tür zu Tür (persisch *dar*) und ähneln damit buddhistischen Mönchen. Der Begriff *dar* (Tür) wird von ihnen auch im Blick auf die Schwelle zwischen dem Diesseitigen und dem Spirituellen, Inneren, Jenseitigen gedeutet, die sie überschreiten.

Diese Verehrung einzelner Personen ist in Nordafrika, im Vorderen Orient und in Zentralasien an vielen Orten anzutreffen. Von fundamentalistischen islamischen Richtungen (etwa dem wahhabitischen Islam Saudi-Arabiens) wird diese Verehrung von Personen außer den im Koran genannten Propheten und Gesandten als Personenkult und Pilgerreisen zu diesen Mausoleen als Götzendienst angesehen. Im Norden Malis wurden deshalb von radikalen Gruppen viele solcher Pilgerorte zerstört.

Mausoleum von Mevlana Dschalal ad-Din Rumi, Konya, Türkei

Der in Europa bekannteste Sufiorden ist der Mevlana-Orden in der Türkei. In der Stadt *Konya* ist das Mausoleum ihres Gründers zu finden: Dschalal ad-Din ar-Rumi (1207–1273), der auch *Maulana*, (auch *Mevlana*, »Unser Meister«) genannt wird – des größten muslimischen Dichters des Mittelalters. Auf ihn geht der Mevlana-Orden der tanzenden Derwische zurück. Rumi versteht die Liebe als das tragende Grundelement der Welt; wenn der Mensch die Liebe pflegt, kann er in Harmonie mit Gott und den Menschen leben. Diese Harmonie mit Gott wird *dhikr* genannt – Gedenken Gottes. Die Derwische versuchen einen Zugang zu Gott durch ihren kreisförmigen und ekstatischen Tanz und durch begleitende rhythmische Musik – der »Tanz der drehenden Derwische«, bei dem ihre rechte Hand zum Himmel weist, die linke zur Erde und so der ganze Kosmos eingeschlossen wird, eine Mystik der Ganzheit und der Einheit von Gott und Mensch.

In Konya ist das Mausoleum Rumis heute ein Museum, denn seit der Zeit Atatürks (Mustafa Kemal, 1881–1938) und der Förderung eines »säkularen Islams« im Nachfolgestaat des Osmanischen Reiches waren die esoterischen Sufirichtungen verboten. Erst in den letzten Jahren sind wieder Mevlana-Tariqa in der Türkei erlaubt. Das Mausoleum Rumis ist aber unabhängig von seiner Profanierung ein Pilgerort für viele sunnitische und alevitische Türken geblieben. Hier kommen Sufismus und Volksreligiosität zusammen.

Von den vielen islamischen Heiligen der spirituellen und esoterischen Richtung sollen nur drei benannt werden:

- In der heute westusbekischen Handels- und Wissenschaftsstadt *Chiwa*, einer wichtigen Station der Seidenstraße, ehemals Hauptstadt des Reiches Choresme liegt das im 14. Jahrhundert errichtete Mausoleum von Pahlavon Mahmud (1247–1326). Dieser war ein in Zentralasien hoch verehrter Mystiker und Arzt, aber auch Ringkämpfer. Im Volk wird er bis heute als *Pir* (geistiger Führer) verehrt, deshalb kommen auch viele Pilger aus Zentralasien an diesen Ort. Die grün gekachelte Kuppel seines Mausoleums überragt eine Reihe von Grabstellen rund um sein Grab – die Nähe des Heiligen bewirkt Segenskraft über den Tod hinaus.
- Das gilt auch für die vielen Grabstätten, die rund um das Mausoleum des uigurischen Herrschers Abakh Hoja (auch Apak oder Afak Hodscha, 1626–1694) in der westchinesischen Stadt *Kashgar* eingerichtet sind. Hazrat Abakh war ein regionaler Khan (Fürst), aber sein Einfluss als muslimischer Lehrer ging weit über sein Gebiet hinaus und richtete sich an alle Muslime in China. Sein grün gekacheltes Mausoleum enthält nicht nur seine Grabstätte, sondern auch die von 72 Familienmitgliedern.
- Im indischen Bundesstaat Rajasthan liegt in der Stadt *Ajmer* das Mausoleum *(dargah)* des islamischen Mystikers und Sufis Muinuddin Chishti (1141–1230). Er ist zwar nicht der Gründer, aber der bekannteste Vertreter des sufistischen Chishtiyya-Ordens (benannt nach Chisht, einer Ortschaft in Afghanistan). Chishti hat wesentlich zur islamischen Missionierung Nordindiens beigetragen. Von da aus wurde sein Grab zum Pilgerort nicht nur für viele muslimische Gläubige, sondern auch für die Mogul-Kaiser Indiens.

Nahe den marokkanischen Königsstädten Meknes und Fèz und nur 5 km von der römischen Stadt Volubilis entfernt liegt der kleine malerisch an einem Berghang gelegene Ort Moulay Idriss (auch Idris). Er ist nach dem Gründer des ersten marokkanischen Staates Moulay (= Ehrentitel) Idriss I. († 791) benannt, der ein unmittelbarer Nachkomme Mohammeds war. Er wird in Marokko als Heiliger verehrt, weil er, obwohl Araber, die in Zentralmarokko lebenden Berber zum Islam bekehrte, die verschiedenen Stämme einte und ein gemeinsames Reich schuf. Doch regierte Idriss I. nur zwei Jahre, bis er auf Anweisung des Abbasidenkalifen Harun ar-Rachid vergiftet wurde. Idriss I. hatte seinen Regierungssitz ab 788 in dem von ihm gegründeten und nach ihm benannten Ort; sein Sohn und Nachfolger Idriss II. verlegte danach den Königssitz nach Fèz.

In Moulay Idriss befindet sich neben einer Moschee auch das Mausoleum (marokkanisch *Zaouia* oder *Koubba*) des Herrschers (im Bild der quadratische Bau mit grünem Dach). Moulay Idriss zählt als heilige Stadt Marokkos. Eine Pilgerfahrt zum Grab des Reichsgründers hat für die marokkanischen Muslime hohen spirituellen Wert. Man sagt sogar, dass sieben Wallfahrten nach Moulay Idriss den Hadsch nach Mekka ersetzen. Dementsprechend kommen viele Pilger in die kleine Stadt, die meisten zum Jahresfest *(moussem)* des Heiligen. Heute ist die Stadt geprägt von ihrem spirituellen Zentrum, umgeben von Herbergen, einem Soukh (Markt) und weiteren Moscheen.

Mausoleum Idriss I., Moulay Idriss, Marokko

Hinduismus

Niemand vergeudet Kraft auf dem Weg zu Gott,
was du erreicht hast, bleibt dir ewig.
Schon sehr wenig von der heilsamem Lehre
beschützt dich vor dem Tod.
(Bhagavadgita)

Wie keine andere Religion ist der Hinduismus eine Pilgerreligion. Zwar gibt es kein für alle verbindliches Gebot zur Pilgerfahrt, wie dies im Islam der Fall ist, dennoch gehört das Pilgern zum Grundbestand religiöser Aktivität in allen Regionen Indiens und der Hindus darüber hinaus. Die größten Pilgerfahrten der Welt, der Khumb Mela in vier verschiedene Städte (vgl. Seite 122ff.), sind in Indien beheimatet. Überall gibt es zu bestimmten Festzeiten große Pilgerströme in die unzähligen Heiligtümer und Tempel des Landes, doch auch abseits der Feste wandern Gläubige durch das Land, um für sie wichtige Pilgerorte zu besuchen und durch ihre Mühe auf dem Weg und durch die Rituale am Ziel spirituell zu wachsen und sich mit dem Göttlichen und den vielen Göttern als Erscheinungsweisen der einen transzendenten Ordnung *(dharma)* zu verbinden.

Der Begriff *Hinduismus* steht gleichsam als ein Dach über viele, sehr unterschiedliche Formen von Religiosität und Religionsformen.

Hinduismus

Der Hinduismus ist mit ca. 1 Milliarde Gläubigen nach Christentum und Islam die drittgrößte Religion, sein Verbreitungsgebiet ist vor allem Indien, Nepal, Sri Lanka und Bali. Der Hinduismus ist keine einheitliche Religion, sondern gleichsam ein Dach über viele Religionsformen; seine Wege erstrecken sich von einer nicht auf einen Gott bezogenen Erkenntnisphilosophie bis zur liebenden Hingabe an einen persönlich verstandenen Gott, von der mystischen Einheit mit dem unpersönlichen Göttlichen bis zu vielfältigem kultischen Ritual in den Tempeln.

Der Sammelbegriff Hinduismus ist dennoch angebracht, weil alle diese Religionsformen auf bestimmten Grundbegriffen beruhen, die sie allerdings in unterschiedliche religiöse Praxis umsetzen:

Dharma ist die kosmische Seins- und Lebensordnung, in die sich der Mensch durch ein dharmagemäßes Leben einordnen soll. Diese Ordnung klingt in der heiligen Silbe *OM* (besser A–U–M) an, dem Laut des Göttlichen.

Pilger im Sri Ranganatha-Tempel, Srirangam, Tamil Nadu, Indien (Haare scheren bei einem Gelübde)

Samsara ist der als leidvoll angesehene Kreislauf der Wiedergeburten, aus dem durch religiöse Praxis (u.a. auch durch Pilgern) auszubrechen ist. Wie man wiedergeboren wird, richtet sich nach dem *Karma*, nach guten und schlechten Handlungen im vorangegangenen Leben. Jeder Mensch ist für sein Karma, damit auch für die nächste Wiedergeburt, selbst verantwortlich. Als oberstes Ziel gilt vielen Hindus, das eigene Selbst *(Atman)* mit dem Göttlichen *(Brahman)* zu verbinden. Dieses Ziel prägt auch die Pilger, die auf den Straßen Indiens zu den heiligen Orten des Landes unterwegs sind.

Berg und Fluss – Himalaya und Ganges

Im Kapitel »Orte der Gottbegegnung« wurde bereits auf die Bedeutung von Bergen und Flüssen hingewiesen (vgl. Seite 38ff.). Im Hinduismus wird die Symbolik des Weltenberges und des lebensspendenden Wassers besonders durch die höchste Bergkette der Welt, den Himalaya, und durch den heiligen Fluss Indiens, den Ganges, repräsentiert.

Der *Himalaya* mit seiner bis fast 9000 m aufragenden Bergkette bildet die natürliche Grenze des indischen Subkontinents im Norden. Seine Berge gelten nicht nur als »Ort des Schnees«, wie es der Name sagt (sanskrit *hima* – »Schnee« und *alaya* – »Wohnsitz«), sondern in religiöser Sicht vor allem als Wohnort der großen Götter. Das große indische Epos *Mahabharata* berichtet davon, dass die Götter auf seinen Gipfeln Opferfeiern abhalten, um Dharma, die Weltordnung, zu bewahren.

Dabei ist der in Westtibet gelegene Berg *Kailash* (6714 m, sanskrit »großes Schneejuwel«) der heilige Berg schlechthin, der mythologische Weltenberg *Meru*, die kosmische Achse der Welt, die Mitte des Kosmos. Er hat eine markante Pyramidenform und steht für sich, sodass man ihn umwandeln kann – eine Besteigung ist wegen seiner religiösen Bedeutung untersagt und bisher noch nicht erfolgt. Nicht nur Hindus, sondern auch Buddhisten, Jain und Bön (vorbuddhistische Religion Tibets) halten diesen Berg für heilig. So umrunden Pilger

Pilger baden im Ganges,
wo der heilige Fluss aus dem Himalaya in die indische Tiefebene durchbricht,
Haridwar, Uttarakhand, Indien

aus diesen vier Religionen den Kailash auf einem 53 km langen Pilgerweg, bei dem ein 5300 m hoher Pass überschritten werden muss. Der Kailash ist eines der wichtigsten, aber auch schwierig zu erreichenden Pilgerziele Asiens.

Für Hindus ist er der Götterberg, auf dem der Gott Shiva seinen Thron hat und mit seiner Gattin Parvati und seinen Söhnen Ganesha und Karttikeya lebt. Hier im Himalaya erscheint Shiva in seiner Form *Shankar(a)* – als in tiefer Meditation versunkener Asket, mit Asche beschmiert, doch er bleibt auch in seiner Versenkung (Yoga) und seinem Rückzug der Herr der Berge. Unzählige Legenden berichten von ihm und seiner Familie. Shiva als Shankar ist für viele hinduistische Asketen das Modell ihrer eigenen Lebensgestaltung. *Sadhus* (Sanskrit »heiliger Mann«, Gläubige, die sich einem streng asketischen Leben verschrieben haben) wandern als Pilger zu den heiligen Bergen des Himalaya und zu den Quellen des Ganges (s.u.), ziehen sich aus der Welt zurück und leben einsam in den Höhlen der Bergwelt.

Was für den Fels des Berges gilt, gilt ebenso für das Wasser des Flusses – in beidem wird göttliche Kraft erfahrbar, beides ist Pilgerziel hinduistischer Religiosität. Im Gebiet des Kailash entspringen die großen Flüsse des südasiatischen Raumes, der Indus, der Brahmaputra, der Satluj und mit dem Karnali auch ein Quellfluss des Ganges, des heiligen Flusses Indiens. Vom Götterberg Kailash aus also gelangt göttliches Leben und Fruchtbarkeit durch das Wasser der Flüsse zu den Menschen Südasiens.

Dabei spielt der *Ganges* eine besondere Rolle. Kedarnath (vgl. auch Seite 134), Yamunotri, Badrinath und Gangotri sind die vier Pilgerorte in der Nähe der Gangesquellen, Millionen Pilger wandern jedes Jahr zu den Quellen der heiligen Mutter Ganga. Der Ort Haridwar (und nahebei Rishikesh) liegt an der Stelle, wo der Ganges aus dem Bergland des Himalaya in die indische Tiefebene durchbricht und sich hier noch als reißender und gefährlicher Gebirgsfluss zeigt. Er ist ebenso ein bedeutender Pilgerort – dies nicht allein, weil Haridwar alle zwölf Jahre einer der vier Kumbh-Mela-Orte ist (vgl. Seite 122ff.), sondern weil hierhin das ganze Jahr hindurch unzählige Pilger kommen, um im hier noch eiskalten Wasser des Ganges zu baden.

Wichtiger als Haridwar ist die Stadt *Varanasi* (auch Benares und Kashi) am Mittellauf des Ganges. Der Name Varanasi kommt von den beiden Flüssen Varana und Asi, die dort in den Ganges fließen. Der Name Benares ist eine Abwandlung von Varanasi, er wurde vor allem von den Muslimen und Engländern gebraucht; Kashi bedeutet »Licht« – hier ist die »Stadt des Lichts«, der heiligste Ort Indiens, der Ort der Begegnung mit den Göttern, besonders mit Shiva Vishwanat, dem »Obersten Herrn der Welt«. Das Bad im Ganges und die Verbrennung nach dem Tod an seinem Ufer soll nach hinduistischer Auffassung sofort die Befreiung aus dem Kreislauf der leidvollen Wiedergeburten bewirken. Deshalb ist Varanasi das Ziel von Millionen hinduistischen Pilgern aus ganz Indien, die entlang der kilometerlangen Badeghats am Ganges morgens beim ersten Sonnenlicht beten und sich rituell im Wasser des Ganges reinigen. Direkt daneben sind die Verbrennungsstätten zu finden.

Einmal im Leben ein Bad im Ganges in Varanasi – das hat für die Hindus in etwa die gleiche Bedeutung wie für Muslime einmal im Leben auf einem Hadsch nach Mekka gekommen sein. Hier kann sich der Gläubige mit dem Göttlichen in seinen verschiedenen Erscheinungsformen verbinden, hier kann er dadurch zum Ziel seines Lebens, der Befreiung *(moksha)* aus dem Leidenskreislauf gelangen. Denn wer am Ganges stirbt, dort verbrannt wird und dessen Asche anschließend in den Ganges gestreut wird, der erlangt unmittelbar Erlösung.

Nektar der Unsterblichkeit – die Kumbh Mela

Das größte Pilgerereignis der Welt – von den Pilgerzahlen her Santiago de Compostela, Jerusalem und den Hadsch nach Mekka weit übertreffend – ist das hinduistische Fest des *Kumbh Mela*, das in vier verschiedenen Städten in mehrjährigem Abstand gefeiert wird, sodass sich insgesamt ein Zwölf-Jahres-Rhythmus ergibt, bevor ein neuer Zyklus beginnt. Diese heiligen Städte sind *Nashik* im Bundesstaat Maharashtra (nordöstlich von Mumbai) am heiligen Fluss Godavari, *Ujjain* im Bundesstaat Madhya Pradesh (nördlich von Indore) am heiligen Fluss Shipra, *Haridwar* im Bundesstaat Uttarakhand (vgl. Seite 121 und das Bild auf Seite 120) am heiligen Fluss Ganges und – wichtigster

Pilger baden im Fluss Shipra, Kumbh Mela 2016, Ujjain, Madhya Pradesh, Indien

Ort – der Zusammenfluss der heiligen Flüsse Ganges und Yamuna bei *Allahabad* im Bundesstaat Uttar Pradesh. Hier sollen sich Ganges und Yamuna mit dem unterirdischen mystischen Fluss Saraswati vereinen und zusammen eine besondere spirituelle Kraft bewirken. An diesem heiligen Ort findet alle zwölf Jahre das größte religiöse Fest der Welt statt mit über hundert Millionen Pilger in nur wenigen Wochen – eine für westliches Denken unfassbare Vorstellung, für die Pilger dort in der riesigen Gemeinschaft ein ekstatisches Erlebnis.

Der Kumbh Mela (hindi *kumbh* = »Krug«, *mela* = »Fest« – »Fest des Kruges«) geht auf einen alten Mythos zurück, der in Asien vielfach auch bildlich dargestellt ist (etwa in einer Reliefwand in der Galerie von Angkor Wat in Kambodscha): In der Ursprungszeit des Kosmos dieses Weltzeitalters wurde die Welt von *Devas* (Göttern) und ihren Gegenspielern, den *Asuras* (Dämonen), beherrscht. Um eine Überlegenheit gegenüber den anderen zu gewinnen, suchten beide den legendären »Nektar der Unsterblichkeit« zu erlangen, der ihnen einen entscheidenden Vorteil gegenüber den Gegnern bringen würde.

Dazu bemühten sich beide Gruppen gemeinsam um das »Quirlen des Milchozeans«. Um den Weltenberg Meru, das Zentrum des Universums und Sitz der Götter, lag das Weltenmeer, der große Milchozean (sanskrit *Kshrabdhi*), der den Salzwasserozean umschließt. In der geheimnisvollen Tiefe des Milchozeans, die auch von Göttern und Dämonen nicht erreicht werden kann, befindet sich *Amrita*, der Unsterblichkeitstrank.

Um diesen Trank aus der Tiefe nach oben zu befördern, schlangen Götter und Dämonen die unendliche Weltenschlange *Vasuki* (auch *Ananta-Shesha*) als Seil um den Weltenberg Meru. Vasuki hat auch in einem hinduistischen Schöpfungsmythos eine hohe Bedeutung, weil auf ihr der Gott Vishnu liegt, als er aus seinem Nabel den Schöpfergott Brahma entspringen lässt, der dann – gleichsam im Auftrag Vishnus – das Werk der Schöpfung in Gang setzt. Schlangen *(Nagas)* werden in asiatischen Mythen mit Wasser verbunden und sind Symbol fruchtbaren Lebens (auch Phallussymbol). Das Quirlen des Milchozeans durch die Drehung des Weltenberges kann beginnen – Götter und Dämonen ziehen abwechselnd an Vasuki. Dies ist unter anderem vor den in die vier Himmelrichtungen ausgerichteten Toren von Angkor Thom in Kambodscha plastisch dargestellt. Hier ist der mitten in Angkor Thom liegende zentrale Tempel Bayon der Weltenberg, um den herum der ganze Kosmos angeordnet ist – eine mythologische Stadt zuerst auf hinduistischem Hintergrund, erst später (etwa mit den Buddhabildern des Bayon) buddhistisch überformt.

Das Werk der Götter und Dämonen gelingt erst nach der Bewältigung zweier Gefahren. Denn die Anstrengung des Quirlens überforderte zum einen Vasuki; die Schlange spie große Mengen des Giftes Halahala, welches die Götter und Dämonen zu lähmen drohte. Da nahm der große Gott Shiva eine Schale, fing das blau gefärbte Gift auf und trank es – er trägt seitdem, neben vielen anderen Namen, auch den des *Nilakantha* (blaue Kehle). Zum anderen drohte auch der Weltenberg aus dem Gleichgewicht zu geraten. Daraufhin verwandelte sich der zweite große Gott, Vishnu, in seinen Avatar (seine Erscheinungsform) Schildkröte *(kurma)*, schlüpfte unter Meru und gab dem Berg dadurch neue Stabilität.

Aus dem milchigweißen und nun durch das Quirlen cremig gewordenen Wasser des Milchozeans tauchte nun *Dhanvantari* auf, der

Arzt der Götter und der Gott der Heilkunst, ein schöner junger Mann, stark wie ein Löwe. In seinen Händen hält er einen Krug *(khumb)*, darin befindet sich *Amrita*, der ersehnte Unsterblichkeitstrank. Doch nun stritten und kämpften Götter und Dämonen um diesen Krug. Während dieses Kampfes fielen vier Tropfen des Unsterblichkeitsnektars auf die Erde. Dort sind heute die vier Kumbh-Mela-Orte Nashik, Ujjain, Haridwar und Allahabad.

Bei bestimmten Sternenkonstellationen, die an jedem dieser Orte nur alle zwölf Jahre vorkommen, aber nie zur gleichen Zeit an allen Orten, ist auch heute noch Amrita – so hinduistischer Glaube – in den Flüssen dieser Orte zu finden. Wer dann an den Badeghats dieser Orte ins Wasser von Godavari, Shipra oder Ganges steigt und ein rituelles Bad nimmt, gewinnt Sündenfreiheit und Unsterblichkeit. Auch außerhalb der Festzeit *(mela)* schafft ein Bad an diesen heiligen Orten Verdienste, gutes Karma für die nächste Wiedergeburt.

Das ist der legendär-mythische Hintergrund des Kumbh Mela und der ungeheuren Mengen von Pilgern, die im Wechsel alle zwölf Jahre in diese vier Orte kommen, zudem auch in den Zeiten dazwischen. In den Pilgerreisen zu diesen Fest kulminiert hinduistischer Glaube und die religiöse Praxis vieler Hindus – auch unabhängig davon, welchen Gott sie als ihren persönlichen Gott verehren (Shiva, Vishnu, Ganesha, Devi [die Göttin] oder andere).

Die vier Orte haben dabei unterschiedliche Gestalt:

- *Nashik* ist heute eine Stadt mit 1,5 Millionen Einwohnern, zwei Drittel davon sind Hindus, ein Viertel Muslime, der Rest Buddhisten, Jains, Sikhs und Christen. Nahe der Stadt gibt es buddhistische Felshöhlen (die Pandu-Höhlen) aus der frühen buddhistischen Zeit, die neben anderen Höhlensystemen im Bundesstaat Maharashtra die früheste Zeit buddhistischen Kloster- und Tempelbaus repräsentieren. In Nashik selbst sind – wie auch in den anderen Kumbh-Mela-Städten – die Badeghats am Fluss von Bedeutung und werden zu allen Jahrezeiten von Pilgern und Gläubigen der Stadt besucht. Ghats (wie besonders auch am Ganges in Varanasi) sind treppenförmige Abgänge zum Wasser, sodass auch bei unterschiedlich hohen Wasserständen (Trockenzeit – Monsunzeit) die Pilger ungefährdet ins Wasser gelangen können. Um die Ghats erheben sich eine Vielzahl bunt gestalteter Tempel, dazu Dharamshalas (Pilgerherbergen),

Pilger bei der Kumbh Mela, Nashik, Maharashtra, Indien

Geschäfte vor allem mit Devotionalien für die Pilger und heilige Statuen (etwa Shiva-Lingams und Statuen seines Reittiers, des Stiers Nandi). Auch Märkte zur Versorgung der Bevölkerung und der Pilger sind im Umfeld der Ghats zu finden. In Nashik ragt unter den Tempeln der Nilakanteshwar-Mandir hervor, der an blaue Gift Halahala erinnert, das von Shiva getrunken wurde. Auch der Kapaleshwar-Tempel ist ein Shiva-Tempel; der Kalaram-Tempel ist dagegen Rama, dem achten Avatar von Vishnu, seiner Frau Sita und seinem Bruder Lakshmana gewidmet. In der Nähe dieses Rama-Tempels befindet sich die *Sita Gumpa*, eine Höhle (heute unter einem Tempel), in der der Legende nach Sita Zuflucht gefunden haben soll.

- *Ujjain* mit seinen heute ca. 600 000 Einwohnern liegt an einer wichtigen Handelsverbindung von Nord- und Südindien. Für den Khumb Mela ist der Ramghat am Fluss Shipra wichtig, wo von beiden Seiten des hier nicht breiten Flusses Treppen ins Wasser führen. Die Uferbebauung ist wie in Nashik von Tempeln und Pilgerherbergen geprägt. Abends finden am Fluss große Arati-Zeremonien statt, brahmanische Feuerrituale, die den Segen des Göttlichen in alle vier Himmelsrichtungen verbreiten. In der Stadt selbst sind vor allem zwei Tempel von herausragender Bedeutung. Im Mahakaleshwar-Mandir (Tempel) ist der Gott Shiva in Form einer Lichtsäule gegenwärtig, es ist einer der zwölf Jyotirlingam-Orte in Indien (vgl. Seite 134ff.). Ein anderer Tempel Ujjains, der Harsiddhi Mandir, ist der Göttin Harsiddhi gewidmet, der »glücklichen Mutter«, die jedoch alle weiblichen Kräfte *(shakti)* und damit alle weiblichen Götter repräsentiert. Auch in diesem Tempel gibt es abends eine Feuerzeremonie, Arati, bei der an zwei ca. zehn Meter hohen Lichterbäumen jeweils 1142 Öllämpchen angezündet werden, so dass sie wie riesige Christbäume wirken. Außerdem gibt es in Ujjain noch mehrere Ganesha-Tempel, Gopal Mandir genannt – die Verehrung des elefantenköpfigen Gottes ist typisch für die Bundesstaaten Maharashtra und Madhya Pradesh.

Sadhu bei der Kumbh Mela, Ujjain, Madhya Pradesh, Indien

- *Haridwar* gehört zu den sieben heiligen Städten Indiens (vgl. Seite 128ff.). Der Fluss Ganges mit seinen Badeghats (hier *Har-ki-Pairi* genannt, vgl. das Bild auf Seite 120) prägt die Stadt, denn rund um diesen heiligen Ort gibt es eine Fülle von bunt bemalten Tempeln, Pilgerherbergen und den üblichen Verkaufsstätten von Devotionalien: Götterbilder und -statuen, Kanister, mit denen das heilige Wasser des Ganges nach Hause genommen werden kann (vgl. im christlichen Bereich zu Lourdes, Seite 84). Barbiere rasieren die Köpfe derjenigen Pilger kahl, die an dieser heiligen Städte ein Gelübde ablegen. Die orange oder rot gefärbten Gewänder der vielen Gurus (spirituelle Lehrer) und Sadhus (Asketen), dazu die ebenso bunten Saris der indischen Frauen und bunte Blumengestecke als Opfergaben, die in den Ganges geworfen werden, bestimmen das farbenprächtige Bild der Pilgerstadt.
- Die Millionenstadt *Allahabad* besitzt innerhalb der Stadt vielerlei Baudenkmäler in indo-islamischem Baustil; dazu gibt es verschiedene Universitäten und Forschungsinstitute. Doch die religiöse

Bedeutung der Stadt rührt vom *Triveni Sangam* her, dem Zusammenfluss der Ströme Ganges und Yamuna mit dem mythischen unterirdischen Fluss Saraswati. Hier findet alle zwölf Jahr der größte Kumbh Mela statt: Dies ist eine logistische Herausforderung, die nur mit Hilfe der indischen Armee zu bewältigen ist, wenn über hundert Millionen Pilger in kürzester Zeit an die Ufer von Ganges un Yamuna strömen und dort für zwei Wochen versorgt werden müssen. Mehr noch als bei dem Hadsch in Mekka bedeutet Pilgern in Allahabad nicht nur eine Anstrengung und Mühe der Pilger selbst, sondern auch des Staates und der gesamten Gesellschaft, um das religiöse Tun des Volkes zu ermöglichen.

Der Kumbh Mela ist weltweit und auf alle Religionen bezogen die größte und wichtigste Form des Pilgerns. Millionen Menschen machen sich in Gruppen aus ihren Heimatorten auf den Weg, mit Eisenbahn, Bussen und oft auch auf den Anhängern von Traktoren, um ihr Ziel zu erreichen. Dies bedeutet für die Menschen höchste Anstrengung und größte Unbequemlichkeit, zudem schwierige Versorgung und oft mangelnde Hygiene. Doch all diese Mühen werden durch das Ziel solcher weiten und langen Pilgerreisen überwunden – die Suche nach der Einheit mit dem Göttlichen, nach der Erlösung aus dem Leidenskreislauf der Wiedergeburten und dem letzten und wichtigsten Ziel des Lebens – hinduistisch dem Eingliedern in das Dharma, in die kosmische Weltenordnung.

Konzentration des Göttlichen – die sieben heiligen Städte

Die Zahl »Sieben« hat in allen Kulturen und Religionen eine herausragende Bedeutung, sie ist *die* heilige Zahl. Sie ist die Zahl der Wochentage und in der Astrologie (nicht Astronomie) auch die Zahl der Planeten. Sie taucht als Vollkommenheitszahl unter anderem auf: im siebenarmigen Leuchter der jüdischen Synagoge, in den christlichen (katholischen) sieben Sakramenten, im siebenstöckigen Meru (Tempelturm) des balinesischen Hinduismus oder in den siebenstöckigen

Pagoden des Mahayana Buddhismus, zudem im siebenköpfigen Schlangenkönig Mucalinda der buddhistischen Mythologie und der Buddhalegende. Der Hinduismus kennt darüber hinaus das Konzept der sieben heiligen Städte, die wie ein Netz über das Land Indien gelegt sind und das ganze Land und sein Volk mit der Heiligkeit des Göttlichen in seinen vielen Erscheinungsformen verbinden.

Als die sieben heiligen Städte Indiens werden benannt: An erster und wichtigster Stelle *Varanasi* (vgl. Seite 121f.), dann *Ayodhya*, der Geburtsort des siebten Vishnu-Avataras Rama, *Mathura*, der Geburtsort des achten Vishnu-Avataras Krishna, *Bodh Gaya*, eigentlich als Ort der Erleuchtung des Buddha der wichtigste buddhistische Pilgerort (vgl. Seite 162ff.), aber weil Buddha im Hinduismus als neunter Avatara Vishnus gesehen wird, auch eine der heiligen hinduistischen Städte. Manchmal wird statt Bodh Gaya auch Haridwar (vgl. Seite 121) genannt, dann steht wie bei Varanasi der heilige Fluss Ganges im Vordergrund. Es folgen im Süden *Kanchipuram* (auch Kanchi), ein Verehrungsort Shivas, in der Mitte Indiens *Ujjain*, einer der vier Kumbh-Mela-Orte und auch Verehrungsstätte eines Shiva-Jyotirlin-

Heilige Stadt 1: Varanasi mit den Ghats am Ganges, Uttar Pradesh, Indien

gams im Mahakaleshwar-Tempel (vgl. Seite134ff.), und im Westen Dvaraka (Dwarka), wieder ein Ort der Krishna-Verehrung. Alle sieben Städte werden von unzähligen Pilgern besucht.

- *Varanasi* ist gleichsam die religiöse Hauptstadt Indiens. Dies liegt zum einen am heiligen Fluss Ganges, der hier, so der Glaube, seine tiefste spirituelle Wirkung zeigt und dem Pilger die Möglichkeit der Befreiung aus dem leidvollen Kreislauf der Wiedergeburten *(samsara)* ermöglicht. Zum anderen ist die heilige Stadt geprägt von hunderten kleiner und großer Tempel; der größte und bedeutendste ist der Shiva-Tempel Vishvanath in der Altstadt nahe den Ghats mit seinem goldenen Tempelturm (deshalb »Goldener Tempel« genannt). Bedeutend sind auch der Annapurna-Tempel, in dem Shivas Gattin Parvati geehrt wird und der Durga-Tempel, in dem die weibliche Gottheit *(Shakti)* nicht als friedfertige Parvati, sondern als kämpferische Durga auf ihrem Reittier, dem Löwen, dargestellt ist. Die gesamte große und verwinkelte Altstadt von Varanasi ist von zu den Ghats ziehenden Pilgergruppen, von deren Herbergen und von Geschäften zur Versorgung der Pilger mit Lebensmitteln und Devotionalien geprägt. Millionen Gläubige besuchen jedes Jahr die Stadt.
- In *Ayodhya* nördlich von Varanasi soll König Rama, siebter Avatara des Gottes Vishnu, geboren worden sein. Im 12. Jahrhundert hatte man ihm einen riesigen Tempel errichtet und Pilgergruppen aus dem ganzen Land kamen an diese heilige Stätte. Die Pilger kommen noch heute, manchmal bis zu einer Million, aufgebracht, in ekstatischen Tänzen, aufgeputscht von ihrer Verehrung des Gottes. Doch der hinduistische Ram-Tempel wurde 1528, am Anfang der muslimischen Mogul-Dynastie, zerstört und an seiner Stelle wurde eine große Moschee gebaut. Nun kamen sowohl die hinduistischen wie auch muslimische Pilger in die Stadt – heftige Auseinandersetzungen waren die Folge. Im Dezember 1992 kamen zu Ramas Geburtstag wiederum riesige hinduistische Pilgerscharen in die Stadt. Die Massen stürmten das Gelände und zerstörten die Moschee bis auf den letzten Stein – ihr Ziel: ein Neubau des Ram-Tempels. In ganz Nordindien brachen Unruhen aus, mehr als 3 000 Tote waren das Ergebnis. Solche religiös fundierte Gewalt ist hier wie anderenorts in Indien jederzeit erneut möglich.

- Eine vergleichbare Situation gibt es in *Mathura* (und dem nahegelegenen Vrindivan), wo der neben dem elefantenköpfigen Ganesha wohl beliebteste Hindugott Krishna, achter Avatara Vishnus, geboren sein soll. Auch hier wurde ein hinduistischer Tempel weithin zerstört, nur die kleine Geburtsgrotte blieb erhalten (ähnlich der christlichen Geburtsgrotte in Betlehem), dahinter erhebt sich eine dreikuppelige und eindrucksvolle Freitagsmoschee der Mogulzeit. In der Neuzeit wurde neben der Moschee wieder ein Tempel gebaut, der Krishna-Janamboomi, doch beide Gebäude müssen permanent vom Militär streng bewacht werden, um Ausschreitungen fanatischer Hindus oder Muslime zu vermeiden. Hinduistische Pilger ziehen zu diesem Tempel und der Geburtsgrotte Krishnas, vor allem aber zum Vishram-Ghat am Fluss Yamuna und in die kleineren Tempel der daneben liegenden Altstadt. Krishna soll dort als Jugendlicher während seines Kampfes gegen den ihn verfolgenden König Kamsa gerastet haben.
- Als vierte heilige Stadt wird zum einen *Haridwar* (vgl. Seite 127) genannt, zum anderen *Bodh Gaya*, obwohl dieser Ort mit seinen

Heilige Stadt 2: Ayodhya,
Pilger vor einem kleinen Rama-Tempel,
Uttar Pradesh, Indien

Heilige Stadt 3: Mathura,
Pilger im Dwarkadish-Tempel,
Uttar Pradesh, Indien

vielen Tempeln heute überwiegend buddhistisch geprägt ist (vgl. Seite 166). Nur hin und wieder gibt es in Bodh Gaya kleinere hinduistische Prozessionen mit einigen wenigen Pilgern und dazu Sadhus, die das ganze Land und damit auch die sieben heiligen Städte bereisen.

- Im Süden, etwas westlich der Stadt Chennai (früher Madras), liegt der Ort *Kanchi* (oder Kanchipuram, *puram* = Stadt). Dieser Ort war vom 6.–8. Jahrhundert die Hauptstadt der für Südindien bedeutenden Pallava-Dynastie. Der Ort ist dem Gott Shiva geweiht, die meisten Heiligtümer der Stadt verehren Shiva vor allem in der südindischen Version als Shiva Nataraja, als »Gott des Tanzes«. Er ist der Kapalishvara – der »Herr der Welten«, der in seiner Erscheinungsform des Nataraja durch seinen Tanz die Dämonen zu Boden tritt, die Welt zerstört und gleichzeitig wieder neu schafft; er ist der Herr über alle Mächte. Shiva wird auch als Ardaneshvara dargestellt, als Symbiose von Mann und Frau – er umfasst alle Aspekte des Lebens und stellt das eine Göttliche dar. In Kanchipuram ist der im 7. Jahrhundert erbaute Kailasanatha-Tempel das eindrucks-

Heilige Stadt 4: Bodhgaya, Prozessionswagen der Göttin Budh, Bihar, Indien

Heilige Stadt 5: Kanchipuram (Kanchi), Pilger im Kailasanatha Tempel, Tamil Nadu, Indien

vollste Bauwerk; ein überreicher Figurenschmuck, in den gelben Sandstein geschlagen, kündet von der Kunst der Handwerker der alten Zeit. Dieser Tempel ist Ziel vor allem der südindischen, dravidischen Pilger: Diese ziehen auch zum Ekambaresvara-Tempel aus späterer Zeit mit seinen hohen, ebenso reich geschmückten *Gopuram* (Tortürmen) und seiner 1000-Pfeiler-Halle vor dem Hauptschrein. Weitere 200 hinduistische Tempel sind über die ca. 200 000 Einwohner zählende Stadt verstreut und werden bei den Pilgerfahrten besucht.

- Zur sechsten heiligen Stadt Indiens, *Ujjain*, vgl. Seite 126f. und zum Phänomen der Jyotirlingam vgl. Seite 134ff.
- Ganz im Westen Indiens liegt *Dvaraka* (auch Dwarka genannt), ein Ort, an dem sich der hinduistische Lieblingsgott Krishna eine Zeit lang aufgehalten haben soll, als er vor dem feindlichen König Kamsa fliehen musste. Beim ausgelassenen Fest *Janmashtami* im August wird Krishna von der einheimischen Bevölkerung, aber auch von vielen eigens zu diesem Tag in den Ort gekommenen Pilgern verehrt. Zentraler Ort des Festes ist der Dwarkadish-Tempel. Die Pil-

Heilige Stadt 6: Ujjain,
Sadhu mit heiliger Kuh,
Madhya Pradesh, Indien

Heilige Stadt 7: Dvaraka (Dwarka),
Pilger vor Krishna-Tempel,
Gujarat, Indien

ger strömen auch deshalb nach Dvaraka, weil dieser Ort zu den vier Pilgerorten des hinduistischen Pilgerweges *Char Dam* (»vier heilige Orte«) gehört, die jeweils an den äußersten Grenzen Indiens liegen, die vier Himmelsrichtungen markieren und gleichzeitig eine heilige Grenze zwischen dem Kernland des Hinduismus und anderen Ländern darstellen. Im Westen ist Dvaraka Krishna gewidmet, im Norden im Bundesstaat Uttarakandh ist der in der Nähe der Gangesquellen gelegene kleine Ort Badrinath dem Gott Vishnu geweiht. Im Osten im Bundesstaat Odisha befindet sich Puri mit dem Krishna geweihten Tempel Sri-Jagannath. Ganz im Süden im Bundesstaat Tamil Nadu, unmittelbar Sri Lanka gegenüber, ist ein Shiva-Tempel in Rameswaram der letzte der vier Char Dam. Eine Rundreise zu den vier Tempeln ist für die hinduistischen Pilger äußerst verdienstvoll.

Shivas Licht – zwölf Jyotirlingam-Orte

Der Gott *Shiva* ist der Zerstörer und Erneuerer des Kosmos; sein göttlicher Tanz (*Shiva Nataraja* = »Herr des Tanzes«) vernichtet alles Widergöttliche, Dämonische und gibt der Erde jeweils neues Leben. Er wird geliebt und gefürchtet, ein unnahbarer und rätselhafter Gott. Zugleich ist er der mächtigste Gott, der heute verehrt wird. Auf der Stirn trägt Shiva ein »drittes Auge«, er wird deshalb der »Tryambaka«, der »Dreiäugige« genannt (vgl. den Ort Trimbak, Seite 139). Dieses Auge ist immer verschlossen, denn wenn er es öffnen würde, käme daraus ein Feuerstrahl hervor, der alles verschlingen würde. Oft sind auf seiner Stirn drei waagerecht verlaufende Aschestreifen. Die Drei ist in allen Religionen eine Vollkommenheitszahl. Die drei Aschestreifen symbolisieren Entstehen, Leben, Vergehen, also Vergangenheit, Gegenwart und Zukunft: Shiva als der Herr aller Zeiten.

Neben dem Zeichen *OM* und der *Swastika* (glücksverheißendes Sonnenrad) ist das am meisten in Indien auftretende Symbol der Phallus, der *Lingam* des Gottes Shiva. Für Westler ist es gewöhnungsbedürftig, Gott in einem geschlechtlichen Symbol darzustellen, meist noch in der Einheit von Lingam und Yoni, von männlichem und

Eine Pilgerin übergießt einen Shiva-Lingam mit Milch,
dadurch wird die Milch geheiligt und fließt über die Yoni in einen Behälter,
den die Pilger danach mit nach Hause nehmen,
Großer Shiva-Tempel der RVM-Stiftung, Bengaluru, Karnataka, Indien

weiblichem Geschlecht. Doch dieses Symbol Shivas ist das Symbol der Einheit, es ist der Quell des Lebens. Aus dem Lingam (damit aus Shiva) entspringt das gesamte Sein, der ganze Kosmos, auch die Menschheit als Teil des Kosmos. Der Lingam enthält alle Welten in sich. So wird die Yoni auch als Symbol der Erde gedeutet, der Lingam dann als der Himmel, der sich auf die Erde herabsenkt.

Der Lingam wird in hohem Maß von den Shivaiten verehrt. Er ist für sie die Mitte des Kosmos, die Fülle allen Seins, der eine Punkt, auf den alles hinzuläuft. Deshalb gibt es ein Gebetsritual am Lingam, der mit Milch übergossen und mit Blumen geschmückt wird: »Heil, Herr der Götter, du bist der Schöpfer, Beschützer und Zerstörer. Du bist der Anfang der Welt, das Zentrum der Welt, das Innerste der Welt. Schütze alle Welten!«

Oft wird ein Lingam unten quadratisch, darüber achteckig, dann rund gestaltet: Symbol für Brahma (unten), Vishnu (Mitte) und Shiva (oben) – Shiva übersteigt die beiden anderen großen Götter. Dazu gibt es eine mythologischen Erzählung:

Am Anfang der Schöpfung leuchtete der Gott Vishnu wie hunderttausend Sonnen. Doch begegnete ihm Brahma, der ebenfalls wie hunderttausend Sonnen leuchtete. Die beiden Götter stritten sich, wer von ihnen der mächtigste sei. Doch da fuhr mit lautem Knall eine Feuersäule zwischen ihnen auf, ein *Jyotirlingam*, das sich in den Himmel und in die Erde erstreckte. Brahma und Vishnu vereinbarten, die beiden Enden dieser Feuersäule zu erkunden. Vishnu stieg in seiner Erscheinungsform als Eber *(varaha)* tief in die Erde hinab und kam an kein Ende der Feuersäule. Da fragte er die unendliche Weltenschlange Shesha nach der Säule und diese antwortete ihm, dass die Säule keinen Grund habe, denn es sei Mahadeva, der große Gott Shiva. Inzwischen war Brahma auf seinem Reittier, der Wildgans *(hamsa)*, hoch in den Himmel aufgestiegen, auch er fand kein Ende der Säule. Da fragte er die Urkuh Subrabhi danach, die ihm antwortete, dass der Feuerlingam kein Ende kenne. Doch Brahma wollte das nicht wahrhaben. Als er wieder mit Vishnu zusammenkam und dieser berichtete, dass es in der Erde kein Ende der Feuersäule gäbe, erzählte Brahma ihm, dass er im Himmel wohl bis zur Spitze vorgedrungen sei. Da trat Shiva aus dem Feuerlingam heraus und sagte: »Du, Vishnu, wirst immer verehrt werden so wie ich, du, Brahma, aber wirst wegen deiner Lüge nirgendwo Verehrung finden.« Und so kam es: Überall in Indien gibt es Shiva- und Vishnu-Tempel, aber nur sehr wenige Brahma-Tempel (vgl. zu Pushkar, Seite 141ff.).

Der erste Lingam war also eine Feuer- und Lichtsäule, die den Kosmos durchglühte und erhellte – er wird Jyotirlingam genannt, »Lingam des Lichts. Solche Jyotirlingam werden in Indien heute an zwölf heiligen Orten verehrt. Dort findet sich jeweils in einem Tempel die zu Stein gewordene Lichtsäule Shivas. Diese symbolisiert im Kosmos die Zeugungskraft Shivas, seine Fruchtbarkeit und damit letztlich das gesamte Leben.

Die zwölf Orte der Jyotirlingam sind für Hindus bedeutende Pilgerorte, viele Pilger wandern zu den über ganz Indien verstreuten Orten, um sich so den Schutz Shivas zu sichern. Hinzu kommen Nachbildungen der Jyotirlingam in anderen Städten (etwa in Bengaluru), sodass auch Gläubige, die nicht die weiten und mühsamen Wege gehen können, sich mit Shiva, dem Gott in der phallusförmigen Lichtsäule, verbinden können. Die zwölf Jyotilingam-Orte sind (alphabetisch):

Der blumengeschmückte Shiva sitzt als Asket im Himalaya – vor ihm ist der Lingam als Symbol seiner schöpferischen Kraft, Nachbildung des Jyotirlingams von Badrinath im Shiva-Tempel der RVM-Stiftung, Bengaluru, Karnataka, Indien

- *Bhimashankar* im Bundesstaat Maharashtra, ca. 200 km südlich von Mumbai, ist ein im Ausland weithin unbekannter Ort, am Abhang der West Ghats gelegen. Der Bhimashankar Shiv Mandir (Shiva-Tempel) geht auf das 13. Jahrhundert zurück, der heutige, über den steinernen Lingam gebaute Tempel stammt jedoch aus dem 18. Jahrhundert. Der Legende nach soll in dieser Gegend der Tyrann Bhima geherrscht haben, ein Sohn des Dämonen Ravanna, im Epos Ramayana ist dieser eine der Hauptgestalten. Als Bhima einen Shiva-Verehrer bedrohte, der vor einem Lingam beten wollte, und sogar das Schwert erhob, um den Lingam zu zerschlagen, erschien Shiva in all seiner Herrlichkeit als Lichtsäule und verwandelte Bhima in Asche. Die Erinnerung an die Lichtsäule blieb in Bhimashankar, von diesem Ort ging dann als Gnade Shivas auch der Fluss Bhima aus.
- *Ghrishneshvar*, bei der Festung Daulatabad ebenfalls in Maharashtra in der Nähe der berühmten hinduistischen und buddhistischen Ellora-Höhlen gelegen, ist ein kleiner im nordindischen Tempelbaustil Nagara errichteter Schrein. Auch hier gibt es einen Mythos, die die Entstehung des Jyotirlingam und seiner Verehrung erläutert: Königin Gushmar gebar nach langem Warten einen Sohn, der jedoch von der machtsüchtigen Schwester der Königin Sudharma

getötet wurde. Daraufhin ließ Gushmar 101 Shiva-Lingam auf dem Grund eines Teichs errichten und bat den großen Gott um Hilfe. Der erschien, und der Junge entstieg dem Teich unversehrt. Als Shiva danach Sudharma töten wollte, wurde Guschmar von Mitleid gerührt und bat Shiva um Gnade. Der gewährte ihr deshalb einen Wunsch. Guschmar wollte, dass sie Shiva immer verehren könne und deshalb ließ Shiva an diesem Ort einen Jyotirlingam zurück. Zum Ritual der vielen Pilger, die nach Ghrishneshvar kommen, gehört, dass sie den heiligen Lingam mit Blumen schmücken und danach ein Bad im Teich neben dem Tempel nehmen.

- Der Himalayaort *Kedarnath* im Bundesstaat Uttarakhand liegt in ca. 3600 m Höhe nahe der Gangesquellen und ist einer der wichtigsten Pilgerorte der Shiva-Verehrer. Der Ort ist von Dharamshalas, Pilgerherbergen, geprägt, in deren Mitte der Schrein liegt. Der Kedarnath-Tempel in einer beeindruckenden Berglandschaft soll auf den hinduistischen Mystiker und Philosophen *Shankara* (788–820) zurückgehen; der heutige Bauzustand stammt aus dem 18. Jahrhundert. Der Legende nach sollen sich die fünf Pandavabrüder, die Helden des zweiten großen indischen Epos Mahabharata (Großindien), nach dem dramatischen Kampf von Kurukshetra gegen ihre Feinde, die Kauravas, in die Berge zurückgezogen haben, um dort Buße zu tun. Shiva nahm dort die Gestalt eines Büffels an, den Bhima, der stärkste der Brüder, fassen wollte. Doch dann wurde Shiva zur Lichtsäule – der Jyotirlingam blieb an diesem Ort.
- Der Tempel *Mahakaleshvar* mit seinem Jyotirlingam liegt in *Ujjain* im Bundesstaat Madhya Pradesh (vgl. Seite 126f.).
- *Nageshvar* bei Dvaraka (vgl. Seite 133) im Bundesstaat Gujarat ist der westlichste Ort eines Jyotirlingam. Dort herrschte dem Gründungsmythos nach vor langer Zeit ein Dämon, Daaruka. Supriya, ein Kaufmann, war Shivaverehrer, doch Daaruka nahm ihn wegen seines Glaubens gefangen. Im Gefängnis rief Supriya Shiva um Hilfe an, Daaruka wollte ihn daraufhin töten. Doch Shiva erschien in seiner Gestalt der Lichtsäule, besiegte den Dämon und entließ Supriya in die Freiheit. Zum Fest des Shivaratri, das an dieses Ereignis erinnert, kommen unzählige Pilger nach Nageshvar.
- Der Tempel *Omkareshvar* mit seinem Jyotirlingam liegt auf einer Halbinsel am Narmada-Fluss in Madhya Pradesh. Die mit Pilger-

utensilien und Devotionalien vollgestopften kleinen Gassen des Ortes führen zum gewaltigen Tempel, der sich über den Fluss erhebt. Hier soll der Mythos von Brahma, Vishnu und Shiva stattgefunden haben (vgl: Seite 136).

- In *Ramanathaswami-Tempel* im Bundesstaat Tamil Nadu befindetsich der am südlichsten gelegene Jyotirlingam; er liegt auf einer Insel unmittelbar Sri Lanka gegenüber. Der Schrein besteht aus einer riesigen Anlage im südindischen Stil mit Tortürmen (Gopuram), vielen Badeteichen und Tempelgebäuden. Dem Mythos nach wurde der Tempel vom Vishnu-Avatara Rama erbaut, um Buße zu tun, nachdem er auf Sri Lanka den Dämon Ravanna getötet hatte. Rama baute einen ersten Lingam aus Sand, später folgte dort die Errichtung eines zweiten Lingam durch den Affengott Hanuman.
- In *Somnath* im Süden des Bundesstaates Gujarat befindet sich der älteste der Jyotirlingam, der heutige Tempel über dem Heiligtum stammt jedoch aus dem Jahr 1951. Dem Mythos nach soll hier zuerst der Sonnengott Surya einen goldenen Tempel für Shiva gebaut haben. Danach soll auch der Mondgott Chandra, auch Som genannt, einen silbernen Tempel für seinen Herrn (= *nath)* Shiva gebaut haben und der Ort wurde nun Somnath genannt.
- Der Jyotirlingam-Tempel *Mallikarjuna* liegt auf dem Berg Sri Shailam im südindischen Bundesstaat Andhra Pradesh mitten im Urwald und wird wegen seiner Abgelegenheit nur selten besucht. Der Mythos erzählt, dass die beiden Söhne von Shiva und Parvati an diesem Ort ein Wettrennen veranstalteten und dass der dicke, elefantenköpfige Ganesha gegen den athletischen, sechsköpfigen Kriegergott Karttikeya (auch Murugan) gewann. Um ihren Sohn wegen der Niederlage zu trösten, kamen Shiva in Gestalt einer Lichtsäule und Parvati nach Mallikarjuna.
- Der Tempel *Trimbakeshvar* liegt im kleinen Ort Trimbak bei Nashik (vgl. Seite 125) am Fluss Godaveri in Maharashtra. Der Jyotirlingam ist hier mit einer silbernen Gesichtsmaske geschmückt, die jeden Montag von einer Pilgerbruderschaft in einer Prozession durch die Straßen der Stadt geführt wird (vgl. das Bild auf Seite 140). Dem Gründungsmythos nach wurde hier einem Weisen (Rishi) Gautama und seiner Frau von anderen Rishis übel mitgespielt. Gautama bat Shiva deshalb, den heiligen Fluss Ganges (Ganga) aus dem Nor-

den nach Trimbak umzuleiten und selbst im heiligen Wasser zu erscheinen. Shiva nahm daraufhin die Form des Jyotirlingam an, die Ganga aber wurde an dieser Stelle zum Fluss Godaveri.

- *Vaidhyanath* mit seinem Jyotirlingam liegt ganz im Osten Indiens im Bundesstaat Jharkhand. Der Lingam wurde dem Mythos nach vom Dämonen Ravanna geschaffen, der ihn in seinen Palast nach Sri Lanka schaffen wollte. Doch die Götter verhinderten dies dadurch, indem sie den Lingamstein so schwer werden ließen, dass ihn Ravanna nicht mehr von Vaidhyanath weg bewegen konnte.
- Der *Vishvanath* mit seinem Jyotirlingam in Varanasi (Uttar Pradesh) ist neben dem Gangesfluss und seinen Badeghats das religiöse Zentrum der heiligen Stadt (vgl. Seite 130).

Die zwölf Jyotirlingam-Stätten werden von hinduistischen Gläubigen streng gehütet, Nichthindus ist in der Regel der Zutritt zu diesen Orten der besonderen Begegnung mit Shiva untersagt.

Pilger in Prozession mit der silbernen Gesichtsmaske eines Shiva-Lingams (klein unter dem Blumengebinde), Trimbak, Maharashtra, Indien

Der Weltenschöpfer – Brahmas Ort Pushkar

Unter den drei großen Göttern, die ab der klassischen Zeit (etwa ab 7. Jahrhundert n. Chr.) von Hindus verehrt werden, spielt der Schöpfergott *Brahma* die geringste Rolle (vgl. auch den Mythos zum Verhältnis der drei Götter Brahma, Vishnu und Shiva auf Seite 136). Der personale Gott *Brahma* ist nicht zu verwechseln mit *Brahman*, dem Urgrund des Seins (im Gegensatz zu *Atman*, dem Selbst des Menschen), wohl aber wird er als Personifizierung dieses gestaltlosen Urgrunds allen Seins verstanden. *Brahma* ist der aus dem Weltenei des Anfangs entstandene Schöpfergott, der sich dann in eine männliche und weibliche Form (Sarasvati) teilt. Er wird so zum »Stammvater aller Wesen«, die seinem Geist entspringen. *Brahma* ist auch der Schützer und Bewahrer dieser Ordnung des Anfangs. Doch diese Beschützertätigkeit ist in der Mythologie weithin abgelöst worden durch die Götter *Vishnu* und *Shiva*, die in unserer Zeit als größer und wichtiger verstanden werden.

Brahma ist also der Schöpfer des Anfangs, wirkt aber danach – anders als der Erhalter Vishnu und der Zerstörer und Neuschöpfer Shiva – nicht weiter auf die Schöpfung ein. Brahma ist der Hüter der Heiligen Schriften, deshalb wird er oft mit den vier altvedischen Schriften in seinen vier Händen dargestellt. Sein Kopf zeigt zudem vier Gesichter in alle vier Himmelsrichtungen – er umfasst das ganze Universum und zugleich alle vier Weltzeitalter der hinduistischen Mythologie. Er hat Macht über Raum und Zeit, deshalb werden ihm Opfer dargebracht, doch spielt er im religiösen Leben der meisten Hindus keine besondere Rolle. Brahmas Gattin ist *Sarasvati*, die Göttin der Weisheit und Klugheit, die – anders als ihr Gatte – in vielen Tempeln verehrt wird. Brahmas Reittier ist *Hamsa*, die weiße Wildgans als Zeichen der Reinheit, der geistigen Kraft und der Wiedergeburt (verstanden als Neuschöpfung).

Während sowohl Nord- wie Südindien voller Vishnu- und Shivatempel ist – zu den Vishnu-Tempeln zählen auch die seiner Avataras, vor allem von Krishna und Rama –, findet sich nur ein einziger bedeutender Brahmatempel im ganzen Land: Einmal im Jahr im November findet in Pushkar, Rajasthan, ein großes Pilgerfest *(Pushkar*

Mela) mit Millionen von Pilgern zu seinen Ehren statt. Zu diesem Fest wird der kleine, ca. 25.000 Einwohner zählende Ort zur Millionenstadt; zur Pushkar Mela kommen für eine Woche bis zu 5 Millionen Menschen in die mitten in der Wüste Thar liegende Kleinstadt. Sie liegt 15 km von der islamisch geprägten Stadt Ajmer entfernt, in deren Zentrum das Mausoleum *(dargah)* des islamischen Mystikers und Sufis Muinuddin Chishti steht (vgl. Seite 106).

Der Name Pushkar kommt von *puschkara* oder *pushpa* (Lotosblüte) und bezieht sich auf den alten Mythos der Gründung dieses Ortes: Brahma kämpfte gegen einen Dämonen und schleuderte drei Lotosblüten gegen ihn, um ihn durch seine göttliche Macht zu vernichten. Dort, wo die drei Blüten auf den Boden fielen, entstanden auf wunderbare Weise drei Seen (von denen heute nur noch einer existiert). Um seinen Sieg zu feiern, versammelte Brahma anschließend 900 000 Götter und himmlische Wesen und vollzog ein Feueropfer auf den drei heiligen Bergen, die den See umgeben. Dadurch wurde der sich in der Folge entwickelnde Ort Pushkar zu einer der heiligsten Stätten Indiens und zum bedeutenden Wallfahrtsort.

• Der Ort Pushkar inmitten der Wüste,
• Der Brahma-Tempel am See mit Badeghats,
Rajasthan, Indien

Es gibt einen anderen Mythos. Danach war Brahma zur Zeit des Göttertreffens mit *Savitri* (anderer Name für Sarasvati, aber auch ein Name des Sonnengottes) verheiratet. Beide sollten das Ritual in Pushkar leiten, doch Savitri verspätete sich. Daraufhin reinigten die Götter ein Hirtenmädchen *Gayatri* aus der Kaste der Unberührbaren und trauten es Brahma für den Ritus an. Während der Feier traf Savitri ein und es gab eine heftige Auseinandersetzung zwischen ihr und Brahma bzw. Gayatri. In der Folge baute sich Savitri einen Tempel auf einem der Berge um Pushkar, während Gayatri einen Tempel am Ufer des Sees bezog.

Heiligste Stelle in Pushkar ist der See, ein Bad darin hilft auf dem Weg zur Erlösung aus dem Leidenskreislauf ständig neuer Wiedergeburten. So finden sich rund um den See 52 Badeghats, Treppen, die ins Wasser führen und von den Pilgern für ihr rituelles Bad genutzt werden können. Besonders bei der Pushkar Mela im November gibt es hier ein dichtes Gedränge. Brahmanenpriester leiten die Rituale der Pilger an, entzünden kleine heilige Feuer, nehmen Blumen- und andere Opfer entgegen, sprechen die alten vedischen Hymnen. Die Pilger erhalten nach dem Ritus vom Brahmanen ein rotes Band, das sie sich als Zeichen ihrer Pilgerfahrt um die Hüfte binden und mit nach Hause nehmen.

In den heiligen See Pushkars wird auch ein Teil der Asche bedeutender Persönlichkeiten Indiens gestreut, etwa von Mahatma Gandhi oder Jawarhalal Nehru – ein Verweis auf den Glauben an die Wiedergeburt und auf Brahma als Schützer des Kreislaufes von Geburt, Leben, Sterben und Wiedergeborenwerden.

Von hoher Bedeutung ist der am Ufer des Sees liegende und nur Hindus zugängliche Brahmatempel (*Brahmaji Mandir*, vgl. Foto 2, Seite 142) aus dem 14. Jahrhundert mit seiner wie üblich viergesichtigen Brahmafigur im Inneren. Doch es gibt rund um den See und im Umfeld des Ortes viele weitere Tempel auch für andere Götter, für Shiva und Vishnu, aber auch für Hanuman, den Affengott, und für Ganesha.

Die Pushkar Mela ist zwar nicht das größte Wallfahrtsereignis Indiens (vgl. die Kumbh Mela, Seite 122ff.), wohl aber das größte Tempelfest. Während der Mela ist die ganze Hochebene um den Ort mit den Zelten und Kamelkarren der Millionen Pilger aus ganz Rajasthan belegt. Aus ganz Indien treffen zu diesem Ereignis auch unzählige Sadhus und Gurus in ihren bunten Gewändern ein, die durch teilweise bemerkenswerte Verhaltensweisen auffallen, etwa wenn sie sich den nackten Körper ganz mit Asche als Zeichen der Vergänglichkeit beschmieren.

Neben der religiösen Bedeutung ist die Mela auch ein riesiger Markt. Unzählige Buden und Geschäfte werden aufgeschlagen, fahrende Handwerker (Sinti und Roma) kommen und bieten ihre Dienste an: Messerschleifer, Kamelsattelfertiger und vieles andere mehr. Vor allem aber ist die Pushkar Mela der weltgrößte Kamelmarkt – bis zu 50 000 Kamele, dazu auch Pferde und Rinder, werden auf dem Tiermarkt in der Wüste angeboten. Dies bedeutet eine logistische Herausforderung für die Verantwortlichen: Wasser und Nahrung für Mensch und Tier, dazu Feuerholz, medizinische Versorgung (auch mobile Kamelkliniken) und anderes mehr. Die Pushkar Mela ist ein religiöses und gesellschaftliches Großereignis.

Türme zum Himmel – Pilgerorte in Indiens Norden

Wie in keinem anderen Land und kulturellem und religiösen Raum gibt es in Indien unzählige Heiligtümer, die auch Ziel von Wallfahrten und Pilgerreisen sind. Neben den bereits genannten heiligen Orten wie denen der Kumbh Mela, der sieben heiligen Städte, der zwölf Jyotirlingam-Orte müssten bei einer genauen Betrachtung viele tausend andere Orte genannt werden – um im Bild zu sprechen: Der ganze indische Subkontinent mit seiner etwa einer Milliarde Hindus und 300 Millionen Menschen anderer Religion ist auf dem Weg, um das Heilige an unzähligen heiligen Orten zu finden.

Im Norden sind vor allem die indoarischen Völker und Sprachen zu finden, im Süden leben die dravidischen Völker mit etwas dunklerer Hautfarbe und Sprachen, die mit der großen Sprachfamilie der Indoarier nichts zu tun haben. So sind die Mythen zu den Göttern oft unterschiedlich und wurden erst in der Spätzeit des Hinduismus für ganz Indien harmonisiert. Die Götter tragen jedoch weiterhin in den unterschiedlichen Regionen auch unterschiedliche Namen (etwa der Shivasohn und Kriegsgott Karttikeya, der auch Skanda, Murugan, Subrahmanya oder Kumara heißt), oft werden regional verschiedene Aspekte einer Gottheit betont (etwa im Norden Shiva als Asket, im Süden Shiva als Nataraja).

Auch der Tempelbaustil ist im Norden und Süden unterschiedlich, wie der Vergleich der Bilder auf Seite 145 und 151 zeigt. Im Norden gibt es einen Zentralbau, bei dem sich über dem Heiligtum *(cella)* ein

Lakshmana-Tempel, Khajuraho, Madhya Pradesh, Indien

Tempelturm erhebt *(sikhara)*, der den heiligen Berg Meru symbolisiert (Nagara-Stil). Weitere kleinere Türme können den Haupttempel umgeben; oft sind die Außenwände des Tempels mit reliefartigen Skulpturen vielfältig geschmückt (vgl. Seite 146f.). Im Süden ist das innere Heiligtum oft unscheinbar inmitten von vielen Gebäuden versteckt, dafür aber gibt es um die diese Gebäude eine Umfassungsmauer und große Tortürme *(gopuram)*, die mit unzähligen Götterfiguren überreich dekoriert sind (vgl. Seite 151). Die Angehörigen niedriger Kasten konnten früher nur bis zu diesen Tempeltürmen gelangen; durch die Figurenwelt wurden ihnen dann auch außerhalb des Heiligtums die religiösen Mythen vermittelt. Die Cella ist im Norden wie Süden immer der Ort der Tempelbrahmanen, die in die Rituale eingeführt sind und die alten vedischen Texte rezitieren können.

Im folgenden Überblick können nur einige wenige heilige Orte benannt werden. Dies sind meist sehr alte Stätten, manchmal auch Tempel, die durch Spenden reicher Inder erst in den letzten Jahren errichtet und pompös gestaltet wurden (wie der Akshardam-Tempel in Dehli aus dem Jahr 2005 oder der ISKCON-Krishna-Tempel in Bengaluru). Der Hinduismus zeigt sich hier als lebendige Religion.

In der heutigen Hauptstadt *Dehli* gibt es viele Bauzeugnisse der muslimischen Zeit Nordindiens, doch auch einzelne hinduistische Tempel werden in Dehli von vielen Pilgern besucht: Dies gilt etwa für den kleinen Sai-Baba-Tempel oder für den angeblich weltgrößten hinduistischen Bau, den Swaminarayan-Tempel Akshardham, der Swaminarayan (1781–1830) geweiht ist, einem der Gründer des Neohinduismus, und inmitten großer Gärten liegt. In ihm geht es weniger um die Verehrung eines Gottes als um die Verehrung eines Guru, eines spirituellen Führers.

In *Mumbai* ist der Mumbadevi-Tempel von höchster Bedeutung, der Göttin Mumbadevi, nach der die Stadt benannt ist (Bombay war der Name der portugiesischen Kolonisatoren) und die als Muttergottheit das weibliche Prinzip des Göttlichen verkörpert (wie auch die Göttinnen Parvati, Durga, Kali und andere). Auf der Mumbai vorgelagerten Insel Elephanta wird der Gott Shiva in der älteren Erscheinungsform (Lakulisha) in verschiedenen Höhlen verehrt. Diese von vielen Pilgern besuchte und von Mumbai aus nur mit Booten zu erreichende Stätte geht auf das zweite vorchristliche Jahrhundert zurück.

Frauen am Ghat zum Fluss Narmada,
Shiva-Tempel, Maheshwar,
Madhya Pradesh, Indien

Sadhus am Jagdish-Tempel,
Udaipur,
Rajasthan, Indien

Mumbai ist die Hauptstadt des Bundesstaates *Maharashstra*. In diesem Bundesstaat finden sich eine Fülle buddhistischer Orte, zudem islamische Heiligtümer, aber auch einige hinduistische Pilgerorte. So sind hier drei der zwölf Jyotirlingam-Stätten (Bhimashankar, Grishneshvar, Trimbakeshvar, vgl. Seite 137 und 139), aber auch der Kumbh-Mela-Ort Nashik. In der südlich von Mumbai gelegenen Stadt Kolhapur gibt es einen bedeutenden Verehrungsort der großen *(maha)* Göttin Lakshmi, den Mahalakshmi-Tempel, der an die Gemahlin Vishnus erinnert, die als Göttin der Schönheit und Gesundheit sowie der Liebe und Fruchtbarkeit geehrt wird. Der Tempel stammt aus dem 7. Jahrhundert, die heutige Bausubstanz ist aber erst ca. 200 Jahre alt. In Maharashtra befinden sich bei der Stadt Aurangabad auch die großen Höhlensysteme von Ellora und Ajanta. Die Höhlen von Ellora aus dem 6. bis 9. Jahrhundert sind sowohl buddhistisch wie jainistisch, aber einige der Höhlen bergen auch hinduistische Tempel. Die bedeutendste davon und Ziel großer Pilgerströme ist der gewaltige, aus einem Felsmassiv herausgeschlagene und nun frei stehende Kailash-Tempel. In ihm werden Shiva und Parvati verehrt, die nach

Räder und Surya-Statue (Sonnengott) am Sonnentempel, Konarak (Konark), Odisha, Indien

Sadhu mit Haarknoten, Shivatempel, Baijnath, Himachal Pradesh, Indien

nordindischer Auffassung ihren Göttersitz auf dem heiligen Berg Kailash (vgl. Seite 120f.) haben.

Für den heutigen Hinduismus von hoher Bedeutung sind die heiligen Stätten im zentralen Bundesstaat *Madhya Pradesh*. Auf die Kumbh-Mela-Stadt Ujjain (vgl. Seite 126f.), eine der sieben heiligen Städte Indiens, und auf die Jyotirlingam-Stätten Ujjain und Omkareshvar (vgl. Seite 138) wurde bereits hingewiesen. Nahe Omkareshvar und auch am Fluss Narmada gelegen ist der kleine Pilgerort Maheshwar (hindi = »Großer Gott«). Im großen Ahilyabai-Tempel oberhalb eines Badeghats am Fluss wird Shiva verehrt. Zahlreiche kleinere Tempel (vgl. das Bild auf Seite 146) werden von den Pilgern ebenfalls besucht. In der nur 90 km entfernten Stadt Indore gibt es einen bedeutenden Ganapati-Tempel, der Ganesha, dem elefantenköpfigen Gott gewidmet ist und in dem sich eine riesige Statue dieses Gottes befindet. Vor allem Schüler und Studenten pilgern vor Prüfungen zu dieser Stätte, weil Ganesha als Gott der Gelehrsamkeit gilt.

Von hoher Bedeutung nicht nur für viele Touristen, sondern auch für hinduistische Pilger sind die vielen Tempel der kleinen und abseits gelegenen Stadt Khajuraho. In der West-und Ostgruppe sind mehrere Dutzend Hindu-Tempel, aber auch Jain-Verehrungsstätten zu finden. Khajuraho ist bekannt für sein überreiches Bild- und Skulpturenprogramm an den Außenwänden der Tempel. In ihnen werden unzählige Göttermythen bildhaft ausgedrückt – eine Art Lehrbuch für nicht schriftkundige Gläubige ähnlich den Glasfenstern christlicher mittelalterlicher Kathedralen, die biblische Themen vermitteln. Zudem haben zahlreiche erotische Darstellungen an diesen Tempeln ihren besonderen Reiz und verweisen auf die Erbauungszeit zwischen dem 10. und dem 12. Jahrhundert, wo die tantrische Form des Hinduismus einen Zugang zum Göttlichen auch über sexuelle Ekstase propagierte. Solche Bildwerke finden sich ebenso in Odisha und Karnataka.

In Madhya Pradesh liegt auch die heilige Stadt Mathura (vgl. Seite 131), der Geburtsort des Vishnu-Avatara Krishna. Nur 10 km entfernt sind im Ort Vrindivan weitere Krishna-Tempel, denn Vrindivan ist das eigentliche Zentrum der Krishna-Verehrung. Hier soll der Gott als jugendlicher Kuhhirte gewirkt und seine Liebesabenteuer mit den *Gopis*, den Kuhhirtinnen, erlebt haben. Solche Geschichten werden in ganz Indien mit viel Freude erzählt und regen die Gläubigen zu Wallfahrten zum Govind-Dev-Tempel in Vrindivan an. Pilgerziel ist auch der dortige neue ISKCON-Krishna-Tempel.

Auch im Bundesstaat *Rajasthan* gibt es eine intensive Krishna-Verehrung, deren heilige Orte vielen Pilgern als Ziele dienen. Dies ist etwa in der Hauptstadt Jaipur der dortige Krishna-Tempel. In der kleinen, aber auf eine alte Geschichte zurückblickenden Ortschaft Osian bei Jodhpur gibt es andere Traditionen: Der Haupttempel dort, von Pilgerströmen überlaufen, ist der Sachiya-Mata-Tempel, ein der Göttin Durga (kämpferische Erscheinungsform von Shivas Gattin Parvati) gewidmetes Heiligtum. Daneben aber gibt es zwei in Indien seltene Tempel, in denen Hari-Hara verehrt wird; dies ist eine Mischform von Shiva und Vishnu in einer Person, die hälftig geteilt ist: Das eine Göttliche zeigt sich zwar in verschiedener Gestalt, ist aber letztlich nicht zu unterscheiden. In der südrajasthanischen Stadt Udaipur schließlich befindet sich der große Jagdish-Tempel, ein reich geschmücktes Vishnuheiligtum (vgl. das Bild auf Seite 146).

Der im Osten Indiens gelegene Bundesstaat *Odisha* (früher Orissa genannt) ist vor allem für drei Städte mit bedeutenden Pilgerorten bekannt. Der wichtigste ist Puri, eigentlich ein kleiner Fischerort am

Pilger vor dem Hauptheiligtum des Brajreshwar-Tempels, Kangra, Himachal Pradesh, Indien

Indischen Ozean, durch die Pilgerströme und die dafür benötigten Herbergen, Restaurants und Geschäfte inzwischen eine lebhafte Stadt. Zentrum ist der Sri-Jagannath-Tempel, in dem Jagannath (= »Herr des Universums«) verehrt wird, eine Erscheinungsform von Krishna und damit von Vishnu. Ein wenig nördlicher liegt – ebenfalls am Meer – Konarak (auch Konark, von *kona* = »Ecke« und *arka* = »Sonne«), das für den gewaltigen, heute teilweise zerstörten Sonnentempel Surya-Mandir bekannt ist, der nach dem Sonnengott Surya benannt ist. Der Tempelbau im nordindischen Stil ist den Tempelwagen nachgebaut, die vielerorts für Prozessionen genutzt werden, wenn damit das Götterbild des Tempels durch eine Stadt gefahren wird (vergleichbar einer katholischen Fronleichnamsprozession). In Konarak »tragen« 24 ca. 4 m hohe steinerne Räder den Tempelbau, dessen Außenseiten wie üblich von überreichen Friesen und Götterfiguren geschmückt sind. Sieben (für die sieben Wochentage) steinerne Pferde »ziehen« den Tempel und symbolisieren die himmlischen Pferde des himmlischen Sonnenwagens von Surya. Der dritte wichtige Ort in Odisha ist die Hauptstadt Bhubaneshwar, die von ca. 500 Tempeln, davon zwei Dutzend wichtigen Stätten, geprägt ist. Sie sind verschiedenen Gottheiten gewidmet sind, der bedeutendste ist der Nichthindus nicht zugängliche Lingaraja-Tempel. Hier repräsentiert der Lingam nicht nur Shiva, sondern auch Vishnu und damit wiederum wie bei Hari-Hara-Figuren die Einheit des Göttlichen.

Der am Südabhang des Himalaya gelegene Bundesstaat *Himachal Pradesh* kennt neben den tibetisch-buddhistischen Stätten in Dharamshala (auch Exilort des Dalai Lama, vgl. Seite 191) eine Fülle hinduistischer Tempel, die von gläubigen Hindus häufig besucht werden, aber im Ausland oft unbekannt sind. In Nurpur etwa gibt es einen wichtigen Krishna-Tempel, der vor der Kulisse der schneebedeckten Himalayaberge ein beeindruckendes Bild abgibt. Im malerischen Kangratal ist in Kangra (früher Nagarkot) der Brajreshwar-Tempel (vgl. das Bild auf Seite 149) einer lokalen Göttin gewidmet. Nicht weit davon liegt Palampur mit einem Tempel, der der blutrünstigen Göttin Chamundadevi gewidmet ist, einer Erscheinungsform von Parvati, die die gefährlichen Büffeldämon tötet. Ein weiterer Chamundadevi-Tempel ist in Baijnath, dort ist auch ein bedeutender Shiva-Tempel. Doch der wichtigste Tempel und Pilgerort ist der Jawalamukhi in der

Gopuram (Tortürme) im Sri Ranganatha-Tempel, Srirangam, Tamil Nadu, Indien

Nähe des Bergorts Dharamshala. In dem beeindruckenden Tempelkomplex wird die Zunge von Mata Devi, der »Göttlichen Mutter« verehrt, die im Heiligtum als immerwährende Flamme erscheint.

Einheit in Vielheit – Pilgerorte in Indiens Süden

Unter Südindien versteht man die vier Bundesstaaten Tamil Nadu, Kerala, Karnataka und Andhra Pradesh, in denen die dravidische Bevölkerung die Sprachen Tamil, Malayalam, Kannada und Telugu spricht. Diese Südregion Indiens, zu der man auch die tamilischen Gebiete in Sri Lanka zählen muss, greift auf ganz andere Mythen, Traditionen und Rituale des Hinduismus zurück als der Norden. Deshalb zeigen auch die heiligen Orte und Tempel dort ein völlig anderes Gesicht (zum Baustil vgl. Seite 144f.). Die religiöse Inbrunst, mit der sich die Pilger auch in diesem Gebiet den Tempelritualen unterziehen, ist aber mit der des Nordens vergleichbar: Der Weg zu den Göttern in Wallfahrten und Prozessionen ist unverzichtbarer Teil ihrer Religion.

Der Bundesstaat mit der größten Bevölkerung (ca. 80 Millionen) und zugleich auch den meisten Pilgerorten ist *Tamil Nadu* an der Südostküste Indiens. 90 Prozent der Bevölkerung sind Hindus, doch gibt es hier eine christliche Minderheit, die auf den Apostel Thomas zurückgeführt wird, der in diesem Gebiet missioniert haben soll und dessen Grabstätte in Chennai ein christlicher Pilgerort ist (vgl. Text und Bild auf Seite 80f.). In Chennai (früher Madras) befindet sich der große Kapalishvara-Tempel, ein Shivatempel im Stadtteil Mylapore aus dem 16. Jahrhundert. Bedeutsamer ist allerdings die westlich von Chennai gelegene Stadt Kanchi (Kanchipuram, vgl. Seite 132), die Stadt der »tausend«Tempel und Schreine, dem Gott Shiva geweiht. Von hoher Bedeutung vor allem für die Entwicklung des südindischen Tempelbaustils ist der südlich von Chennai an der Küste gelegene Ort Mahabalipuram (auch Mamallapuram). Dies zeigt sich in erster Linie an den fünf Rathas (Pancha Ratha = »Tempelwagen«), benannt nach den fünf Pandava-Brüdern aus dem Epos Mahabharata. Diese fünf Tempel sind aus Felsformationen herausgearbeitet und stellen gleichsam Modelle für den späteren Tempelbau dar.

Shiva Nataraja (Herr des Tanzes) Brihadishvara-Tempel, Gangaikonda-cholapuram, Tamil Nadu, Indien

Der Tempelelefant segnet Pilger, Brihadishvara-Tempel, Tanjore, Tamil Nadu, Indien

Tamil Nadu ist reich an weiteren heiligen Orten, die sich von Chennai aus wie auf einer Perlenschnur nach Süden ziehen: In der ehemals französischen Kolonie Puducherry (Pondicherry, verwaltungsmäßig nicht zu Tamil Nadu gehörend) sind sowohl der Ganesha-Tempel sowie der Ashram von Sri Aurobindo Ghose (1872–1950, neohinduistischer Mystiker) und sein dort gelegenes Grab wichtige Pilgerziele. Nur wenige Kilometer entfernt liegt die Stadt Chidambaram, die manchmal auch zu den sieben heiligen Städten Indiens gerechnet wird. Hier ist das Hauptheiligtum Shivas als Nataraja, als Herr des Tanzes. In den weitläufigen Tempelhallen findet abends ein faszinierendes Ritual statt, wenn die Götterfigur des Shiva gebadet, mit Ölen gesalbt, mit kostbaren Kleidern versehen und schließlich zur Götterfigur von Parvati, seiner Frau, ins Bett gelegt wird: Durch das nächtliche Beiwohnen soll der Prozess der Neuschöpfung der Welt durch Shiva rituell nachvollzogen werden. Am Morgen wird die Shiva-Figur dann wieder zur Verehrung durch die Pilger in die Tempelhalle zurückgebracht.

Shiva Nataraja wird auch in dem wunderschönen Brihadishvara-Mandir im Dorf Gangaikondacholapuram verehrt; dies war einst die

Pilger streicheln heilige Kuh,
Chamundeshvara-Tempel, Mysore,
Karnataka, Indien

Pilger vor Virupaksha-Tempel,
Hampi,
Karnataka, Indien

Hauptstadt der Chola-Dynastie ab dem 11. Jahrhundert. Der lange Name setzt sich zusammen aus »Stadt« *(puram)* der »Cholas«, die die »Ganga« (Gangesfluss im Norden) besiegten *(ikonda)* – dies erinnert an einen siegreichen Feldzug der Cholas bis nach Nordindien.

Weitere wichtige Pilgerorte in Tamil Nadu sind – nur kurz aufgeführt: der mit meisterhafter Steinmetzkunst geschmückte Airadeshvara-Tempel in Darasuram, der dem Elefanten Airavata, dem Reittier des alten Gottes Indra gewidmet ist; der weitläufige Brihadeshvara-Tempel (Shivatempel) in Thanjavur (Tanjore) mit seinen Nebenschreinen für Subrahmanya (Shiva-Sohn Karttikeya) und Ganapati (Shiva-Sohn Ganesha). In der Stadt Tiruchirapalli (Trichy) sind auf dem Felsenhügel Rock Fort mitten in der Stadt der Pallava-Tempel für Shiva und der Vinayaka-Tempel für Ganesha. Vom Felsen aus hat man einen Ausblick auf die drei Kilometer entfernte Tempelstadt Srirangam (vgl. das Bild auf Seite 151) mit der flächenmäßig wohl größten Tempelanlage Indiens. Die Cella dieses Sri-Ranganatha-Tempels ist von sieben großen mit Mauern umgrenzten Höfen umgeben, deren Eingänge mit insgesamt 21 bis zu 70 m hohen Gopuram versehen sind, alle überreich mit Götterfiguren und den Reittieren der Götter geschmückt. Der in Tamil Nadu von Pilgern am meisten besuchte Tempel ist jedoch der Meenakshi-Tempel, der in der Stadt Madurai liegt. In ihm wird Meenakshi (»die Fischäugige«) verehrt. Zuerst war es wohl eine Lokalgöttin, dann wurde sie zu einer Erscheinungsform von Parvati, also zu Shivas Gattin. Meenakshi besaß früher drei Brüste, nach ihrer Heirat mit Shiva aber verschwand die überzählige Brust – dies wird im Tempel in großen Bildern dargestellt. Auch hier gibt es ein abendliches Ritual mit Feuer und Instrumentenklang (Trommeln und Oboen), bei dem die Shiva-Figur in einer Prozession zu Meenakshi/Parvati ins »Schlafzimmer« getragen wird.

Im Bundesstaat *Karnataka* liegt im Süden auf dem Chamundi-Berg am Rand der Stadt Mysore die von vielen Pilgern besuchte Stätte Chamundeshwar. Hier wird die Göttin Durga (kämpferische Form von Shivas Frau Parvati) als Chamunda verehrt, die den Büffeldämon Mahishasura tötet, sie ist die Mahishasuramardini, die Büffeltöterin. 14 km nordöstlich von Mysore liegt das alte Pilgerheiligtum Srirangapatnam aus dem 10. Jahrhundert, ein wenig weiter der Vishnu-Tempel Keshava im Dorf Somnathpur, der sich ebenso wie die weiter nördlich gelegenen Tempelkomplexe von Halebid (Hoysaleshvara-Tempel) und Belur (Chennakeshvara-Tempel) durch eine einzigartige Architektur und durch überreichen Bauschmuck (hunderte lebensgroßer Figuren von Göttern und Apsaras, Himmeltänzerinnen) auszeichnet. Viel weiter im Norden liegt bei der Stadt Hospet bzw. dem Dorf Hampi die Tempelruinenstadt Vijayanagar (»Stadt des Sieges«), vom 14. bis 16. Jahrhundert die Hauptstadt des mächtigen südindischen Reiches Vijayanagar. Eine Fülle von Tempeln ist dort nur als archäologische Stätte erhalten, zwei Tempel aber sind weiterhin Ziel vieler Pilger: der Vittala- und der Virupaksha-Tempel (vgl. das Bild auf Seite 153), dessen Name eine Erscheinungsform von Shiva bezeichnet. Hier wie in anderen südindischen Tempeln gibt der Tempelelefant den Pilgern seinen Segen (vgl. das Bild zu Tanjore auf Seite 152). Ganz im Norden Karnatakas sind die Weltkulturerbestätten Badami, Aihole und Pattadakal mit ihren vielen alten Tempeln aus dem 6. bis 12. Jahrhundert weithin touristische Stätten, die für heutige Hindus ohne religiöse Bedeutung sind. Dies ist beim nahegelegenen Mahakuta-Tempel mit seinen fünfzehn Shiva geweihten Tempelgebäuden anders – hier findet sich reges Pilgerleben in den verschiedenen Heiligtümern.

Pilger beten im Meenakshi-Tempel, Madurai, Tamil Nadu, Indien

Nur kurz sei auf die hinduistischen Pilgerorte im weithin buddhistischen *Sri Lanka* hingewiesen. Es gibt dort eine starke Minderheit (ca. 15 %) von hinduistischen Tamilen besonders im Norden und Osten der Insel. In der hinduistischen Mythologie des Epos Ramayana spielt *Lanka* eine besondere Rolle, weil der Dämon Ravanna hierhin Sita, die Frau des Königs Rama (und gleichzeitig des Avatara Vishnus), entführte. Erst mit Hilfe des Affengottes Hanuman gelang die Befreiung Sitas. Im Norden der Insel gibt es in der fast ausschließlich von Tamilen bewohnten Provinz Jaffna etwa 150 Hindutempel; bedeutend sind der in der Stadt Jaffna liegende Nallur Kandaswamy Kovil, der dem Shiva-Sohn Murugan (= Karttikeya) geweiht ist, und das weiter südlich gelegene wichtige Shiva-Heiligtum Thiruketheeswaram. In der Hauptstadt Colombo sind die beiden Tempel Sri Kailasanatha Swami Kovil (ältester Hindutempel in Colombo, Shiva und Ganesha geweiht) und Sri Subrayanirminarayan Kovil. Letzterer ist ebenso wie der im Süden in der Stadt Kataragama liegende Maha Devale dem Kriegsgott Murugan gewidmet, hier neben Karttikeya und Skanda auch Kataragama genannt. Dem Mythos nach wurde nach dem verlorenen Wettlauf gegen seinen Bruder Ganesha der Verlierer Karttikeya von Shiva an diesen Ort verbannt. Bedeutend für Kataragama ist, dass dies nicht nur der wichtigste hinduistische Pilgerort Sri Lankas ist, sondern auch eine rege besuchte buddhistische Pilgerstätte. Ähnliches gilt aber auch für Adams Peak, der von hinduistischen und buddhistischen Pilgern (dazu auch von Christen und Muslimen) erklommen wird (vgl. Seite 38).

Jeder Ort ist heilig – Pilgern auf Bali

Durch von Indien kommende Händler gelangten Hinduismus und Buddhismus bereits im ersten Jahrtausend nach Christus in die indonesische Inselwelt – die großen Reiche Srivijaya auf Sumatra (5.–11. Jahrhundert) und Majapahit auf Java (ab 13. Jahrhundert) waren buddhistisch bzw. hinduistisch geprägt. Allerdings wurde der Hinduismus auf Java mit vielfältigen altjavanischen Glaubensvorstellungen gemischt. In dieser Form kam er auf die kleine Insel Bali, die heute als

Der balinesische Muttertempel Pura Besakih, Bali, Indonesien

einzige Insel der malayischen Inselwelt noch hinduistisch geprägt ist (ca. 2 % der Gesamtbevölkerung Indonesiens). Der Hinduismus dort erscheint gegenüber dem indischen Raum fremd und eigenartig. So verstehen die Balinesen das Göttliche meist als den monotheistischen Gott Ida Sanghyang Widhi Wasa, der mit dem hinduistischen Konzept des *Brahman*, des Alleinen, identisch ist. Dieser höchste Gott, das Absolute schlechthin manifestiert sich allerdings in verschiedener Gestalt, vor allem in der *Trimurti*, dem Dreigesicht der Götter Brahma, Vishnu und Shiva – Shiva ist dabei vorherrschend und hat seinen Sitz auf dem höchsten und heiligsten Berg Balis, dem Vulkan Gunung Agung. Auch das weibliche Prinzip des Göttlichen *(Shakti, Devi)* hat seinen Platz in der balinesischen Götterwelt. Die Reisgöttin Dewi Sri (auch Cili) ist eine Verkörperung von Vishnus Gattin Lakshmi, der Göttin der Schönheit und des Reichtums. Zudem spielen viele andere Götter und Dämonen auf Bali eine Rolle.

Des Weiteren sind die gottesdienstlichen Rituale und die Bauweise der Tempel völlig anders als im südasiatischen Raum. Die Tempel (*Pura* genannt von sanskrit = »befestigte Stadt«) sind keine festen Steingebäude, sondern innerhalb einer Umfriedung ein Ensemble verschiedenster, meist aus Holz errichteter Gebäude, der Zugang erfolgt durch die *Candi Bentar*, die gespaltenen Tore. Die Schreine für die Gottheiten sind als mehrstufige, pagodenförmige Bauten gestaltet, die den Götterberg *Meru* symbolisieren und durch ihre ausladenden Dächer eine einzigartige Wirkung erzielen (vgl. das Bild auf Seite 157). Die Zahl der Stockwerke und Dächer ist immer ungerade von eins bis elf; dies richtet sich nach der Bedeutung der Gottheiten.

Bali ist die religiöse Insel schlechthin; überall gibt es die großen gemeinschaftlichen Tempelanlagen, aber jedes Dorf hat seine Dorftempel (meist drei verschiedene für Vishnu, für den Dorfgründer und dazu den Unterweltstempel). Jede Familie hat ihr Familienheiligtum, auf den Reisfeldern sind Altäre für die Reisgöttin und andere Gottheiten angebracht. Zudem gibt es eine Fülle anderer heiliger Orte.

Dies ist etwa das Quellheiligtum *Tirta Empul*, ca. 15 km nördlich der Kunst- und Handwerkerstadt Ubud. Der alte Gott Indra (in frühen hinduistischen Zeiten der mächtigste Gott, heute ist es Shiva) kämpfte an dieser Stelle gegen den dämonischen König Mayadanawa. Um den König zu überwinden schuf Indra eine Quelle, aus der der Fluss Pakwerisan entsprang und den König wegspülte. Diese Quelle ist heute das Quellheiligtum (wahrscheinlich aus dem Jahr 960), in dem Pilger aus ganz Bali baden, um die heilende Kraft des Göttlichen im sprudelnden Wasser der Quelle zu erfahren. Zwei große Wasserbecken stehen dafür bereit, in die die Gläubigen nach Gebet und vorbereitenden Ritualen steigen. Sie bringen Opfergaben mit: Blumen und Früchte, alles schön dekoriert.

Pilger baden und beten
in der heiligen Quelle Tirta Empul,
Bali, Indonesien

Unter den *Sad Kahyangan*, den sechs *(sad)* wichtigsten Tempel *(kahyangan)* ist der *Pura Besakih* der Muttertempel und zugleich das wichtigste Pilgerziel auf Bali. Er liegt in ca. 900 m Höhe am Hang des 3142 m hohen Vukans Gunung Agung, des heiligen Berges, und wurde im 8. Jahrhundert von einem Hinduheiligen aus Java, Rishi Markandeya, gegründet. Die vielen Merus (pagodenförmige Schreine, vgl. das Bild auf Seite 157) und hunderte anderer Gebäude dieser weitläufigen Tempelanlage sind von unterschiedlichen Königsfamilien errichtet worden. Deshalb sind einzelne Bereiche der Gesamtanlage auch durch zusätzliche Mauern eingefriedet. Der höchste Meru der Anlage ist natürlich dem obersten Gott Ida Sanghyang Widhi Wasa als Trimurti geweiht. Vom Tempelbezirk hat man bei klarem Wetter eine grandiose Aussicht über weite Teile der Insel.

In Besakih wird am Vollmondtag im März das größte Pilger- und Opferfest des balinesischen Hinduismus gefeiert, das *Bharata Turun Kabeh*. Dann ist der Tempelbezirk mit Pilgern überfüllt. Dies steigert sich noch, wenn etwa alle hundert Jahre in Besakih das *Eka Dasa Rudra* gefeiert wird – das »Jahrhundertereignis« des balinesischen Hinduismus, des *Agama Hindu*. Das Fest wird als Reinigungsfest des Universums verstanden, bei dem gegen alle dämonischen Mächte die göttliche Ordnung der Welt wiederhergestellt wird. Eka Dasa Rudra dauert sechs Wochen und während dieser Zeit kommt jeder gläubige Hindu Balis nach Besakih. Das letzte reguläre Fest im Jahr 1963 wurde allerdings überschattet durch einen Ausbruch des Gunung Agung, bei dem viele Pilger den Tod fanden. Um die Weltordnung wiederherzustellen und die dämonische Kraft des verheerenden Vulkanausbruchs zu überwinden, wurde das Fest dann im Jahr 1979 wiederholt.

Die fünf anderen wichtigen Heiligtümer und damit auch die wichtigsten der unzählen Pilgerstätten auf Bali sind:

- der *Pura Luhur Lempuyang*, der, im 11. Jahrhundert gegründet, in der mythischen Kosmologie balinesischen Glaubens der Richtungstempel für den Osten ist und sich über 4 km entlang der Berghänge des Vulkans Gunung Seraya erstreckt;
- ein wenig südlicher, aber ebenfalls im Osten der *Pura Goa Lawah*, die Fledermaushöhle am Beginn eines größeren Höhlensystems, Shiva Maheshwara geweiht, und in der Vorstellung der Balinesen der Todestempel;

- ganz im Süden, an der Spitze der Halbinsel Bukit der *Pura Luhur Ulawata*, der südliche Richtungstempel, dem Shiva Mahakala geweiht, der die Welt ins Verderben führt;
- als westlicher Richtungstempel der *Pura Luhur Batukaru* am Gunung (Vulkan) Batukaru – zusammen mit einem Wasserheiligtum wird hier Mahadewi verehrt, der Gott der Fruchtbarkeit;
- im Zentrum der Insel wenige Kilometer östlich der Stadt Ubud der *Pura Pusering Jagat*, der mythologische Mittelpunkt Balis und für die balinesischen Hindus zugleich der ganzen Welt.

Touristen »pilgern« dagegen eher zum Pura Tanah Lot (»Land inmitten des Meeres«) auf einer winzigen Insel an der Südküste, um dort den herrlichen Sonnenuntergang zu bewundern.

Jeder Ort ist heilig – Pilgern in Nepal

Der Himalayastaat Nepal ist weithin hinduistisch geprägt (ca. 80 % der Bevölkerung). Bis zur Abschaffung der Monarchie im Jahr 2008 war Nepal das letzte Hindu-Königreich der Welt. Mit den großen Göttern Indiens sind in Nepal auch vorhinduistische Gottheiten verschmolzen, sodass sich das Gesicht des Hinduismus in diesem Land anders als in Indien selbst zeigt. Wichtig sind Shiva und Ganesha, aber auch der Schutzgott Nasadyo, der mit dem tanzenden Shiva Nataraja gleichgestellt wird. Auch die Göttinnen Parvati (Gemahlin Shivas) und in ihrer zornvollen Erscheinungsweise Mahishasuramardini, die Büffeltöterin, spielen eine Rolle, ebenso die Schutzgöttin Taleju, eine Erscheinungsweise der Durga, der in Nepal viele Tempel geweiht sind. Außerdem tauchen andere hinduistische Götter und Göttinnen in Nepal auf, oft mit unterschiedlichen Namen und manche nur in Symbolen dargestellt (Vishnu oft nur durch seine Füße *[Vishnupadaka]* bzw. durch seine tierähnlichen Erscheinungsformen angedeutet).

Der wichtigste nepalesischer Tempel ist der nahe der Hauptstadt Kathmandu am Fluss Bagmati gelegene *Pashupatinath-Tempel* (»Herr alles Lebendigen« = Shiva) aus dem 5. Jahrhundert. Die mit zwei goldenen Dächern geschmückte zweistufige Pagode liegt zusammen mit Nebengebäuden oberhalb der Badeghats zum Fluss, die gleichzeitig auch als Verbrennungsort dienen. Im Heiligtum *(cella)* des Tempels ist ein fast zwei Meter hoher und ein Meter breiter Lingam, das Symbol des mächtigen, aber in Nepal als friedlich angesehenen Hauptgottes. Nepalesen zählen diesen Shiva-Lingam zu den Jyotirlingam (vgl. Seite 134ff.). Er ist das Ziel unzähliger Pilger aus Nepal und Nordindien; besonders beim höchsten Shiva-Fest *Shivaratri* Anfang März ist der Tempelbereich überfüllt. Pashupatinath ist auch deshalb von Bedeutung, weil am Fluss unterhalb des Tempels die wichtigsten Leichenverbrennungsstätten in Nepal liegen. Die Asche der Verstorbenen wird danach in den Fluss gestreut.

Außer dem Pashupatinath-Tempel gibt es in Nepal ähnlich wie in Indien eine Fülle weiterer heiliger Pilgerstätten. Von hoher Bedeutung sind vor allem die beiden im Kathmandutal gelegenen und auch als Weltkulturerbe ausgezeichneten Tempel Nyatapola in Bhaktapur, einer tantrischen Version der Göttin Lakshmi geweiht, und der Tempel Narayan (ein anderer Name für Vishnu) im Ort Changu, ein Ort, der auch den buddhistischen Nepalesen heilig ist.

Sadhu-Pilger am Pushupatinath-Tempel, Kathmandu, Nepal

Buddhismus

Das ist die Lehre des Erwachten:
Überwindet auf dem Floß der Lehre
den Strom der Triebe und der Lebensgier.
Gelangt vom diesseitigen Ufer des Leidens zum jenseitigen Ufer
der Leidensbeendung und des Erlöschens im Nirvana.
(Reden des Buddha aus dem Pali-Kanon)

Siddhartha Gautama, der *Buddha* (sanskrit »Der Erleuchtete«) genannt wird, lebte und wirkte etwa im 5. Jahrhundert v. Chr. in Nordindien. Als Sohn eines kleinen Regionalfürsten in Lumbini geboren, wurde Siddhartha von der Frage bewegt, wie das Leid der Menschen beendet werden kann. Die Antworten und Rituale des Hinduismus genügten ihm nicht – wie viele andere junge Männer seiner Zeit verließ er seine Heimatstadt Kapilavasthu und zog in die »Hauslosigkeit«, wie damals der Weg der Asketen und Sadhus in die Zurückgezogenheit genannt wurde. Im Dorf Bodh Gaya (»Ort der Erleuchtung«, damals Uruvela genannt) gelangte er in tiefer Meditation zu den Vier Edlen Wahrheiten von der Leiderfülltheit der Welt, von der Ursache des Leidens (Lebensgier), von der Überwindung des Leidens und dem achtfachen Weg dorthin. Diese Lehre gab Siddhartha, nun der Buddha, in Sarnath, einem Wald (Rishipatana = Wald der Weisen) nördlich der

Buddhismus

Der Buddhismus mit ca. 450 Millionen Anhängern vor allem im südost- und ostasiatischen Raum geht auf die Lehren des Siddhartha Gautama (des Buddha) zurück, aus denen sich drei Richtungen bildeten: Der *Theravada* in Sri Lanka, Myanmar, Thailand, Laos, Kambodscha bewahrte weithin die ursprüngliche Lehre des Buddha, der *Mahayana* in Vietnam, China, Korea und Japan entwickelte ein breites System von Buddhas und Bodhisattvas, der *Vajrayana* im Himalaya verbindet Mahayana mit Elementen der vorbuddhistischen Bön-Religion.

heiligen Stadt Varanasi (vgl. Seite 130) an die ersten Schüler weiter; der buddhistische Mönchsorden wurde so gegründet. Der Buddha zog 45 Jahre lehrend durch Nordindien und starb mit 80 Jahren schließlich in Kushinagara. Nach seinem Tod verbreitete sich durch die Mönche die Lehre über ganz Indien und bald auch nach Sri Lanka und Südostasien. Schon früh teilte sich die ursprüngliche Lehre in die Richtung des Theravada (»Lehre der Älteren«) und die des Mahayana (»Großer Wagen«) auf: Im Theravada muss jeder Gläubige aus eigener Kraft zur Erleuchtung und damit zur Überwindung des Leidenskreislaufes vieler Wiedergeburten kommen; im Mahayana dagegen darf er auf die Hilfe vieler Buddhas und Bodhisattvas (Mitleidswesen) vertrauen. Viel später entstand im Himalayaraum aus der Richtung des Mahayana die dritte buddhistische Richtung: der Vajrayana (Diamantfahrzeug), der sich vom Mahayana nicht durch die Lehre, sondern durch die Methode unterscheidet – Elemente des tantrischen Hinduismus ebenso wie der vorbuddhistischen tibetischen Bön-Religion wurden integriert.

Pilgerinnen im Vorhof des Jingci-Tempels am Westsee, Hangzhou, China

Das Mittlere Land – den Buddha-Weg nachgehen

Im Buddhismus gibt es an vielen Orten aus unterschiedlichen Gründen die Praxis des Pilgerns, doch ist – anders als der Hadsch im Islam – Pilgern im Buddhismus nicht vorgeschrieben. Trotzdem begeben sich viele Buddhisten an die Orte, an denen der historische Buddha gelebt und gewirkt hat (dies ähnelt den christlichen Pilgerfahrten ins Heilige Land, vgl. Seite 62ff., und den hinduistischen Pilgerfahrten nach Ayodhya und Mathura, vgl. Seite 148, also zu den Geburtsorten der Avataras Rama und Krishna). Außerdem gibt es in Theravada, Mahayana und Vajrayana viele weitere heilige Orte, in denen Reliquien des Buddha verehrt werden oder die aus anderen Gründen bedeutsam sind und von Pilgern besucht werden. Die vier grundlegenden Pilgerorte im Mittleren Land haben dabei den höchsten Stellenwert.

Das Gebiet Nordindiens, in dem der Buddha gelebt hat, wird auch Mittleres Land genannt (heute weithin in den Bundesstaaten Uttar Pradesh und Bihar gelegen). Für Buddhisten sind in diesem Gebiet die vier heiligen Orte wichtig, die historisch für Siddhartha Gautama eine Lebenswende bedeuteten und die auch in den späteren Legendenerzählungen zum Leben des Buddha herausgestellt werden:

- *Lumbini* – der Ort seiner Geburt (heute an der Südgrenze Nepals gelegen); der eigentliche Heimatort des Buddha, Kapilavasthu, ist nicht weit entfernt;
- *Bodh Gaya* – der heiligste buddhistische Ort überhaupt, weil hier Siddhartha nach langer Meditation zur Erleuchtung und zur Erkenntnis der Vier Edlen Wahrheiten gelangte;
- *Sarnath* – der Ort der ersten Lehrrede des Buddha und damit nicht nur Gründungsort des buddhistischen Mönchsordens, sondern darüber hinaus der Beginn der buddhistischen Religion: an dieser Stelle drehte sich das »Rad der Lehre« zum ersten Mal;
- *Kushinagara* – der Todesort des Buddha, buddhistisch gesprochen: der Ort seines Eingangs in das Paranirvana, das endgültige Nirvana, das »jen-

Der Geburtsort des Buddha: Ashoka-Säule und Gebetsfahnen, Lumbini, Nepal

seitige Ufer« der Leidfreiheit und Ruhe ohne weitere leidvolle Wiedergeburt.

Zur Zeit des Buddha gab es im sogenannten Mittleren Land um die Flüsse Ganga (Ganges) und Som zwei größere Königreiche: Kosala mit der Hauptstadt Shravasti und Magadha mit der Hauptstadt Rajagriha. Siddhartha Gautamas Vater Shuddhodana Gautama war kein König, wohl aber ein Fürst über ein kleines Gebiet um den Ort *Kapilavastu* im Norden von Kosala. Dies war ein kleines Fürstentum von vielleicht einigen hundert Personen eines kleinen, allerdings mit Erdwall und Steintoren befestigten Ortes und weiteren im Umkreis von wenigen Kilometern liegenden Dörfern – insgesamt eine Einwohnerzahl von einigen tausend Personen. Die meisten Gebäude Kapilavastus waren aus Holz, von ihnen ist nichts erhalten geblieben. Wohl aber wurden die Fundamente eines wahrscheinlich eingeschossigen Steinhauses gefunden – vielleicht das Fürstenhaus, in dem Siddhartha Gautama groß wurde.

Doch nicht Kapilavasthu, sondern *Lumbini* ist der Geburtsort Siddharthas, weil seine Mutter Maya, dem damaligen Brauch gemäß, zur Geburt zu ihren Eltern reisen wollte. Unterwegs jedoch, in einem Salawäldchen, kam der Fürstensohn zur Welt. Heute ist dieser Ort von Tempeln, Pilgerherbergen, einem Bodhibaum und vor allem von einer Steinsäule geprägt, die der indische und zum Buddhismus konvertierte Kaiser Ashoka (304–232 v. Chr.) aufrichten ließ. Darauf ließ er das buddhistische Prinzip der Gewaltlosigkeit als Reichsgesetz verkünden.

Siddhartha Gautama wuchs als Fürstensohn heran, heiratete Yashoda und bekam mit ihr sei-

Der Erleuchtungsort des Buddha:
Mahabodhi-Tempel,
Bodh Gaya, Bihar, Indien

Der Ort der ersten Lehre des Buddha: Stupas in einem Klostergebäude, Sarnath, Uttar Pradesh, Indien

nen Sohn Rahula. Mit 29 Jahren brach er aus Kapilavasthu auf in die Hauslosigkeit und lernte bei verschiedenen Gurus Methoden der Meditation. Doch dies gab ihm keine Antwort darauf, wie das Leid zu überwinden ist. Erst während einer tiefen Meditation nahe des Dorfes Uruvela gelangte er zur Erleuchtung und zur Erkenntnis der Vier Edlen Wahrheiten. Dieser Ort wird heute *Bodh Gaya* (»Erleuchtungsort«) genannt und ist das zentrale Heiligtum sowie der wichtigste Pilgerort des Buddhismus.

An der Meditationsstelle in Bodh Gaya steht ein Ableger des Bodhibaumes (»Erleuchtungsbaum«), unter dem er zum Buddha, dem Erleuchteten, wurde. Im 2. Jahrhundert n. Chr. wurde dort der Mahabodhi-Tempel errichtet – das Erleuchtungskloster mit seinem ca. 55 m hohen, im nordindischen Tempelbaustil errichteten Turm, in dem sich unten in einer kleinen Cella ein Standbild des Buddha in Meditationshaltung befindet. Heute kommen Mönche und Laienpilger aus allen buddhistischen Ländern nach Bodh Gaya. Die buddhistischen Klöster sind nach Ländern geordnet: u.a. gibt es ein japanisches, tibetisches, thailändisches und ein bhutanesisches Kloster, insgesamt umfasst die Anlage 45 Klöster. Auch gibt es eine 25 m hohe, von japanischen Buddhisten finanzierte und 1989 vom Dalai Lama geweihte Sandsteinstatue des Buddha in Meditationshaltung.

Der Buddha hatte in Bodh Gaya zur Erleuchtung gefunden und konnte aus dem Leidenskreislauf ausbrechen. Doch er entschloss sich, die von ihm gefunden Wahrheiten zum Wohle aller Menschen weiterzutragen und begann in *Sarnath* mit der buddhistischen Lehre, die er fünf seiner früheren Meditationsschülern vermittelte. Deshalb ist das abgelegene Sarnath und nicht Bodh Gaya der »Geburtsort des Buddhismus«. Hier begann die buddhistische Gemeinschaft *(sangha)* von Mönchen und Laien – ein Frauenorden kam erst viel später in Vaishali hinzu.

Abseits der Millionenstadt Varanasi ist Sarnath heute ein ruhiger Ort, an den sich viele Pilger, vor allem Mönche, zur Meditation zurückziehen. Am Ort der ersten Predigt des Buddha in Sarnath finden sich heute zwei große Stupas (Damekh und Chaukhandi) und die Grundmauern verschiedener Klöster mit kleineren Stupas, welche die buddhistische Lehre symbolisieren. Wie in Bodh Gaya gibt es auch in Sarnath Tempelanlagen im Stil verschiedener Völker, dazu Pilgerherbergen. Eine Skulpturengruppe zeigt den lehrenden Buddha im Gespräch mit seinen ersten fünf Schülern und erinnert an die Ursprungserzählung dieses buddhistischen Pilgerortes.

Der Sterbeort des Buddha: Mahaparanirvana-Tempel, Kushinagara, Uttar Pradesh, Indien

Der letzte der vier buddhistischen Pilgerorte im Mittleren Land ist *Kushinagara*, der aber vergleichsweise selten von buddhistischen Pilgern besucht wird. Hier – in einem Salawäldchen, wie bei seiner Geburt – starb der Buddha im Alter von 80 Jahren und wurde entsprechend dem Landesbrauch dort auch kremiert. Seine Asche wurde auf zwölf Gefäße aufgeteilt und an verschiedenen Orten im Mittleren Land unter großen Stupas beigesetzt – jeder Stupa (Chedi, Tschörten, Dagoba, Pagode) erinnert somit vorrangig an den Buddha selbst, aber auch an die von ihm verkündete Lehre. In Kushinagara steht am Ort des Eingangs des Buddha in das Paranirvana heute ein Tempel mit Tonnendach (Mahaparanirvana-Tempel) und ein halbkugelförmiger Stupa direkt daneben. Etwas davon entfernt ist ein riesiger, aber ziemlich verfallener Stupa aus Backsteinen, der den Ort der Verbrennung des Buddha markiert. Im Paranirvanatempel liegt ein mehrere Meter langer Buddha, vergoldet und von den Pilgern mit Blumen und Räucherstäbchen geschmückt. Solche liegenden Buddhas finden sich häufig in Tempeln, aber auch im Freien (etwa Ayutthaya, Thailand, oder Gal Vihara, Sri Lanka) und können beträchtliche Dimensionen (30 m und mehr) erreichen. Immer erinnern sie an den Eingang des Buddha ins Nirvana und damit an das Ziel, das für den Lebensweg aller Buddhisten gilt.

Die vier Pilgerorte des Mittleren Landes sind für Buddhisten aller Richtungen von hoher Bedeutung, denn in allen Schulen wird der Buddha aufs Höchste verehrt: Im Theravada ist er der große Lehrer und Wegweiser, im Mahayana kann er wie ein Gott verehrt werden, dem man vertrauensvoll sein Leben in die Hände legt (etwa im Amida-Buddhismus in Japan), im Vajrayana erscheint er in vielfältiger Form – immer aber zum Wohl der Menschen. In diesen unterschiedlichen Richtungen gibt es weitere buddhistische Pilgerorte, die nun dargestellt werden.

Theravada-Buddhismus – den Buddha erinnern

Der Theravada-Buddhismus findet sich heute vor allem in den Ländern Sri Lanka, Myanmar, Thailand, Laos und Kambodscha.

In *Indien* gibt es mit Ausnahme der Exiltibeter in der Himalayaregion (Dharamshala, vgl. Seite 191) nahezu keine Buddhisten mehr. Deshalb sind in unserer Zeit nur die vier genannten Orte Ziele buddhistischer Pilger aus Südost- und Ostasien. Viele weitere Stätten, die im ersten Jahrtausend des Buddhismus in Indien eine erhebliche Bedeutung hatten, spielen heute für Pilger nahezu keine Rolle mehr, sondern sind nur Ruinenstätten (meist Weltkulturerbestätten), die von Touristen besucht werden. Dies gilt für die beiden großen buddhistischen Universitäten Nalanda im Mittleren Land und Taxila (heute in Pakistan nahe Islamabad), für Sanchi bei Bhopal, wo die ältesten steinernen Stupas mit ihrem großartigen Figurenschmuck erhalten geblieben sind, aber auch für die vielen buddhistischen Höhlenklöster und Höhlentempel im Bundesstaat Maharashtra – Ajanta und Ellora nahe Aurangabad sind nur die bekanntesten davon.

In *Sri Lanka* dagegen erinnern vier Stätten an den Buddha und seine Lehre und werden besonders zu den buddhistischen Festen von großen Pilgerscharen besucht: Mihintale, Anuradhapura, Kandy und Kelaniya. Der Ursprung des Buddhismus liegt hier in einem Berggebiet im Norden der Insel: Um das Jahr 250 v. Chr. kam Mahinda, ein Sohn des indischen Kaisers Ashoka (vgl. Seite 165) und buddhistischer Mönch, nach *Mihintale* und traf im dortigen Waldgebiet auf Devanampiya Tissa, den König der in der Nähe gelegenen Stadt Anuradhapura. Mahinda konnte den König zum Buddhismus bekehren. Daran erinnert in jedem Mai das Pilgerfest Poson Puja; die Berge von Mihintale mit ihren großen weißen Dagobas (singhala für Stupa) und kleinen Verehrungsstätten sind dann von weiß gekleideten Pilgern überfüllt.

Historisch ist Mihintale der Ursprung, was die Heiligkeit des Ortes angeht, so sind für die Buddhisten Sri Lankas aber Anuradhapura und Kandy wichtiger. *Anuradhapura* war von ca. 500 v. Chr. bis

Pilger legen an der Stelle Blüten nieder, wo der Buddhismus in Sri Lanka begann, Mihintale, Sri Lanka

1017 n. Chr. Hauptstadt der Insel, viele Palastruinen künden von der großen Zeit des Ortes. Ab dem dritten vorchristlichen Jahrhundert kamen viele Tempel mit ihren bis zu 107 m hohen Dagobas (Ruvanveli Dagoba) hinzu, die bis heute gut erhalten sind und von Pilgern besucht werden. Doch das wichtigste Ziel der auch hier weiß gekleideten Frauen und Männer ist das Maha Vihara (»Großes Kloster«), weil es einen uralten und mit bunten Fahnen geschmückten Bodhibaum beherbergt, der ein Ableger des Bodhibaumes ist, unter dem der Buddha in Bodh Gaya zur Erleuchtung gefunden hat (vgl. Seite 166). Der Legende nach wurde dieser Ableger von Mahindas Schwester, der Nonne Sanghamitta, nach Sri Lanka gebracht.

Im zentral gelegenen *Kandy* dagegen wird ab 1592 eine Körperreliquie des Buddha verehrt, die zuvor in den Hauptstädten Anuradhapura und Polonnaruwa aufbewahrt wurde: Der Sri Dalada Maligawa (Tempel des Heiligen Zahns) hat in seinem innersten Heiligtum, in sieben kostbaren Behältern eingeschlossen, einen Zahn des Buddha, der bei der Verbrennung des Buddha in Kushinagara (vgl. Seite 167) erhalten blieb. Bei der Esala Perahera, der großen zum August-Vollmond stattfindenden Prozession in Kandy, wird dieser Zahn auf dem größten Elefanten des Landes durch die Stadt getragen, begleitet von unzähligen Pilgern.

Eine weitere heilige Stätte ist der Kelaniya Maha Raja Vihara, der große königliche Tempel mit seiner großen weißen Dagoba, einem Bodhibaum und einem Statuenhaus, im kleinen Ort *Kelaniya* bei Colombo. Darin finden sich beeindruckende Wandbilder, welche die Entwicklung des Buddhismus in Sri Lanka erläutern (von Mahinda bis zur Gegenwart), und eine Buddhastatue in Meditationshaltung vor einem Bild des heiligen Berges Kailash. Kelaniya ist an jedem Vollmondtag Ziel vieler Pilger, die im weiträumigen Klosterhof den Predigten der Mönche lauschen. Denn an dieser Stelle soll der Legende nach der Buddha selbst auf einer seiner Reisen nach Lanka in einer Predigt die buddhistische Lehre verkündet haben.

Neben diesen vier Orten gibt es weitere Pilgerorte auf der Insel: z. B. Gal Vihara mit seinen vier aus dem Felsen geschlagenen Buddhastatuen oder der im Süden gelegene Ort Kataragama, der nicht nur hinduistischer Pilgerort ist (vgl. Seite 156), sondern auch buddhistisches Pilgerziel, weil hier der Buddha selbst meditiert haben soll.

In *Myanmar* ist die riesige, fast einhundert Meter hohe und mit Goldplatten überzogene Shwedagon-Pagode (Pagode = Stupa) samt ihren vielen hundert meist gestifteten kleinen Begleitpagoden und Tempeln mit Buddhastatuen das wichtigste Pilgerziel des weithin theravada-buddhistischen Landes. Auf einem Hügel gelegen überragt die Shwedagon die Hauptstadt *Yangoon*, lange Treppenaufgänge führen zum Pagodenplateau. In den vielen kleinen Geschäften dieser Aufgänge versorgen sich die Pilger mit Blumen und Räucherstäbchen, die sie opfern wollen und auch mit Devotionalien, die sie zu Hause an die Shwedagon erinnern sollen. Der Legende nach brachten Kaufleute acht Haare des Buddha nach Myanmar, die heute in einer verborgenen Reliquienkammer der Shwedagon aufbewahrt werden – der die große Pagode umgebende Pagodenwald zeugt von der intensiven Frömmigkeit der buddhistischen Pilger.

Myanmar besitzt an vielen unterschiedlichen Orten eine Fülle von heiligen Orten, die nicht nur von den in den jeweiligen Städten wohnenden Buddhisten besucht werden, sondern auch Pilgerziele sind.

Der Goldene *(shwe)* Tempel *(dagon)* mit acht Haaren des Buddha darin, Shwedagon, Yangoon, Myanmar

Pilger ehren den Buddha durch kühlendes Wasser, Shwedagon, Yangoon, Myanmar

Dies sind die unterschiedlichen Pagoden in Yangoon ebenso wie die in der nördlich gelegenen ehemaligen Königsstadt *Mandalay.* Dort wird besonders der Mahamuni (»Großer Weiser« = Buddha) im gleichnamigen Tempel verehrt, eine vier Meter hohe bronzene Buddhastatue, die von den Pilgern überaus dick (bis zu 25 cm) mit Blattgold überzogen wurde, sodass ihre menschliche Gestalt kaum noch zu erkennen ist. Der Mahamuni soll der Legende nach bereits zu Lebzeiten des Buddha geschaffen worden und deshalb besonders heilig sein. An anderer Stelle in Mandalay liegt der Kuthodaw-Tempel, in dessen weiträumigem Gelände nach dem sechsten buddhistischen Konzil im Jahr 1871 insgesamt 729 kleine tempelförmige Gebäude errichtet wurden. Sie beherbergen jeweils eine Steinplatte, auf der beidseitig Texte in der alten Sprache Pali eingemeißelt sind. Zusammen ergibt dies den gesamten Text des Pali-Kanons aus der Frühzeit des Buddhismus, der die Reden des Buddha, einen Kommentar dazu und Ordensregeln enthält (deshalb Tripitaka, sanskrit »Dreikorb«, genannt). Der Kuthodaw wird deshalb auch als »Steinernes Buch« bezeichnet.

Neben vielen anderen Orten – etwa dem durch ca. 2500 alte Pagoden faszinierenden Plateau von Bagan am Ayeyarwady-Fluss oder den großen Tempeln von Bagu (Kyaikpun-Tempel mit vier 30 m hohen sitzenden Buddhas in den vier Himmelrichtungen) – ist vor allem ein Ort im Südosten des Landes für Pilger von hoher Bedeutung: der *Goldene Fels Kyaiktiyo* im Mon-Staat. Hier liegt ein ca. 6 m hoher, nahezu runder Felsbrocken an der Kante eines Felsmassivs über einem tiefen Abgrund und droht hinunterzufallen. Doch angeblich wird der heute vergoldete Felsen durch ein Haar des Buddha gehalten, das ein Eremit als Reliquie nach Myanmar gebracht hat. Der Goldene Fels ist für viele ein beliebter Pilgerort, mit Lastwagen werden die Gläubigen auf die Höhe gebracht, doch ist dann noch ein längerer Aufstieg zu Fuß nötig. Die Pilger kommen vor allem zum Sonnenuntergang; dann beten Mönche und Eremiten auf der Plattform des Goldenen Felsens, die Frauen legen Blumenopfer vor dem Felsen nieder, die Männer kleben Blattgoldplättchen an den Felsen, um so den Buddha zu verehren.

Im an Thailand grenzenden und von einer Thai sprechenden Bevölkerung bewohnten Shan-Staat (politisch zu Myanmar gehörend) sind die *Pindaya-Höhlen* ebenfalls Pilgerziel. Die Pilger bringen kleine und größere Buddhafiguren aus Holz, Stein, Bronze oder Gold in die Höh-

Pilger und Touristen
im innersten Bereich
des Wat Phra Keo, Bangkok, Thailand

Pilger mit Lotosblüten umrunden
einen goldenen Chedi (Stupa),
Wat Doi Suthep; Chiang Mai, Thailand

len, sodass über die Zeiten hinweg viele tausend Buddhas den heiligen Ort schmücken, die von den Pilgern um Schutz angerufen werden.

In *Thailand* ist der Phra Keo Buddha die am meisten verehrte Statue und zugleich das Nationalheiligtum. Die aus grüner Jade gefertigte, nur 66 cm große sitzende Statue in Meditationshaltung befindet sich seit 1782 im königlichen Tempel Wat Phra Keo in *Bangkok*, unmittelbar neben dem ersten Königspalast der Stadt. Dieser Smaragd-Buddha, wie er in Thailand genannt wird, hat eine lange Geschichte – er soll der Legende nach von den Hindugöttern Vishnu und Indra geschaffen worden sein und wurde dann in Chiang Mai, Chiang Rai und den beiden laotischen Hauptstädten Luang Prabang und Vietianne, am Ende in Ayutthaya in Tempeln ausgestellt und verehrt. Pilger auch von außerhalb Bangkoks kommen zu diesem Zentralheiligtum wie zu anderen Tempeln der Bangkoker Altstadt, etwa zum Tempel des Liegenden Buddha (Wat Chetuphon oder Wat Po) oder zum Golden Mount mit seinem Heiligtum auf der Spitze des Hügels. Heute verknüpft mit buddhistischem Glauben, aber mit älterem animistischen Hintergrund, ist die Verehrung des Stadtgeistes im Lak-Muang-Schrein am gedachten Mittelpunkt der Stadt und des Thai-Reiches nicht weit von Wat Phra Keo entfernt.

Nahe *Chiang Mai*, der zweitgrößten Stadt Thailands im Norden, liegt auf einem ca. 1700 m hohen Berg der Wat (= Tempel) Doi Suthep, ein Bergkloster mit einem großen und vergoldeten Chedi (= Stupa) in der Mitte. Dieser Tempel wurde der Legende nach gegründet, nachdem ein Elefant mit einer auf den Rücken gebundenen Reliquie des Buddha dort haltmachte und nicht mehr weiterging. Zum Tempel führt eine lange Treppe mit Schlangengeländer, über die Pilger aus ganz Thailand zum Kloster hochsteigen, den Chedi im Uhrzeigersinn umwandeln, ihre Gaben niederlegen und den Buddha im Gebet um Hilfe bitten.

Haripunchai war vom 8.–13. Jahrhundert Zentrum eines Reiches der Mon (noch nicht der Thai) in Nordthailand, ca. 20 km südlich von Chiang Mai. Aus dieser Zeit stammen erste Bauten der großen Tempelanlage von Wat Haripunchai in der Stadt *Lamphoon*. Der Wat Phra Maha That Haripunchai (»Tempel der verehrten großen Reliquie in Haripunchai«) stammt in der heutigen Form aus dem 15. Jahrhundert. Der 46 m hohe und vergoldete Phra Maha That Chedi ist der zentrale Verehrungsort des Buddha dieser Tempelanlage und aus dieser Zeit. Doch gibt es im weiten Tempelareal auch ältere Bauten wie einen Ziegelstein-Chedi im Mon-Baustil.

Neben einer Fülle von bedeutenden Tempeln, die immer auch Pilgerorte sind, ist in Mittelthailand in der Stadt Pitsanulok besonders der Wat Phra Si Ratana Mahathat von großer Anziehungskraft. Hier wird in der Haupthalle des Tempels vor allem die Buddhastatue Phra Phutta Chinnarat (»Buddha, Herr des Sieges«) verehrt; nach dem Smaragd-Buddha in Bangkok ist diese Figur das zweitwichtigste Verehrungsobjekt in Thailand, das an den Buddha, seinen Lebensweg und seine Lehre erinnert.

Die alten Thai-Hauptstädte Sukothai und Ayutthaya haben zwar viele, oft auch von Pilgern besuchte Tempel, doch sei hier nur auf den Wat Yai Chai Mongkol etwas außerhalb von Ayutthaya (70 km nördlich von Bangkok) hingewiesen. Der 1357 gegründete Tempel war lange Sitz des buddhistischen Patriarchen von Thailand; sein zentraler Chedi mit 135 ihn umgebenden überlebensgroßen Buddhastatuen wird von vielen Pilgern besucht. Ein neues Phänomen in Thailand ist die Errichtung großer Tempelanlagen durch reiche Geschäftsleute: Die beiden südöstlich von Bangkok gelegenen Anlagen von Sanctuary of Truth (ein 150 m hoher Bau aus Holz, überreich mit geschnitzten Figuren verziert) und von Sukhawadee (chinesisch-kitschiges Ensemble zu Ehren des Mahayana-Bodhisattvas Guanyin) sind Beispiele dafür.

In *Laos* muss vor allem die beschauliche, am Mekong gelegene Stadt *Luang Prabang* als Pilgerziel genannt werden, einer der drei laotischen Königsstädte, von 1353–1560 Hauptstadt des »Reiches der Millionen Elefanten und des Weißen Schirms«. In den vielen Tempeln der 50 000 Einwohner zählenden Stadt leben etwa 3000 Mönche; sie prägen das Straßenbild besonders frühmorgens bei ihrem Bettelgang. Die Stadt *(luang)* ist vor allem wegen ihres Buddhas Phra Bang bekannt, der inzwischen in einem neuen Tempel vor dem alten Königspalast aufbewahrt wird und Nationalheiligtum ist. Von den vielen anderen Tempeln ist vor allem Vat (= Tempel) Xieng Thong hervorzuheben, wohl der schönste Tempel der Stadt in herrlicher Architektur und in überreichem Bauschmuck. Pilgerziel in Luang Prabang ist auch der mitten in der Stadt liegende Hügel Phousi, weil auf ihm bereits in früher Zeit ein animistisches Heiligtum stand, das heute durch den buddhistischen That Chomsi, einen stupaförmigen Reliquienschrein, ersetzt ist.

Aufstieg zur unteren Höhle von Pak Ou oberhalb des Mekong, bei Luang Prabang, Laos

Nicht weit (ca. 25 km) von Luang Prabang und ebenfalls am Mekong liegen die beiden Höhlen von *Pak Ou* (auch Tham Ting) mit ihren tausenden von Pilgern in die Höhlen gestellten

Buddhas (ähnlich den Pindaya-Höhlen in Myanmar). Die meisten der hölzernen, steinernen oder bronzenen Figuren sind in der in Laos häufigen Regenanrufungsmudra dargestellt, einer stehenden Haltung des Buddha mit nach unten hängenden Armen und einem weiten Umhang – diese Mudra erinnert an das Mitgefühl des Buddha, das wie Regen auf die Pilger herabtropfen soll.

Die heutige laotische Hauptstadt *Vientiane* wurde in der Zeit nach 1560 gegründet; nur wenige buddhistische Tempel prägen das Stadtbild und nur wenige Pilger kommen in die Stadt. Diese zieht es vor allem zum Vat That Luang, dessen Stupa die Form einer Bananenblüte hat und von 30 Stupikas (kleinen Stupas) umgeben ist. Der Tempel Vat Ho Phra Keo, in dem früher der Smaragd-Buddha aufbewahrt wurde (heute in Bangkok, vgl. Seite 173), ist dagegen ein Museum und nicht länger ein religiöser Ort. Weit im Süden von Laos ist nahe der Stadt Pakse noch der Tempel Vat Phou zu nennen, ursprünglich ein Hindutempel zu Ehren Shivas. Im 11. Jahrhundert wurde dort von den Khmer (vgl. unten zu Angkor) ein buddhistischer Tempel in ihrem unverwechselbaren Stil gebaut. Zu den Buddhas im Vat Phou kommen heute noch Pilger aus Südlaos und Kambodscha.

In *Kambodscha* gibt es nur wenige buddhistische Pilgerorte, denn in der Blütezeit des Khmer-Reiches (8.–14. Jahrhundert) war das Volk zuerst hinduistisch, dann mahayana-buddhistisch. Deshalb sind in der riesigen Tempelstadt von Angkor die meisten Tempel hinduistisch geprägt, erst ab dem 12. Jahrhundert finden sich Buddha-gesichter auf den Tempeltürmen, doch sind diese – wie beim Zentraltempel Bayon in Angkor Thom – vom Mahayana geprägt und werden von den heutigen Khmer nicht als Pilgerstätte angesehen.

Wohl aber gibt es ca. 40 km nordöstlich von Siem Reap und Angkor den *Phnom* (= Berg) *Kulen*. Hier wurde um 800 das Khmer-Reich gegründet, doch auf dem Berg ist heute ein abseits gelegenes theravada-buddhistisches Heiligtum mit einem großen in Stein gehauenen liegenden Buddha (Buddhas Eingang ins Paranirvana, vgl. zu Kushinagara Seite 167), das mehrheitlich von einheimischen Pilgern besucht wird. 40 km nordwestlich der heutigen Khmer-Hauptstadt Phnom Penh sind die malerisch auf einer Bergkette gelegenen und hoch aufragenden Pagoden von *Udong* ein weiteres Pilgerziel des südostasiatischen Landes. Hier ist auch ein neuer, 55 m hoher, strahlend

Pilger im Bergtempel von Phnom Kulen bei Angkor, Kambodscha

weißer Stupa, der Preah Sakiamoni, der an Siddhartha Gautama aus dem Geschlecht der Shakyamuni erinnert und der zusammen mit den umliegenden Tempeln von Pilgern besucht wird. Ein anderer Pilgerort ist der im 11. Jahrhundert erbaute Wat Nokor in der am Mekong gelegenen Stadt *Kompong Cham* – vom Baustil her eine Mischung aus dem alten Khmerstil Angkors und dem neuen Thaistil der Bangkokzeit. In *Phnom Penh* selbst ist allein der Wat Phnom Don Penh für Pilger wichtig, der auf einem Berg *(phnom)* liegende Tempel der edlen Frau Penh, in den sie vier kleine Buddhas stellte, die sie aus dem Fluss Tonle Sap gerettet hatte.

Mahayana-Buddhismus – die Buddhas verehren

Der Mahayana-Buddhismus ist vor allem in Vietnam, China, Korea und Japan zu finden. In früheren Zeiten erstreckte er sich auch über Südostasien; in den ursprünglich hinduistischen Tempeln von Angkor finden sich dazu ebenso Zeugnisse wie in Borobudur.

Der aus dem 9. Jahrhundert stammende Meditationsberg *Borobudur* auf der indonesischen Insel Java ist eine der beeindruckendsten religiösen Stätten des Buddhismus – kein Tempel, kein Schrein mit Reliquien, kein Naturheiligtum, mit dem sich religiöse Traditionen verbinden, sondern ein genau geplantes Modell eines Meditationsweges in Form eines künstlichen Berges – ein dreidimensionales Mandala. Dabei führt ein mehrere Kilometer langer Weg von unten (der Ebene der irdischen Begierden) über mehrere Terrassen hinauf zur oberen Plattform, die höhere Daseinsweisen symbolisiert, bis hin zum zentralen Stupa, der – ohne Inhalt – die Leere und das Nirvana als Ziel des buddhistischen Erleuchtungs- und Erlösungsweges markiert. Über der untersten Ebene der weltlichen Freuden und Leiden liegt die Ebene des historischen Buddha, Siddhartha Gautama, dessen Lebensweg in 120 großen Reliefs erläutert wird. Darüber befinden sich die typisch mahayana-buddhistischen Bodhisattvas, die dem Gläubigen bei seinem Pilgerweg auf den heiligen Berg behilflich sind. Doch auch diese Hilfewesen muss der Pilger hinter sich lassen, wenn er zum innersten Kern des Mahayana gelangen will: zur Erkenntnis der Leere, zum Nirvana. Heute wird Borobudur auf der muslimisch geprägten Insel Java natürlich hauptsächlich von vielen Touristen besucht, doch es gibt immer noch buddhistische Pilger (etwa aus Japan, China und Korea), die den Weg nach oben als spirituelle Anstrengung verstehen und daraus Kraft für ihr Leben erhoffen. Solches religiöse Bemühen gibt es im kambodschanischen *Angkor* mit seiner Fülle von Tempelanlagen nur in sehr geringem Maß; die heutigen Khmer sind Theravada-Buddhisten und können mit den großen Bodhisattva-Gesichtern etwa des Bayon oder des Ta Som Tempels wenig anfangen.

In *Vietnam* gibt es vor allem im Norden, dem stärker chinesisch geprägten Teil des Landes, eine Reihe meist sehr alter buddhistischer Tempel, die aber nach wie vor – auch unter der sozialistischen Regierung – Ziel vieler Pilger aus den nördlichen Gebieten Vietnams sind. Nur wenige dieser Tempel – wie der Chua Bach Ma (Tempel des Weißen Pferdes) in der Altstadt oder die Tay Ho Pagode am Westsee – befinden sich in Hanoi selbst, meist sind die Tempel außerhalb der Stadt und in Seitentälern der Gebirgslandschaft verborgen. Dies gilt auch für den südlich von Hanoi nahe der mittelgroßen Stadt Thai Binh liegenden Chua Keo, die Chua-Pagode. Der architektonisch äußerst

Säkulares Pilgern:
Junge Indonesier auf Galerie 1,
Borobudur, Java, Indonesien

Pilger beten vor einem Altar
im Chua (Tempel) Keo,
Thai Binh, Vietnam

aufwändig gestaltete Tempel aus dem 12. Jahrhundert ist dem Buddha und dazu einem buddhistischen Mönch geweiht, der im 12. Jahrhundert einen vietnamesischen Kaiser von der Lepra heilte. Chua Keo ist eine der bedeutendsten Tempelanlagen im Delta des Roten Flusses und wird von den Pilgern meist deshalb besucht, weil sie sich wünschen, von irgendeiner Krankheit geheilt zu werden, oder sie für eine Heilung Dank sagen wollen.

Andere bedeutende Tempel und Pilgerziele sind die beiden westlich von Hanoi malerisch in den Bergen liegenden Tempelanlagen der Chua Thay und der Chua Tai-Phuong. Die Chua Thay (Thay-Pagode) aus dem 12. Jahrhundert ist wie viele vietnamesiche Tempel eine Mischung aus buddhistischem Haupttempel mit einer Buddhastatue darin und weiteren Hallen, in denen bedeutende Mönche (hier der Mönch Dao Hanh, ein spiritueller und medizinischer Meister), aber auch die Herrscher des Landes (hier König Ly Than Tong) erinnert und von den Pilgern verehrt werden. In Chua Tai Phuong, der bereits im 8. Jahrhundert erbauten und damit ältesten erhaltenen Pagode

Vietnams, werden uralte Holzfiguren des Buddha und seiner Schüler, der Arhat, zudem des Bodhisattvas der Barmherzigkeit, Avalokiteshvara, aufbewahrt.

Wie viele religiöse Stätten in ganz Ostasien sind auch die Marmorberge südlich der mittelvietnamesischen Hafenstadt Danang heute eine Mischung aus touristischem Betrieb und frommen Verrichtungen der Pilger. Auf Befehl eines Kaisers wurden die großen Höhlen aus Marmorgestein ab 1825 zum Wallfahrtsort, in ihnen sind aus Marmor gehauene Statuen von Buddhas und Bodhisattvas zu finden. Wichtigster Bodhisattva ist auch hier Avalokiteshvara, der in China zur weiblichen Gestalt Guanyin wurde und in Vietnam Quan Am heißt. Quan Am gießt aus einer Vase das Wasser der Barmherzigkeit, damit der Lebensdurst aller Lebewesen gestillt wird und diese so auf den Weg zum Nirvana geführt werden. In dieser weiblichen Gestalt sind hier wie im ganzen Mahayana vorbuddhistische Muttergottheiten und daoistische Göttinnen wie die Meeresgöttin Mazu integriert.

Der Buddha erträgt alles: Pilger, Touristen, Schauspieler und einen Mönch, kaiserliches Ritual vor den Yungang-Grotten, Datong, China

In *China* sind neben einigen bedeutenden Tempeln in den Städten vor allem die außerhalb liegenden Grotten wichtige Pilgerziele. Alle Orte haben nicht nur religiöse Bedeutung für Gläubige, sondern sind für den innerchinesischen Tourismus wie auch für Reisende aus dem Ausland gut vermarktete kulturelle Ziele. Dies wirkt sich oft in einem kaum zu ertragenden Kitsch und einer umfassenden Kommerzialisierung aus, die den ursprünglichen Charakter der eigentlich zum Gebet bzw. zur Meditation dienenden Orte zunehmend verfremdet. Das Gedränge vieler Menschen macht ihren Besuch für den spirituell Suchenden zu einer Herausforderung.

Datong, 400 km westlich von Beijing (Peking), war mehrfach Sitz von Kaiserdynastien. Auf die Zeit der Nördlichen Wei-Kaiser (5. Jahrhundert) gehen die etwa 51 000 Figuren von Buddhas, Bodhisattvas, Arhats und Schutzgottheiten zurück, die in 53 teils offene Höhlen geschlagen wurden – die Yungang-Grotten (Wolkengrat-Grotten), ein Ziel von Pilgern und Kaufleuten an der nördlichen Route der Seidenstraße. Einige Höhlen sind als Tempel gestaltet; zudem befindet sich seit neuester Zeit ein großes Kloster vor dem Grottenkomplex – in Koexistenz mit einem Museum und einem weiten Geschäftsviertel: typisch chinesisch.

Nahe der Kaiserstadt *Luoyang* beherbergen die Longmen-Grotten (Drachentor-Grotten) sogar die unfassbare Zahl von über 100 000 Figuren buddhistischer Gestalten, vom nur wenige Zentimeter großen Miniaturbuddha bis zum 17 m hohen transzendenten (Mahayana-) Buddha Vairocana. Auch diese Grotten und die damals im Umfeld von Luoyang erbauten 1000 buddhistischen Tempel entstammen der Nördlichen Wei, also dem 5. Jahrhundert. In China gibt es eine ganze Reihe weiterer buddhistischer Grottensysteme aus der Blütezeit der Seidenstraße – die Mogao-Grotten bei Dunhuang am Rand der Wüste Taklamakan mit ihren 45 000 m^2 Fresken, die Bing-Ling-Si-Grotten an einem Übergang der Seidenstraße über den Gelben Fluss, die Bezeklik-Grotten in der Autonomen Provinz Xinjiang und andere mehr. Diese Grottenanlagen liegen aber so abgelegen, dass sie heute von Pilgern nicht erreicht werden können.

Die wichtigsten buddhistischen Tempel Chinas sind dagegen in den Städten zu finden. Dies gilt auch für das älteste buddhistische Kloster Chinas, das Bai-Ma-Si (Kloster des Weißen Pferdes), das im Jahr

68 n. Chr. in *Luoyang* entstand. An diese Stelle kamen auf Bitten von Kaiser Mingdi zwei Mönche aus Indien mit buddhistischen Schriften, die von einem Schimmel getragen wurden. Das Pferd weigerte sich weiterzugehen und so ließen die Mönche hier ein Kloster errichten, in dem sie die in Sanskrit geschriebenen Texte ins Chinesische übersetzten – der Beginn des Buddhismus in China. Das Kloster wurde in den folgenden Jahrhunderten immer weiter ausgebaut und erhielt im 12. Jahrhundert eine dreizehnstöckige Pagode als Zentrum, die hoch zum Himmel aufragende »Wolkenkratzerpagode«. In dem von Touristen nur selten besuchten Kloster praktizieren Mönche und Pilger ihre religiösen Rituale. Nahebei, früher in Wäldern versteckt, ist das Shao-Lin-Si am heiligen Berg Songshan (daoistisch, vgl. Seite 223), das Kloster, in dem der indische Mönch und Mystiker Bodhidharma (440–528) nicht nur die Kampfkunst Kung-Fu und damit alle ostasiatischen Kampfsportarten begründete, sondern – viel bedeutsamer – auch den strengen Meditations-Buddhismus Chan (in Korea Seon, in Japan dann verfeinert Zen), einen spirituellen Weg, durch lange Sitzmeditationen zur unmittelbaren Erleuchtung (japanisch Satori) zu gelangen.

Eine vergleichbare Bedeutung wie das Kloster Bai-Ma-Si in Luoyang hat die große Wildganspagode in *Xian*, der ersten Kaiserstadt Chinas, die durch die Tonkriegerarmee weltweit bekannt ist. Die Gründung dieses Klosters geht auf Xuanzang, einen chinesischen Mönch des 7. Jahrhunderts zurück, der für mehrere Jahre nach Indien reiste, von dort ebenfalls viele buddhistische Schriften mitbrachte und dem der Kaiser Taizong zur Übersetzung und Weitergabe dieser Schriften das Kloster bauen ließ – damals außerhalb der Stadtmauern, heute mitten in der Millionenstadt. Das außergewöhnlich große Klostergelände mit mehreren Tempelgebäuden (selbst für daoistische Gottheiten) und den Nebengebäuden für die (früher bis 3000) Mönche wird von einer siebenstöckigen, 73 m hohen Pagode gekrönt. Viele Pilger bevölkern die Hallen und umrunden im Uhrzeigersinn die große Pagode, um so den Schutz des Buddha zu erlangen.

In der Wirtschaftsmetropole *Shanghai* befindet sich der Jadebuddha-Tempel (Yofo Si), der – wie auch die Stadt selbst – nicht auf eine sehr alte Geschichte zurückblicken kann. Erst zu Beginn des 20. Jahrhunderts gegründet, ist der Jadebuddhatempel dennoch heute der am meisten von Gläubigen aus der Stadt und dem Umland besuchte buddhistische Tempel. Er beherbergt zwei Jade-Statuen aus Myanmar, einen sitzenden Buddha in der Bhumisparsamudra, der Geste der Erdberührung als Erinnerung an seine Erleuchtung, und einen liegenden Buddha, der den Eingang ins Paranirvana und damit das Ziel aller Buddhisten symbolisiert. Beide sind herausragend gearbeitet und mit kostbaren Edelsteinen geschmückt. Die Pilger jedoch bleiben meist bereits im großen Vorhof des Tempels, wo sie ihre Räucherstäbchen anzünden, sich mit dem Gesicht zur Tempelhalle verneigen und ihre Gebete sprechen.

In *Beijing* gibt es nur wenige buddhistische Tempel, der vajrayanabuddhistische Lama-Tempel wird zudem meist nur von Touristen besucht. Aber westlich der Hauptstadt liegen in den gebirgigen Wäldern verschiedene bedeutende Klosteranlagen, die Ziel der Pilger sind: der Tanzhe Si (Tempel des Drachenteichs und der wilden Maulbeere), der Biyun Si (Tempel der azurblauen Wolke) und der Wofo Si (Tempel des schlafenden Buddha).

Zum Geburtstag des Buddha schmücken Pilger die Haupthalle des Jogyesa, Seoul, Korea

Ganz im Süden Chinas, auf der Südspitze der Insel *Hainan* liegt der Nanshan Si, der Südbergtempel, eine gewaltige neue Anlage, vor der im Meer eine 108 m hohe Guanyin-Figur aufragt. Dieser in manchem auch kitschig gestaltete Tempel wird von vielen chinesischen Pilgern besucht.

Der Buddhismus erreichte *Korea* ab dem 4. Jahrhundert von China aus. Einige Zeit wurde er von den Herrschern gefördert, in der letzten Königsdynastie, der Joseon, aber unterdrückt. Deshalb findet man heute die meisten bedeutenden Klöster auch in abgelegenen Gebirgstälern fernab der Städte. Nur der 1395 gegründete Jogyesa (Jogye-Tempel) in der südkoreanischen

Hauptstadt *Seoul* ist eine Ausnahme: Er liegt mitten im Gewühl der Innenstadt versteckt zwischen Hochhäusern. Doch ist dieser Tempel der Hauptsitz des koreanischen Jogye-Ordens und Zielpunkt der Lotoslaternenparade anlässlich des Geburtstages des Buddhas im Mai (vgl. Seite 201). In Seoul ist außerdem noch der im 8. Jahrhundert gegründete Bongeunsa südlich des Hanflusses im Stadtteil Gangnam von Bedeutung; andere Tempel, die von vielen Pilgern aus der Stadt Seoul besucht werden, liegen bereits im großen Bukhansan-Nationalpark nördlich von Seoul.

Die anderen bedeutenden koreanisch-buddhistischen Tempel liegen außerhalb der Städte. Ein Hauptziel für Pilger ist dabei der mitten in den Wäldern des Songnisan-Nationalparks gelegene *Beopjusa* aus dem Jahr 533, welcher der Verehrung des zukünftigen Buddhas Maitreya (eigentlich ist er noch ein Bodhisattva) gewidmet ist. Eine 33 m hohe, vergoldete Maitreya-Figur ragt über die uralten hölzernen Tempelhallen und Pagoden auf, sie ist bereits auf dem Weg zum Tempel zu erkennen. Aus der Gründungszeit des Tempels stammt die Palsanjeon, eine mehrstöckige Pagode, die in acht Wandbildern das Leben des historischen Buddha darstellt. Hinter den Tempelanlagen liegt das große Kloster, in dem in Blütezeiten bis zu 3000 Mönche lebten. Heute dagegen gibt es nur wenige Mönche, doch viele Pilger, die auf verschiedenen Wegen durch den Nationalpark den Tempel erreichen.

Buddha Maitreya, Beopjusa, Korea

In einem anderen Nationalpark, dem Seoraksan, im Nordosten Südkoreas gelegen, liegt der 1300 Jahre alte Baekdam-Tempel, der eine hölzerne Statue des Buddha Amitabha, des Buddhas des Unermesslichen Lichtes, beherbergt. Doch die meisten Pilger ziehen von diesem Tempel weiter zum Großen Bud dha, einer bronzenen Kolossalstatue von 17 m Höhe, der im Freien in der Mudra der Erdberührung sitzt. Hier entzünden Pilger und Nationalparkwanderer ihre Kerzen.

Im Umfeld der im südlichen Teil Südkoreas liegenden alten Königsstadt *Gyeongju*, der Hauptstadt des Silla-Reiches, liegen verschiedene Tempel, die von Pilgern besucht werden: Die Seokguram-Grotte, eine künstliche, aus großen Steinblöcken errichtete Höhle mit einem sitzenden Buddha darin, führt die Pilger gleichsam in den »Mutterschoß« zurück, um ihnen abseits der irdischen Welt einen spirituellen Weg zum Nirvana anzubieten. Der Bulguksa aus dem 6. Jahrhundert ist der bedeutendste Tempel der Sillazeit und auch heute noch ein rege besuchtes Pilgerziel. Zwei Steinpagoden (Dabotap und Seokgatap, beide Weltkulturerbe) symbolisieren die buddhistische Lehre und den beständigen Weg des Buddhisten zur Erleuchtung. Der Golgulsa ist ein Meditationskloster in der Linie des Shao-Lin (vgl. Seite 182), in der Pilger Seon, den koreanischen Meditationsbuddhismus, ebenso pflegen können wie die hier entstandene Kampfkunst Sunmodo.

Kulturgeschichtlich von höchster Bedeutung, zudem auch Pilgerziel ist der abseits der Stadt Daegu gelegene *Haeinsa*, der Tempel des Buches: Seit dem Jahr 1398 wird in den Hallen des Tempels, der in Korea das Dharma, die buddhistische Lehre symbolisiert, die *Tripitaka Koreana* aufbewahrt: 81 258 hölzerne Druckplatten auf denen die grundlegenden buddhistischen Schriften in chinesischen Zeichen eingraviert sind. Die Pilger allerdings besichtigen nicht dieses Weltkulturerbe, sondern durchschreiten ein Labyrinth im Hof des Tempels (Symbol des Lebensweges und der Verinnerlichung der buddhistischen Lehre), bevor sie ihre Gaben zum Ur-Buddha Vairocana in der Haupthalle bringen.

Der Buddhismus gelangte aus China über Korea im Jahr 538 nach *Japan*, vermischte sich dort aber mit der älteren animistischen Religion des Shinto (vgl. Seite 228). Die neue Religion gewann bald hohen Einfluss, 607 wurde sie zur Staatsreligion.

Aus dieser Zeit stammt der Horyuji-Tempel in der damaligen Regierungsstadt *Nara*. Einige Holzbauten dieses Tempels wie die Goldene Halle (Kondo) und die fünfstöckige Pagode stammen noch aus dem 7. Jahrhundert und zählen als die ältesten erhaltenen Holzbauten der

Pilger reinigen sich vor dem Tempelbesuch, Horyuji, Nara, Japan

Welt, viele andere Gebäude und Statuen sind aus dem 8. und 9. Jahrhundert. In der Haupthalle sind fünf davon: der historische Buddha Shakyamuni; Manjushri, der Bodhisattva der Weisheit; Samantabhadra, Bodhisattva und Schützer der buddhistischen Lehre; dazu der transzendente Amida-Buddha (Amitabha), der über das Paradies des Westens gebietet und der Medizinbuddha Bhaisajyaguru. Diese fünf im Amida-Buddhismus Japans wichtigsten Gestalten werden von zahlreichen Pilgern besucht, die bereits am Eingangstor des Tempels die Buddhas durch Verneigung begrüßt und sich dann an der Tempelquelle rituell gereinigt haben (ähnlich der Waschung der Muslime vor dem Gebet). Viele Pilger tragen die traditionelle Pilgerkleidung (vgl. Seite 8), doch es kommen auch Gläubige in Alltagskleidung.

Ebenfalls in Nara liegt der *Todaiji*, der nur wenig später als der Horyuji errichtet wurde. In seiner Haupthalle, des größten Holzgebäudes der Welt, ist ein gewaltiger 15 m hoher und 450 Tonnen schwerer Bronzebuddha, der kosmische Urbuddha Vairocana, das Ziel der hier ebenfalls zahlreichen japanischen Pilger. Der Todaiji ist das Zentrum eines Netzes buddhistischer Tempel, die im 8. Jahrhundert über das ganze Land gelegt wurden und die das Kaiserreich unter den Schutz des Buddhas stellten.

Im kulturellen und religiösen Zentrum Japans, *Kyoto* (Kaiserstadt von 784 bis 1868), finden sich über 500 buddhistische Tempel, dazu viele Shintoschreine. Die größte Bedeutung haben dabei der Kiyomizu-dera-Tempel, der beim Saigoku-Pilgerweg (vgl. Seite 197) mit seinen 33 dem Bodhisattva Avalokiteshvara (japanisch Kannon) gewidmeten Tempeln eine wichtige Rolle spielt, und zwei Zen-Tempel: Kenninji, der älteste Zen-Tempel der Stadt aus dem Jahr 1202, und der Ryoangji, der »Tempel des zur Ruhe gekommenen Drachens«, heute das wohl bekannteste und von vielen Zen-Schülern und Pilgern besuchte Kloster des Landes.

Besonders über die zentralen Regionen Kanto (mit Tokio als Mitte) und Kansai (mit Kyoto als Mitte) sind eine Fülle weiterer buddhistischer Pilgerziele verstreut – nur wenige Beispiele: In *Tokio* (alter Name Edo) ist dies vor allem der Sensoji oder Asakusa-Tempel nordöstlich des Zentrums. Bereits 645 wurde dort ein erster Tempel errichtet, der eine Statue der Kannon enthält – Asakusa ist der wichtigste Pilgerort für die buddhistischen Gläubigen im Großraum Tokio. Ein wenig südlicher kommen die Menschen zum Großen Buddha von *Kamakura*, eine 13 m hohe Bronzestatue des transzendenten Buddha Amida. Weiter im Südwesten gibt es gegenüber der Stadt Hiroshima auf der heiligen Insel *Miyajima* nicht nur den bedeutenden Shinto-Schrein Itsukushima (vgl. Seite 229), sondern unmittelbar daneben und auch die buddhistische Tempelhalle Senjōkaku und eine fünfstöckige, rote buddhistische Pagode. In Japan wie in vielen Gebieten Asiens stehen die Religionen nicht ausschließend einander gegenüber, sondern vermischen sich. So besuchen auf Miyajima die Shinto-Pilger auch den buddhistischen Schrein und die buddhistischen Pilger das Shinto-Heiligtum.

Vajrayana-Buddhismus – die Buddhas aufsuchen

Der aus dem Mahayana, aber auch aus anderen religiösen Strömungen, wie dem vorbuddhistischen Bön und dem tantrischen Hinduismus, entstandene Vajrayana-Buddhismus (*Vajra*, tibetisch *Dorje* = rituelles

Gerät, das ursprünglich das Blitzebündel des hinduistischen Gottes Indra und damit göttliche Macht bezeichnete, im Buddhismus aber wie ein strahlender Diamant die Klarheit der Lehre ausdrückt), findet sich vor allem in Tibet und in von Tibet beeinflussten Himalayaregionen wie Ladakh, Zanskar, teilweise Nepal und Bhutan. Hinzu kommen Gebiete nördlich des eigentlichen Tibet (in der chinesischen Provinz Qinghai = Kleintibet) und in der Mongolei.

Zentraler Pilgerort des Vajrayana ist die tibetische Hauptstadt *Lhasa* (tibetisch = »Götterort«), auf ca. 3700 m Höhe am Fluss Tsangpo (= Brahmaputra) gelegen. In der Altstadt Lhasas steht der Jokhang-Tempel, dessen ältester Teil aus dem 7. Jahrhundert stammt. Im Jokhang befindet sich die vergoldete Statue des Jobo Shakyamuni, das im Vajrayana am meisten verehrte Bildnis des historischen Buddha Shakyamuni. Ein Wandelgang im Innern des Tempels, Nangkhor, umrundet das Heiligtum und stellt den innersten der drei großen Pilgerwege dar, die den Jobo umkreisen. Noch in der – heute weithin zerstörten – Altstadt von Lhasa verläuft die zweite Umrundung, der Barkhor; die dritte, Lingkhor genannt, umrundet die ganze Stadt.

Pilger am Eingang des Jokhang-Tempel, Lhasa, Tibet, China

Viele Pilger wandern oft über Monate hinweg zur Heiligen Stadt und umrunden dort das Heiligtum in der Weise, dass sie die drei Umrundungen von außen nach innen durch ständiges Niederwerfen mit ihrer Körperlänge abmessen. Erst nach mehreren Wochen anstrengendster Bemühung erlangen sie den ersehnten Blick auf das Buddhabildnis – dies dürfte, richtig ausgeführt, die anstrengendste Pilgerreise der Welt sein.

Im Umfeld der Stadt Lhasa gibt es einige geschichtlich bedeutende Klöster, die zugleich nach der Zerstörung in der Zeit der Kulturrevolution und dem Wiederaufbau in den letzten Jahren wieder zu Pilgerzielen geworden sind. Dies ist vor allem das Kloster *Ganden* (Kloster des vollkommenen Glücks), eines der drei Hauptklöster des im tibetischen Raum vorherrschenden Mönchsorden der Gelbmützen (Gelug). Der Ordensgründer Tsongkhapa (1357–1419) beschloss 1409 den Bau dieses Komplexes mit Haupttempel und siebzig Nebengebäuden, dem Bodhisattva Maitreya, dem Buddha der Zukunft gewidmet. Bis zur Zerstörung um 1970 lebten im größten tibetischen Kloster bis zu 7500 Mönche, heute sind es nur wenige, doch viele Pilger kommen zu dem 50 km östlich von Lhasa liegenden Heiligtum.

Näher bei Lhasa liegen neben dem heiligen Ort Ganden die beiden anderen Hauptklöster, die man vom Winterpalast des Dalai Lama in Lhasa, dem Potala, bereits in der Ferne erkennen kann. Dies ist zum einen das Kloster *Sera* (»Wildrose«), zum anderen das Kloster *Drebung* (»Reishaufen«). In der zweitgrößten tibetischen Stadt Shigatse (Xigazê) befindet sich das Kloster *Tashilhunpo* (»Berg des ewigen Segens«) mit seinen nun wieder 500 Mönchen. Hier ist der Sitz des Panchen Lamas, einer Inkarnation des Buddha Amitabha und nach dem Dalai Lama, der Inkarnation des Bodhisattva Avalokiteshvara, des Bodhisattva des Mitgefühls, die zweitwichtigste Persönlichkeit des tibetischen Buddhismus. Auch nach Tashilhunpo kommen viele tibetische Pilger. Viel älter als dieses Gelbmützenkloster aus dem Jahr 1447 ist das ebenfalls in Shigatse liegende tausend Jahre alte Kloster *Shalu* der Kagyü-Richtung, einer tantrischen und yogischen Schule des Vajrayana. Das ebenfalls zerstörte Kloster ist inzwischen teilweise wieder aufgebaut, doch nur wenige Pilger kommen hierhin, weil die meisten Tibeter eher zu Gelbmützen-Klöstern gehen.

Der Kailash, der Heilige Berg nicht nur der Hindus, Jain und Bön, sondern auch der Buddhisten, liegt im Westen Tibets (vgl. Seite 39 und 120). Er ist nach dem Jokhang das zweitwichtigste Pilgerziel der Tibeter.

Nördlich des eigentlichen Hochlandes von Tibet liegt das meist von tibetischer Bevölkerung besiedelte Gebiet, das von Tibetern »Kleintibet« genannt wird, offiziell ist dies die chinesische Provinz Qinghai (»Grünes Meer« wegen der weiten Grasflächen des wellenförmigen Berglandes). Hier und in der benachbarten Provinz Gansu liegen zwei wichtige Pilgerstätten des tibetischen Buddhismus: Kumbum und Labrang. *Kumbum*, das »Kloster der 100 000 Bilder des Buddha Maitreya«, ist der Geburtsort von Tsongkhapa, des Gründers der tibetischen Gelug-Schulrichtung, der auch der Dalai Lama angehört. Der Name des Klosters geht auf eine Legende zurück, nach der nach der Geburt des Ordensgründers dort ein Baum gewachsen sei mit unzähligen Bildern Maitreyas und tibetischen Schriftzeichen. Heute ist der Geburtsort durch einen 11 m hohen versilberten Stupa (tibetisch Chörten) gekennzeichnet; am Eingang des Klosters befinden sich weitere acht Chörten, die auf den achtfachen Weg hinweisen, wie ihn der Buddha als Weg zur Erleuchtung gelehrt hat. Kumbum wurde zu einer der bedeutendsten Klosteruniversitäten des Vajrayana, heute leben und studieren dort ca. 600 Mönche.

Erheblich größer ist das Klostergelände von *Labrang* im Gansu-Korridor bei der kleinen Stadt Xiahe. Dieses Kloster wurde erst im 18. Jahrhundert durch die Mongolen gebaut, aber ebenso vom chinesischen Kaiser Kangxi gefördert. Labrang ist eine ummauerte gewaltige Klosterstadt mit Tempeln, Stupas, Mönchsunterkünften und Studiengebäuden für heute etwa 1000 Mönche, früher waren es viele tausend. Wie Kumbum gehört Labrang zu den sechs wichtigsten Klöstern des Vajrayana; in der zentralen Goldenen Halle wird von den aus China und der Mongolei kommenden Pilgern eine 10 m hohe Statue des Buddha Maitreya verehrt, des Buddhas der Zukunft. Das Kloster ist ebenso wie Kumbum von Mönchen geprägt, aber auch von den Pilgern, die weite, manchmal monatelange Wege zurücklegen, um an diesem Heiligen Ort zu beten.

Im Jahr 1959 flüchtete der Dalai Lama aus Lhasa über den Himalaya nach Süden in den Nordwesten Indiens und erhielt dort von der indischen Regierung eine Exilstätte. Daraus ist in den letzten Jahrzehnten der in einer Höhe von 1400–1900 m liegende Ort *Dharamshala* (»Herberge des Dharma«, auch Pilgerherberge) geworden, in dem viele Exiltibeter Zuflucht gefunden haben und der inzwischen Sitz der tibetischen Exilregierung ist. Im Oberen Teil des Ortes, »Little Lhasa« genannt, befindet sich der zentrale Tempel Tekchen Choeling, welcher der Wohn- und Studienort des Dalai Lama und vieler Mönche ist. In diesem und in weiteren Tempeln in und im Umfeld von Dharamshala wird versucht, die tibetische Religion und Kultur in der traditionellen Weise fortzusetzen – etwas, das in Tibet selbst durch zunehmenden Zuzug von Chinesen und durch Unterdrückung des tibetischen Buddhismus kaum noch gelingt. Das Norbulinka-Institut am Rande des Ortes mit seinem wunderschönen Tempel in traditionell-tibetischen Stil und seinen Ausbildungsstätten für tibetisches Kunsthandwerk steht im Dienst dieser Aufgabe. Viele Exiltibeter, die im Nordwesten Indiens (Bundesstaat Himachal Pradesh) an den Südhängen des Himalaya leben, kommen als Pilger in die Klöster Dharamshalas; doch auch viele Buddhisten aus westlichen Ländern halten sich hier für einige Zeit auf – Dharamshala ist ein internationaler Pilgerort mit einer großen spirituellen Ausstrahlung.

Pilgerin mit Gebetsmühle und Gebetskette nahe dem Kloster Labrang, Qinghai, China

Etwa 10 % der Bevölkerung *Nepals* bekennen sich zum Vajrayana, meist leben sie in abgelegenen Dörfern der Berge im Nordosten des Landes. Doch nahe der nepalesischen Hauptstadt Kathmandu gibt es zwei buddhistische Stätten, die Anziehungspunkte für Buddhisten auch von außerhalb des Landes geworden sind und in denen reges Pil-

Von Pilgern aufgestellt Lichter,
Thekchen Choeling – der Tempel des Dalai Lama,
Dharamshala, Himachal Pradesh, Indien

gerleben herrscht: *Svayambunath*, westlich von Kathmandu, ist dem Bodhisattva der Weisheit, Manjushri, geweiht, auf den nicht nur der später an dieser Stelle errichtete Tempel zurückgeht, sondern auch die Stadt Kathmandu selbst. Die älteste buddhistische Stätte Nepals aber ist der Stupa von *Bodnath*, dessen Ursprung wahrscheinlich im 6. Jahrhundert (und damit vor der buddhistischen Missionierung Tibets) liegt. Dieser immer wieder neu und größer erbaute Stupa ist heute 36 m hoch. Über der Halbkugel erhebt sich ein quadratischer Aufbau, von dem aus Augenpaare in alle Himmelsrichtungen schauen – die Botschaft und Lehre des Buddha geht in alle Richtungen, in die ganze Welt.

Die Bevölkerung des kleinen, am Südostabhang des Himalaya gelegenen Landes *Bhutan* (nur 1 Million Einwohner) bekennen sich mit Ausnahme einer hinduistischen Minderheit im Süden zum Vajrayana-Buddhismus, aber dies geschieht in einer ganz eigenen Art. Zentrale Orte im Land sind die Dzongs, Klosterburgen, die aber nicht nur Tempel und Kloster sind, sondern auch Verwaltungszentrum der einzelnen Regionen und Schule für die Kinder der Umgebung, zudem

Ausbildungsstätte und Hochschule für die Mönche, Druckerei für die heiligen Schriften und anderes mehr. Oft sind diese Dzongs weit abgelegen und werden in unserer Zeit erst allmählich durch Straßen zugänglich. Entsprechend kommen zu diesen spirituellen Zentren nur die Pilger der Umgebung, um im innersten Heiligtum eines Dzongs die verschiedenen Buddhas und Bodhisattvas, dazu den indischen Mystiker Padmasambhava zu verehren, auf den die buddhistische Missionierung des Landes im 8. Jahrhundert zurückgeht.

Wichtige Dzongs und damit auch Ziele für die aus der jeweiligen Region kommenden Pilger sind vor allem die drei Hauptklöster: Der *Punakha-Dzong*, 70 km östlich der Hauptstadt Thimphu ist eine langgestreckte Klosterburg auf einer Halbinsel am Zusammenfluss zweier Gebirgsflüsse an strategisch wichtiger Stelle. Es stammt vom Beginn des 17. Jahrhunderts, als der Gründer des ersten gesamtbhutanesischen Reiches, der tibetische Mönch Ngawang Namgyel, sich gegen die vielen nur über kleine Gebiete herrschenden Lokalfürsten durchsetzte. Hier war in der Folge der Regierungs- und Königssitz, aber auch der Sitz des Patriarchen der bhutanesischen Drukpa-Kagyü-Schulrichtung und der Ort der größten Bildungsstätte des Landes; erst 1952 wechselten König, Regierung und Patriarch nach Thimphu. Namgyel wurde nicht kremiert, sondern einbalsamiert, sein Leichnam im Punakha Dzong aufbewahrt – dies ist bis heute der nationale Pilgerort. Südlich von Punakha liegt der ebenfalls von Namgyel gegründete *Wangdiphodrang-Dzong*. Er ist bekannt für die kultischen Tänze der dortigen Mönche, die mit bunten Gewändern und Masken den Kampf der buddhistischen Lehre gegen die dämonischen Kräfte (= die vorbuddhistische Bön-Religion) rituell nachspielen – beim Tanz der Schwarzhüte etwa setzt sich der Mystiker Padmasambhava gegen die Bönpriester und ihren bösen König Lang Darma durch. Das dritte Kloster ist der festungsähnlich ausgebaute *Paro-Dzong* im Westen des Landes oberhalb des Paroflusses gelegen und ebenfalls aus der ersten Hälfte des 17. Jahrhunderts stammend.

Weiter flussaufwärts liegt im Parotal ein ungewöhnlicher und deshalb auch nur selten besuchter Pilgerort – *Taksang*, das Kloster Tigernest: Vor einer kleinen Höhle ist ein Klostergebäude an die steile Felswand geklebt, 700 m über dem Talboden in 3100 m Höhe, nur durch einen langen und mühsamen Aufstieg zu erreichen. Der Legende nach soll Padmasambhava im 8. Jahrhundert auf einem Tiger in diese Höhle geflogen sein, dort meditiert und sich danach zur Missionierung Bhutans entschlossen haben. Heute leben in dem kleinen Kloster nur eine Handvoll Mönche, doch wenn sie bei ihren Ritualen ihre alphornähnlichen Posaunen blasen, erklingt deren dumpfer Laut durch das ganze Parotal.

Das letzte vajrayanabuddhistische Gebiet ist die abgeschlossen gelegene Region von *Ladakh* und *Zanskar* im Nordwesten Indiens. Während es im gering besiedelten Zanskar nur wenige kleine Klöster gibt, die ausschließlich von der örtlichen Bevölkerung besucht werden, treffen die großen Klosteranlagen in Ladakh auf das Interesse von Pilgern aus dem ganzen tibetisch-buddhistischen Raum. Wiederum gibt es nahe der Hauptstadt Leh eine »Trinität« der bedeutendsten Klöster der Region: Hemis, Shey und Tikse. *Hemis*, nur 20 km von Leh entfernt, ist das größte dieser Klöster. Es ist wie die Dzongs in Bhutan für die rituellen Tänze der Mönche bekannt, zu denen bei den jährlichen Klosterfesten tausende Pilger (und inzwischen auch viele Touristen) kommen. *Tikse* liegt malerisch auf einer Bergspitze; in seinen verschiedenen Tempelhallen (Lhakhang, Dukhang und andere) sind im nur von Butterlichtern erhellten fensterlosen Raum die vielen Bronzestatuen von Buddhas, Bodhisattvas und Schutzgottheiten (meist »buddhistisch getauften« ehemaligen Bön-Gottheiten), dazu die Seidenbilder (Thangkas) und bunten Wimpeln und Fahnen kaum zu erkennen. Die Klostergebäude von *Shey* sind oberhalb eines Felsrelief der fünf transzendenten Buddhas aus dem 10. Jahrhundert gebaut – hier wird die Lehre des Mahayana (und damit des Vajrayana) in einem konzentrierten Bild dargestellt. Die Haupthalle des Tempels dagegen birgt einen 8 m hohen historischen Buddha Shakyamuni aus vergoldetem Kupfer.

Der Weg zur Erleuchtung – Pilgerwege in Japan

In Japan gibt es neben den großen Tempelanlagen, zu denen die Pilger strömen (vgl. Seite 185ff.), einige genau bezeichnete Pilgerwege, bei denen die Pilger die Gesamtstrecke oder einzelne Etappen zu verschiedenen Tempeln zurücklegen – vergleichbar den europäischen Jakobswegen.

Die beiden größten dieser Pilgerwege, vor allem im Frühjahr zur Kirschblütenzeit und im Herbst zur Laubfärbung stark frequentiert, sind der Shikoku-Pilgerweg auf der gleichnamigen Insel und der Saigoku-Pilgerweg, der in einem weiten Rund um Kyoto, das spirituelle Zentrum Japans, führt. Bei beiden Wegen muss der Fußpilger mehr als 1200 km zurücklegen, man kann aber auch Autos oder Pilgerbusse für längere Streckenabschnitte benutzen.

Nur der Islam kennt bei dem Hadsch eine ähnliche Ritualisierung und so genaue Vorschriften zum Ablauf des Pilgerns wie der japanische Buddhismus, besonders in seiner esoterischen Shingon-Richtung. Schon die Kleidung der Pilger ist exakt vorgeschrieben und daran sind die Pilger selbst in Großstädten wie Kyoto, Nara oder Matsuyama auf der Insel Shikoku zu erkennen – hier die Anforderungen des Shikoku-Weges: Die Minimal-Pilgerkleidung besteht aus einer weißen Jacke und dem Pilgerstab, aber die meisten Pilger sind

Henro (Pilger) im 27. Tempel des Shikoku-Pilgerweges, Kōnomineji, Kōchi, Japan

ganz in Weiß gekleidet; in Ostasien ist dies die Farbe der Trauer – der Pilger scheidet von der Welt, um in eine jenseitige einzutreten; erst nach Abschluss der Pilgerfahrt spielt die Welt durch die dann wieder angelegten farbigen Kleider erneut eine Rolle. Beim Shikoku-Weg steht in schwarzen Kanji-Zeichen auf dem Rücken »Namu Daishi Henjo Kongō« – eine Anrufung des Kukai, auch Kobo Daishi genannt, des Mönches, auf den dieser Pilgerweg zurückgeht. Der breite Pilgerhut ist kegelförmig und dient als Schutz vor Regen wie Sonne; auf ihm steht »Dōgyō Ninin« (»zusammen gehen«, d.h. Kukai begleitet den Pilger auf dem Weg). Der hölzerne Pilgerstab, oben mit buntem Stoff umwickelt und mit einem Glöckchen versehen, symbolisiert den begleitenden Kukai: Der Pilger ist auf den einsamen Wegen rund um die Insel Shikoku nie allein (ähnlich symbolisiert der Pilgerstab auf dem Jakobsweg die Begleitung des Apostel Jakobus). Um die Hand des Pilgers ist eine Gebetskette gewickelt, meist hat er zudem eine Glocke, die er am Eingang der Tempel erklingen lässt. Oft trägt er eine farbige Stola um den Hals, auf der wieder die Anrufung Kukais steht, dazu ein Hinweis auf die 88 Tempel des Weges. In der Pilgertasche hat der Gläubige weiße Kerzen und Räucherstäbchen: In der den Buddhas oder Bodhisattvas gewidmeten Haupthalle jedes Tempels stellt er welche davon auf, zudem auch in den Nebenhallen, die Kukai geweiht sind. Außerdem ist in der Pilgertasche das Pilgerbuch, in das – vergleichbar dem Büchlein des Jakobsweges – in jedem Tempel eine Kalligrafie des jeweiligen Tempels gestempelt wird. Manche Pilger lassen sich solche Stempel auch auf den Rücken ihres weißen Gewandes drücken. Als letztes trägt der Pilger in der Tasche eine Fülle von Osamefudas mit sich, weiße Zettel, auf die er Bitten schreibt, die er in den Tempeln hinterlässt, oder auf die er gute Wünschen für die Leute formuliert, die ihm auf der Reise helfen.

So ausgestattet kann der Pilger seine Wanderung (oder auch Fahrrad-, Motorrad-, Auto- oder Busfahrt) antreten. Beim *Shikoku-Weg* sind 88 Tempel zu erreichen, welche die Küstenseiten der Insel im Uhrzeigersinn umrunden. Dieser Pilgerweg (japanisch *junrei*) geht auf den Gründer der Shingon-Schule zurück, Kukai (774–835), wegen seines esoterischen und mystischen Buddhismus mit dem Ehrentitel Kobo Daishi (»Meer der Leere«) bezeichnet. Seine religiöse Ausbildung erhielt er im China der Tang-Dynastie und brachte danach das in chinesischen Zeichen nur eine Seite umfassende *Herzsutra* mit nach Japan. Dieses Sutra wird von den Pilgern in der Haupthalle eines jeden Tempels rezitiert, es schließt mit den Worten: »Geht, geht zusammen weiter, bis an die Ufer des *satori* (plötzliche Erleuchtung, Erwachen)«. Doch vor der Rezitation hat sich der Pilger am Eingangstor des Tempels verneigt, am Brunnen oder der Quelle seine Hände rituell gereinigt (= äußere Reinheit) und seinen Mund ausgespült (= innere, spirituelle Reinheit), den Tempelgong angeschlagen, eine weiße Kerze und drei Räucherstäbchen (für den Buddha, die buddhistische Lehre [Dharma] und die buddhistische Gemeinschaft [Sangha]) angezündet und einige Münzen als Opfer gespendet. Nach der Haupthalle wiederholt der Pilger diese Riten in der Kobo Daishi geweihten Nebenhalle und holt sich danach im Kalligrafiebüro des Tempels vom Mönch oder der Nonne den Tempelstempel für sein Pilgerbuch ab.

Die Zahl 88 des Shikoku-Weges wird verschieden interpretiert: Es können die 88 weltlichen Leidenschaften gemeint sein, die der Mensch auf Erden überwinden muss, um zu Satori zu kommen. Es können auch die 88 Tempel und weitere 20 Nebentempel (Bangai genannt) der Insel gemeint sein – so ergibt sich auf dem langen Pilgerweg die sowohl im Hinduismus als auch im Buddhismus heilige Zahl 108.

Neben dem Shikoku-Pilgerweg auf der Insel Shikoku gibt es den etwa gleich langen *Saigoku-Pilgerweg*, der in einem weiten Bogen um die Stadt Kyoto führt und mit dem Kiyomizu-dera (vgl. Seite 187) und zwei weiteren Tempeln auch die Stadt selbst erreicht. Auf diesem Weg sind 33 Tempel zu erreichen, die alle dem Bodhisattva der Barmherzigkeit gewidmet sind: Ava-

Saigoku-Pilgerweg: Pilger schöpfen Wasser aus den drei Quellen, Kiyomizu-dera (Tempel), Kyoto, Japan

lokiteshvara (tibetisch), Guanyin (chinesisch), Kannon (japanisch). In verschiedenen Inkarnationsformen, etwa als Gestalt mit tausend Händen, um allen Notleidenden beizustehen, aber auch in tierischer Gestalt als rettendes Pferd, ist Kannon zur Hilfe bereit. Der Pilger verbindet sich auf diesem Weg mit dem Bodhisattva und wird dadurch selbst bereit, den buddhistischen Glauben vertieft anzunehmen und zu einem entsprechenden Verhalten des Mitgefühls allen Lebewesen gegenüber zu gelangen.

Mit dem Shikoku-Pilgerweg wird als Abschluss oft ein Abstecher auf die japanische Hauptinsel Honshu gemacht – zur heiligen Bergregion des *Koyasan*. Kukai gründet hier die Shongon-Shu (»Schule des wahren Wortes«) und ermunterte seine Mönche, mit mystischen Methoden (Mantras, Mudras ...) zur Identifizierung mit dem Ur-Buddha Vairocana zu gelangen und damit auch zur Buddhaschaft. Heute kommen viele Pilger zu den unterschiedlichen Klöstern des Heiligen Berges. Zwischen den Klosteranlagen liegt der in einer geheimnisvollen Waldlandschaft geborgene Waldfriedhof *Okunoin* mit seinen über 300 000 Gedenksteinen für bedeutende japanische Persönlichkeiten – auch dieser Friedhof ist ein Pilgerziel: Papierlaternen werden dort als Symbol der Erleuchtung und der Buddhaschaft aufgehängt, rituelle Waschungen mit heiligem Wasser vollenden den Pilgerweg.

Der Weg auf den Berg – heilige Berge in China

Heilige Berge (vgl. Seite 38f.) gehen auf die Vorstellung eines Weltenberges (buddhistisch *Meru*) zurück, einer Achse zwischen Himmel und Erde, zwischen dem Absoluten, Göttlichen und den Menschen. Auf dem Berg ist man dem Himmel näher – das ist die Erfahrung aller Religionen, deshalb finden sich auf vielen Bergspitzen heilige Orte, Tempel, Gipfelkreuze, Gebetsfahnen und anderes mehr.

In China gibt es neben den fünf Heiligen Bergen des Daoismus (vgl. Seite 218ff.) vier Heilige Berge des Buddhismus Jiuhua-Shan, Emei-Shan, Wutai-Shan, Putuo-Shan. Sowohl die daoistischen wie die buddhistischen Heiligen Berge sind bis heute bedeutende Pilgerziele und ziehen eine große Zahl von Gläubigen (und natürlich auch Touristen) an. Diese Bedeutung der Berge ist im chinesischen Denken so verwurzelt, dass das Wort für Pilgern bedeutet: einen heiligen Berg (shengshan) verehren. Die vier buddhistischen Berge werden nach der chinesischen Alchemie mit Eisen, Kupfer, Silber und Gold verbunden. Doch den Pilgern ist die Zuordnung von Bodhisattvas wichtiger: Jiuhua-Shan = Ksitigarbha (japanisch Jizo, der Retter der Toten und Beschützer der Kinder); Emei-Shan = Samantabhadra (der allumfassend Gütige); Wutai-Shan = Manjushri (der Schützer der Weisheit) und Putuo-Shan = Guanyin (die Barmherzige).

Die vier buddhistischen heiligen Berge in China:
- (unten) Jiuhua-Shan, Unterer Tempel; (rechts von oben:)
- Emei-Shan, Bao Guo Tempel;
- Wutais-Shan, Haupttempel
- Eine chinesische Nonne auf einer Treppe am Putuo-Shan

- Der *Jiuhua-Shan* (Jiuhua-Gebirge) mit seiner faszinierenden Landschaft liegt in der Binnenprovinz Anhui in der Nähe des berühmten Gebirgsmassivs der »Gelben Berge«. Auf den verschiedenen Gipfeln des Jiuhua und teilweise auch an den Flanken der Felswände befinden sich neun buddhistische Tempel, die das Ziel der Pilger sind. Hier beten sie zum Bodhisattva Ksitigarbha um Verschonung vor Höllenstrafen und eine gute Wiedergeburt.
- Der *Emei-Shan* (»Augenbrauenberg«) in der Provinz Sichuan ist ein länglicher Gebirgszug mit bis zu 3100 m Höhe im Westen des chinesischen Kernlandes. Bis zur Kulturrevolution gab es hier etwa hundert Tempel, heute leben Mönche in etwa zwanzig renovierten Anlagen; bekanntester ist der Goldgipfeltempel auf dem Hauptgipfel der Kette. Der Bodhisattva Samantabhadra soll auf einem weißen Elefanten dorthin geflogen sein, deshalb befindet sich im ältesten der Emei-Shan-Tempel (9. Jahrhundert) eine 9 m hohe Statue des Bodhisattva mit seinem Elefanten. Das Reittier wird von den Pilgern gestreichelt, denn Samantabhadra steht für die göttliche Güte, deren man sich für sein Leben versichern will.
- Der *Wutai-Shan* (»Fünf-Terrassen-Berg«, wegen seiner fünf Gipfel auch »Fünf-Finger-Berg« genannt) liegt in der Provinz Shanxi im Norden nahe der Stadt Taihuai und ist mit seinem über 3000 m hohen Hauptgipfel der wichtigste der vier buddhistischen Berge und das Hauptziel der buddhistischen Pilger in China neben den Grotten (vgl. Seite 181) und den Stadttempeln (vgl. Seite 182f.). Selbst chinesische Kaiser haben den buddhistischen Berg bestiegen und die uralten Tempel dort als Pilger besucht. Der Berg ist dem Bodhisattva der Weisheit, Manjushri (chinesisch Wenshu), geweiht; er gilt als der Verbreiter und Schützer der buddhistischen Lehre in China. Manjushri erscheint in verschiedenen Manifestationen auf den fünf Gipfeln: als jugendlicher Held, als strahlender Herr über das Wissen, als Weiser, als Löwe der Lehrrede, als unantastbarer und vollkommener Lehrer.
- Der *Putuo-Shan* ist kein Gebirge, sondern eine felsige Insel, ca. 100 km südöstlich von Shanghai in der Provinz Zhejiang. Hier wird der zusammen mit Manjushri wichtigste Bodhisattva verehrt: Guanyin (tibetisch Avalokiteshvara) – Weisheit (Manjushri) und Barmherzigkeit (Guanyin) verbinden sich in der buddhistischen

Lehre. Der Name Putuo-Shan geht auf den Potala zurück (vgl. den Berg in der tibetischen Stadt Lhasa, auf dem der gewaltige Winterpalast »Potala« des Dalai Lama erbaut ist) – dies ist der Sitz dieses Bodhisattva des Mitgefühl. Auf der Insel sind etwa zwanzig Tempel, dazu eine 20 m hohe Statue der Guanyin; die heiligen Stätten dort gehen bis auf das 9. Jahrhundert zurück.

Lotoslaternenparade – den Buddha feiern

Die wohl größte, schönste und farbenprächtigste Pilgerfahrt im buddhistischen Raum ist die im Ausland, selbst in den meisten buddhistischen Ländern nahezu unbekannte Lotoslaternenparade in der südkoreanischen Hauptstadt Seoul, die entsprechend dem Mondkalender Ende April/Anfang Mai stattfindet. Bereits Tage vor der Parade werden in den buddhistischen Tempeln nicht nur in der Hauptstadt, sondern im ganzen Land Millionen bunter Laternen aufgehängt. In der Hauptstadt sind die großen Straßen in der Nähe des Jogye-Tempels (Jogyesa, vgl. Seite 183) ebenso wie der künstlich angelegte Fluss im Zentrum, der Cheonggyecheon, mit ebensolchen Laternen geschmückt. Die Laternen tragen unterschiedliche Motive, meist ist es der kleine Buddha, von Koreanern liebevoll »Babybuddha« genannt. Oft sind es buddhistische Symbole: die Lotosblüte (Symbol der Reinheit der buddhistischen Lehre, weil sich die Blüte strahlend über schlammiges Wasser erhebt), die Pagode (Symbol der buddhistischen Lehre, aber auch

St.-Martin auf buddhistisch: Lotoslaternenparade, Seoul, Korea

des Weltenberges Meru), die Swastika (in Asien Symbol des Sonnenlaufes und damit des Kreislaufes von Wiedergeburten, aber auch Glückssymbol), der Drache (Zeichen einer hilfreichen Macht, deshalb im Buddhismus als Beschützer verstanden), kleine Mönche (Symbol für die Sangha, die buddhistische Gemeinschaft) und anderes mehr. Manche Laternen haben eigene Formen, sind als Trommeln oder Glocke gestaltet, als Bettelschale buddhistischer Mönche oder als heiliges Buch. Hinzu kommen Laternen, die eher kitschig wirken, wie japanischen Manga-Comics entnommen.

Das zweitägige Fest der Lotoslaternenparade rund um den Jogyesa geht auf die Geburtslegende des Siddhartha Gautama zurück, der später durch seine Erleuchtung zum Buddha wurde. Er wurde in Lumbini geboren (vgl. Seite 164), die Legende erzählt dieses Ereignis in breit ausgeschmückter Weise: Das Buddhakind trat strahlend aus der rechten Hüfte seiner Mutter Maya heraus, ohne ihr die Schmerzen zu bereiten, die Gebärende sonst haben. Die Götter schwebten aus dem Tushita-Himmel herab und streuten Blumen vor den Knaben, um ihn zu ehren. Er, der Strahlen aussandte wie die Sonne, war sich bewusst, dass er der Welt überlegen sei. Mit wachem Geist und mit dem Blick eines Löwen wollte er dies ausdrücken und machte in jede der vier Himmelsrichtungen sieben weite Schritte. Wohin er seinen Fuß setzte, dort sprossen sofort Lotosblüten und neigten sich vor dem Erhabenen. Er aber sprach, mit einer Stimme, dem Löwenruf vergleichbar: »Ich bin der Erste in der Welt. Ich bin der Höchste in der Welt. Dies ist meine letzte Geburt. Beenden werde ich das Leiden von Geburt, Alter, Krankheit und Tod.«

Vielerorts wird der Buddha – der Legende entsprechend – als Buddhakind dargestellt, das über sieben Lotosblüten schreitet und als Zeichen seiner kosmischen Macht einen Arm zum Himmel, den anderen zur Erde zeigen lässt (vgl. eine ähnliche Haltung beim Tanz der Mevlana-Derwische in Konya, Seite 115). Das Ganze wirkt ein wenig wie das Christkind auf buddhistisch, nur pathetischer.

Aus dem Gedenken und der Feier von Buddhas Geburtstag ist vor 1200 Jahren in der zweiten Periode der Silla-Dynastie (649–935, Vereinigte Silla) das *Yeon Deung Hoe* Fest entstanden, aus dem sich die heutige Lotoslaternenparade entwickelt hat, ein Ereignis, das von Koreanern als nationaler Kulturschatz angesehen und geschützt wird.

Die leuchtenden Laternen in der Nacht des Umzuges greifen das allen Religionen gemeinsame Symbol des Lichtes auf – an dieser Stelle ein Verweis auf die Erleuchtung durch die buddhistische Lehre. Beim Festzug am Samstagabend über eine 6 km lange Einfallsstraße gehen etwa 50 000 Laternenträger mit – ein Vielfaches etwa der Rosenmontagsumzüge zu Karneval in Deutschland. Die Atmosphäre ist fröhlich und fromm zugleich, es ist ein religiöses, kein touristisches Ereignis. Zwischen den vielen Fuß- und Musikgruppen, die aus ganz Südkorea nach Seoul kommen, werden große Motivwagen mit Bezug zum Buddhismus gezogen: der Buddha auf einem Löwen etwa (denn seine Lehre erschallt wie der Ruf eines Löwen durch die Welt, so ein Gleichnis des Buddha) oder die vier Tempelinstrumente Glocke, Trommel, Fisch, Klangstein (Ausbreitung der Lehre an Menschen, Landtiere, Fische und Vögel). Am Sonntag ist vor dem Jogyesa ein großes Fest, am Sonntagabend dann eine zweite, kleinere Prozession, die dem Frieden der Welt gewidmet ist und in einen festlichen Abschluss mündet.

Der Buddha auf dem Löwen – 5 m hoher Festwagen der Lotoslaternenparade, Seoul, Korea

Andere Religionen

Wir sind Pilger,
die auf verschiedenen Wegen
auf einen gemeinsamen Treffpunkt zuwandern.
(Antoine de Saint-Exupéry, Brief an einen Ausgelieferten)

Die vielen Religionen der Welt und der Menschheitsgeschichte gleichen einem üppigen Wald, einem *Urwald* mit unüberschaubarem Dickicht. Einige hohe Bäume ragen heraus und sind für alle sichtbar – die Weltreligionen. Andere Bäume sind eher verborgen, klein und unscheinbar. Viele sind auch in ihrem Wurzelwerk miteinander verwoben, stehen mit ihren Ästen und Blättern in Berührung. Alle aber streben von der Erde zum Himmel. Dies ist ein Bild dafür, dass alle Religionen das gleiche Ziel haben: Menschen und das Absolute (gleich wie sie es nennen) zu verbinden – in vielen Gestalten, in vielen Ausdrucksformen, im bunten Reigen religiösen Tuns, in der vielfältigen Bilderwelt religiösen Sprechens und religiöser Symbole.

Die Religionen sind wie verschiedene *Brücken* über den Fluss des Lebens, sie schaffen von diesem Ufer einen Zugang zum anderen, jenseitigen Ufer, von dieser Welt zu einer anderen, jenseitigen Welt einer umfassenden Harmonie, einer vollständigen Befreiung vom Leid, von Erlösung und Vollkommenheit. Die Religionen sind wie unterschied-

Andere Religionen
Oft wird von den fünf Weltreligionen Judentum, Christentum, Islam, Hinduismus, Buddhismus gesprochen, doch diese Einteilung ist fragwürdig, weil sie die ostasiatischen Religionen (Daoismus, Shinto) oder religionsähnlichen Kulte (Konfuzianismus) nicht berücksichtigt. Auch sind manche der sogenannten kleineren Religionen (wie Sikhismus, Jainismus) von der Zahl ihrer Anhänger her größer als etwa das Judentum. Deshalb werden hier ohne Anspruch auf Vollständigkeit (der Caodaiismus etwa fehlt) einige der anderen Religionen aufgeführt.

liche *Wege auf den einen Berg* der Gotteserkenntnis. Solche Wege können zeitweilig parallel verlaufen, gehen aber oft den »Gottesberg« von verschiedenen Seiten an und haben auch unterschiedliche »Schwierigkeitsgrade«.

Pilger beim Aufstieg zum Jain-Heiligtum Sravana Belagola, Karnataka, Indien

Nach den wohl weltweit bekannten fünf Religionen, deren Ursprung im vorder- und südasiatischen Raum liegt, werden nun andere Religionen dargestellt: zwei südindische (Jainismus und Sikhismus), zwei chinesische (Daoismus und Konfuzianismus, der hier auf seine religiösen Aspekte untersucht wird), der japanische Shinto, die aus dem iranischen Islam herausgewachsene Bahai-Religion und schließlich – nur sehr verkürzt als ein Beispiel für die Naturreligionen animistischer und schamanistischer Art die Religion der australischen Aborigines mit ihrem heiligen Berg Uluru.

Jainismus – auf dem Weg der Furtbereiter

Der Jainismus, auch Jinismus (von *jina* = »Sieger«, einer Bezeichnung für den Gründer Mahavira) ist eine in Indien beheimatete Religion, die etwa im 6./5. Jahrhundert v. Chr. entstanden ist. Dem Jainismus gehören etwa 4,4 Millionen Gläubige an, davon etwa 4,2 Millionen in Indien. Sein historisch fassbarer Gründer ist Mahavira (um 599–527 v. Chr. also in etwa vergleichbar der Lebenszeit des Buddha). Jains kennen zwar die unterschiedlichen Götter aus dem hinduistischem Kontext, verehren sie aber nicht. Allerdings werden manchmal hinduistische Götter an Eingangshallen von Jain-Tempeln dargestellt. Doch die Vorbilder der Jains sind die 24 Tirthankaras, die »Furtbereiter«, die sich vorbildlich einen Weg durch den Strom des Lebens bahnten und denen zu folgen ist. Von den 24 Tirthankaras sind 22 legendäre Gestalten der Vorzeit, die historisch nicht zu fassen sind. Allein Parshvanata, der unmittelbare Vorläufer von Mahavira, dem 24. Tirthankara, und Mahavira selbst sind als reale Personen belegt. Mit allen Tirthankaras verbinden sich vielfältige Legenden ihres herausragenden Wirkens – sie erscheinen zwar nicht als Götter, aber dennoch als geradezu übermenschliche Gestalten, desgleichen manche ihrer unmittelbaren Anhänger. Bahubali etwa, auch Gomateshvara genannt, der Sohn des ersten Tirthankara Rishabha und selbst kein Tirthankara, erscheint im südindischen Sravana Belagota als 18 m hohe unbekleidete und damit idealtypische menschliche Gestalt (vgl. das Bild Seite 208), doch seine übermenschliche Größe erregt bei den Pilgern Bewunderung und Ehrfurcht.

Es gibt zwei Gruppen von Jains: die Digambaras (die Luftgewandeten in völliger Nacktheit, meist im südindischen Raum) und die Swetambaras (die Weißgekleideten, meist in Nordindien). Für Jains ist alles beseelt, doch sind die vielen individuellen Jivas (Seelen) durch

Jain-Heiligtum Ranakpur, Rajasthan, Indien

die Anhaftung von Karma (guten oder schlechten Taten) getrübt und müssen einer Reinigung unterzogen werden. Dies geschieht durch Meditation vor den Statuen der Tirthankaras in den Tempeln und durch Verehrung dieser spirituellen Vorbilder, vor allem aber durch eine strenge Ethik und Askese. Jains müssen vegan leben, sie dürfen nicht mit Leder in Berührung kommen (verarbeitete Tierhäute entstehen durch Tötung von Lebewesen). Es gibt im Jainismus Mönche und Nonnen, doch auch die Laienanhänger bemühen sich um die drei Gelübde: *Ahimsa* (Gewaltlosigkeit), *Aparigraha* (Loslassen von unnötigem Besitz) und *Satya* (Wahrhaftigkeit und Reinheit des Lebens).

Es gibt in Indien neben Jaintempeln in den großen Städten eine Reihe von bedeutenden Jain-Heiligtümern vor allem in den Bundesstaaten Gujarat und Rajasthan, die manchmal abgelegen sind und dennoch von großen Pilgerscharen besucht werden. Dies gilt etwa für den in Rajasthan liegenden Tempelkomplex *Ranakpur*, einer prachtvoll skulpturierten Anlage aus dem 15. Jahrhundert etwa 100 km von der Großstadt Jaipur entfernt. Der Tempel ist dem ersten Tirthankara Rishabha gewidmet, der hier Adinath(a) genannt wird – »Ahnherr«. Der im nordindisch-hinduistischen Stil gebaute Tempel weist im äu-

Jain-Heiligtum auf dem Berg Shatrunjaya, Palitana, Gujarat, Indien

Statue des Bahubali im Jain-Heiligtum Sravana Belagola, Karnataka, Indien

ßeren Bereich vielfältige Hallen und Säulengänge auf, in denen in 78 Nischen Standbilder verschiedener Tirthankaras zu finden sind. Künstlerisch besonders wertvoll sind die 1444 tragenden Säulen des Tempels, alle unterschiedlich und üppig dekoriert aus Marmor geschnitzt. Das Adinatha-Standbild im Zentralraum hat vier Gesichter in alle vier Himmelsrichtungen. Dieses Standbild und damit der als inmitten der Gläubigen präsent vorgestellte Tirthankara wird von den Pilgern dreimal im Uhrzeigersinn umschritten; bei diesem Pilgerweg um das innerste Heiligtum sind verschiedene Rituale zu beachten, etwa Berührungen der Figuren und anderes mehr.

Eine zwar nicht so detailreich ausgeschmückte, aber wesentlich größere Anlage ist das Jain-Heiligtum bei dem kleinen Ort *Palitana* im Bundesstaat Gujarat südlich dessen Hauptstadt Ahmedabad. Dies ist auf zwei Hügeln der Bergkette *Shatrunjaya* nicht ein einziger Tempel, sondern eine unfassbare Ansammlung von 836 bzw. 863 Jain-Tempeln; allerdings sind manche Heiligtümer in einem Gebäude zusammengefasst, sodass man im Panoramablick etwa einhundert ineinander verschachtelte Gebäude erkennen kann (vgl. Seite 207). Dennoch ist dies die größte zusammenhängende Tempelanlage in Indien.

Der zweistündige Pilgerweg auf diesen heiligen Berg führt von einem schön gestalteten Tor in der Ortschaft Palitana aus über 3500 Stufen bei einer Strecke von 3,5 km und einem Höhenunterschied von 600 m – beim Pilgern, so zeigt sich wiederum, sind Körper und Seele in angestrengter Bewegung, um dadurch Veränderung und geistigen Fortschritt zu erfahren. Der Legende nach hat Rishabha/Adinath, der erste der Tirthankaras, die geistige Kraft dieses Ortes erkundet und sein Sohn Bahubali baute den ersten der vielen Tempeln. Die heutige Bausubstanz der Tempel sowie der insgesamt ca. 10 000 Figuren darin geht allerdings meist auf das 15. und 16. Jahrhundert zurück. Die Tempelanlage ist nur bei Sonnenlicht zu betreten, zum Sonnenuntergang verlassen nicht nur die zahlreichen Pilger, sondern selbst die Mönche (die dort diensttuenden Priester) den Tempelberg und kommen erst am nächsten Morgen zurück – so kann sich über Nacht die geistige Macht dieses Ortes erneuern. Der Pilgerweg hinauf ist vor allem am Vormittag (vor der großen Tageshitze) sehr belebt; in der Tempelanlage selbst konzentrieren sich die Besucher vor allem im wichtigsten Heiligtum, dem Adinath-Tempel. Hier werden Blumen, Früchte und Lichter als Opfer dargebracht, Gebete gemurmelt und die Priester spenden durch ihre Rituale den Gläubigen Segen.

Neben Shatrunjaya verehren die Jains drei weitere heilige Berge; ihr zweitwichtigstes Bergheiligtum ist der *Mount Abu* im Aravalli-Gebirge in Rajasthan in 1200 m Höhe. Auch auf diesem Berg gibt es verschiedene Tempelanlagen, die unterschiedlichen Tirthankaras (etwa Adinath, dem ersten, oder Neminath, dem 22.) gewidmet sind. Der dritte Jain-Berg, *Girnar*, liegt wiederum in Gujarat, der vierte, *Sametsikhvara*, im weiter östlich gelegenen Bihar. Alle Berge werden häufig von Pilgern besucht, nicht nur von Jains, sondern durchaus auch von Hindus.

Das herausragendste Jain-Heiligtum in Südindien ist wohl *Sravana Bel(a)gola* im Bundesstaat Karnataka. Der nördlich von Mysore und westlich von Bengaluru gelegene kleine Ort liegt in ca. 960 m Höhe. Seitlich eines großen Tempelteichs ragen zwei Gipfel auf; auf dem kleineren, dem Chandragiri, liegt ein Jain-Tempel, auf dem höheren Vindyagiri, der nur über eine Steintreppe von 600 Stufen zu erreichen ist (vgl. das Bild auf Seite 205), liegen mehrere Anlagen. Der zentrale Punkt, zu dem die vielen Pilger aus ganz Südindien streben, ist ein ummauerter Tempelhof, über dessen mit Hindu-Göttern geschmücktem Mauerwerk bereits der Kopf einer riesigen Statue sichtbar wird: Mitten im Tempelareal steht ein 18 m hoher Bahubali (*bahu* = »Arm«, *bali* = »stark«), wie die Digambaras unbekleidet in tiefer und lang andauernder Meditation, sodass sich um seine Unterschenkel bereits aus Stein gehauene Pflanzen ranken. Bharata und Bahubali, die Söhne des ersten Tirthankaras Rishabha, stritten der Legende nach um die Königsherrschaft. Obwohl Bahubali aufgrund seiner Kraft als Sieger aus dem Kampf hervorging, verzichtete er auf das Königreich und wurde Asket. Damit wurde er zum Vorbild für die von Jains geforderte Gewaltlosigkeit. Später wurde er außerdem zum Lehrer des Jain-Weges, auf dem die Selbstsucht des Menschen überwunden werden soll.

In den Großstädten Indiens gibt es Jain-Tempel, die aber in der Regel nur der örtlichen Bevölkerung als Verehrungsstätte verschiedener Tirthankaras dienen. Allein in der ganz im Westen Rajasthans an der Grenze zu Pakistan gelegenen Stadt Jaisalmer ist dies anders. In der Altstadt von Jaisalmer, die sich innerhalb der Festung auf dem 80 m über der Ebene aufragenden Trikuta-Berg befindet, gibt es sieben Jain-Tempel, die Pilger von weither anziehen. Sie sind – wie meist bei den durch wohlhabende Jain-Händler gestifteten Tempeln – in herausragender Weise mit Bauschmuck und Skulpturen verziert, im gelben Sandstein der Stadt ergibt dies ein faszinierendes Bild.

Als Jain-Heiligtum und – neben den Strömen der Touristen – durchaus zu erwähnende Pilgerziele sind die neben hinduistischen und buddhistischen Höhlen liegenden Jain-Höhlen in Ellora (Maharashtra, vgl. Seite 147 und 168) und in Badami (Karnataka) zu erwähnen. Auch in Badami liegen die heiligen Orte der Jains in unmittelbarer Nachbarschaft zu hinduistischen Stätten und werden von Pilgern beider Religionen besucht.

Sikhismus – Orientierung für den Lebensweg

Der in Nordwestindien (heutiger Bundesstaat Punjab) entstandene und heute etwa 27 Millionen Gläubige zählende *Sikhismus* ist eine im indischen Raum vergleichsweise junge Religion des 15. Jahrhunderts. In dieser Zeit war die Bevölkerungsmehrheit in Nordindien hinduistisch – der Buddhismus spielte keine Rolle mehr. Die Mogulherrscher (ab 1526) dagegen, wie ihre Vorgängerdynastien und auch die einflussreiche Krieger- und Händlerschicht, waren muslimisch.

Dies ergab eine Spannung zwischen der Oberschicht und dem Volk; vor allem die unterschiedliche Gottesvorstellung trennte das religiöse Leben: Das eine Göttliche *(brahman)* in vielen göttlichen

Hari Mandir, der Goldene Tempel der Sikhs, Amritsar, Punjab, Indien

Erscheinungsweisen, wie sie der Hinduismus in den vielen Götterfiguren seiner Tempel darstellt, steht gegen den strengen Ein-Gott-Glauben der Muslime. In dieser Spannung wuchs Nanak Dev (später Guru [sanskrit »gewichtig«, Bezeichnung eines spirituellen Lehrers] Nanak genannt, 1469–1539) im heute pakistanischen Teil des Punjab (Fünf-Fluss-Gebiet) auf. Er lehnte den Viel-Gott-Glauben der Hindus ab, und propagierte den Glauben an einen einzigen und barmherzigen Gott, wie ihn auch der Koran lehrt, verband dies aber mit einem Bekenntnis zur übergreifenden Einheit der Schöpfung und der Menschen: »Es gibt keine Hindus, es gibt keine Muslime, es gibt nur Geschöpfe Gottes.« Guru Nanak lehnte auch andere hinduistische Prinzipien wie Asketentum und Kastenwesen ab, allerdings übernahm er vom Hinduismus den Glauben an den leidvollen Kreislauf der Wiedergeburten, dem der Gläubige erst entkommen kann, wenn er durch eine tugendhafte Lebensführung und lebenslange spirituelle Anstrengung das Ziel einer Einheit der Seele mit Gott erreicht. Gleichberechtigung aller und soziale Gerechtigkeit folgen aus diesem Ziel.

Guru Nanak predigte in der Folge überall in Nordindien; schon bald folgten ihm viele Schüler, die neue Religion des Sikhismus entstand. Im Zug eines Sich-Absetzens von den traditionellen Religionen Hinduismus und Islam folgten bald genaue Vorschriften der Sikhs zur Bekleidung (u.a. Turban), zu erlaubter Nahrung (Verbot von Alkohol und Tabak, Empfehlung von vegetarischer Nahrung) und in vielen anderen Lebensbereichen. Die Schriften Guru Nanaks und seiner neun Nachfolger wurden im heiligen Buch der Sikhs *Guru Granth Sahib* (= »Lehrer« – »Buch« – »Herr«) zusammengetragen. Dieses Buch ist seit dem Tod des zehnten Sikh-Gurus die höchste Autorität des Sikhismus und wird in den Sikh-Tempeln (Gurdwaras) rituell verehrt und vorgetragen.

Sikhs geht es vorrangig um die Bewährung im Alltag – hier muss sich der Glaube an den einen und barmherzigen Gott bewähren. Auch wenn im Laufe der Zeit manche Gurdwaras mit hohem Aufwand gebaut und kostbar geschmückt wurden und darin während des ganzen Tages von Vorbetern aus dem Guru Granth Sahib rezitiert wird und die

Sikh-Pilger baden im Amrit-Sarovar (See) rund um den Goldenen Tempel, Amritsar, Punjab, Indien

Gläubigen durch Blumen, Niederknien und Gebete rituell handeln, so gibt es doch keine Priester und vorgeschriebenen Gottesdienste. Die erstrebte Einheit mit dem Göttlichen erweist sich vielmehr im Erbarmen mit Notleidenden, in Nächstenliebe, Gerechtigkeit und einem verantwortlichen Leben. Mittler zwischen Gott und den Menschen braucht es ebenso wenig wie vorgeschrieben Rituale. Deshalb hat auch das Pilgern im Sikhismus eine erhebliche geringere Bedeutung als im Hinduismus oder im Islam – es ist in keiner Weise gefordert, kann aber dann hilfreich sein, wenn man an herausragenden Orten (wie im Goldenen Tempel von Amritsar) neue spirituelle Kraft erfährt. Dies wird vor dem Goldenen Tempel z.B. dadurch deutlich, dass es dort einen Ritus vergleichbar der christlichen Kommunion/Abendmahl gibt, welcher die Gebete der Pilger abschließt: Das Göttliche wird im Alltag erfahren, manifestiert sich aber durchaus auch in den Gurdwaras und dort im Lesen des Guru Granth Sahib.

Der bei weitem bedeutendste Sikh-Gurdwara ist der Hari Mandir Sahib, der wegen seiner mit vergoldeten Kupferplatten überzogenen Fassade meist der »*Goldene Tempel*« genannt wird. Er liegt in der westindischen Millionenstadt *Amritsar*, nur wenige Kilometer vom pakistanischen Lahore entfernt. Die Stadt wurde 1577 vom vierten Sikh-Guru Ram Das (1534–1581) gegründet, sein Sohn Arjun Dev (1563–1606) erbaute in der Stadt den im Amrit-Sarovar-See gelegenen Hari Mandir, der im 19. Jahrhundert durch die den zentralen Tempel umgebenden Säulenhallen ergänzt wurde.

Dieser Ort ist das zentrale Heiligtum des Sikhismus und damit auch – trotz der Bedenken der Sikhs gegen rituelles Handeln wie Opfern und auch Pilgern – der zentrale Pilgerort dieser Religion: Gläubige aus ganz Nordindien kommen hierhin, die Stadt ist voller Pilgergruppen mit orangefarbigen Kopftüchern. Der künstlich angelegte Amrit-Sarovar (»Nektar – Teich«) hat seinen Namen von einem hinduistischen Mythos – dem Quirlen des Weltmeeres durch Götter und Dämonen, um den Nektar der Unsterblichkeit zu gewinnen – und war wohl bereits vor dem Sikhismus eine Pilgerstätte der Hindus, die in diesem Teich rituell badeten. Wie häufig beim Wechsel der Religionen ist die alte hinduistische Stätte dann gleichsam sikhistisch »getauft« worden und wurde durch den Goldenen Tempel, der auf einer Insel im heiligen See liegt, zu einem Heiligtum der neuen Religion.

Sikh-Pilger im Umgang des Goldenen Tempels, Amritsar, Punjab, Indien

Zentraler Ort der großen Anlage ist natürlich der Goldene Tempel selbst, dessen vergoldete Fassade sich im Amrit-Sarovar spiegelt. Zum Heiligtum gelangt man über eine überdachte Brücke, die ebenfalls reich verziert ist. Im Innern liegt auf einem blumengeschmückten goldenen Thron der Guru Granth Sahib, das Heilige Buch der Sikhs. Vom frühen Morgen bis in die Nacht, täglich 19 Stunden lang, rezitieren Sikhs aus dem Buch. Die Pilger haben sich vorab im heiligen See kultisch gereinigt und ziehen danach in einer nicht endenden Menschenkette an der zentralen Autorität ihres Glaubens vorbei, verneigen sich oder knien nieder. Manche setzen sich auch an den Rand des Zentralraumes, lauschen den Worten aus den alten Schriften von Guru Nanak und seinen Nachfolgern und meditieren auf dieser »Insel der Ruhe« – eine tief religiöse Atmosphäre ist in diesem Raum und bei den Menschen darin erfahrbar.

Dies gilt auch für den weitläufigen Pilgerweg, der außen um den Amrit-Sarovar herumführt. Der Boden ist ganz aus Marmor, in einem Streifen auch von einem Sisalteppich bedeckt, Marmortreppen führen an manchen Stellen – für Männer und Frauen an unterschiedlichen Orten – zum heiligen Wasser hinab. Auf einem riesigen Bildschirm werden heute einzelne Sätze des Guru Granth Sahib eingeblendet, doch ertönen die heiligen Worte zudem aus Lautsprechern, welche die Rezitation aus dem Heiligtum wiedergeben. Überall im Umgang und auch unter weißen Arkadenbauten sitzen einzelne Pilger oder Pilgerfamilien. Manche lesen im Heiligen Buch, andere meditieren, andere sprechen und diskutieren, die meisten schauen auf das beeindruckende Bild der goldenen Tempelinsel inmitten des weiten Wassers.

Der Goldene Tempel ist wohl einer der beeindruckendsten religiösen Orte und Pilgerstätten der Welt.

Dies gilt auch für die umliegenden Bauten: Außerhalb des Sees, unmittelbar vor der Brücke zum Tempel, liegt ein heiliger Schrein, der Gurdwara Laachi Ber, der an den Guru Arjan erinnert. Dahinter im Westen der Gesamtanlage, liegt der Akhal Takhat, ein Kuppelbau, in dem die Leitung der Sikh-Gemeinschaft residiert, flankiert von zwei Fahnenmasten, welche die religiöse und (die in der Neuzeit nicht mehr realisierte) politische Autonomie der Sikhs repräsentieren.

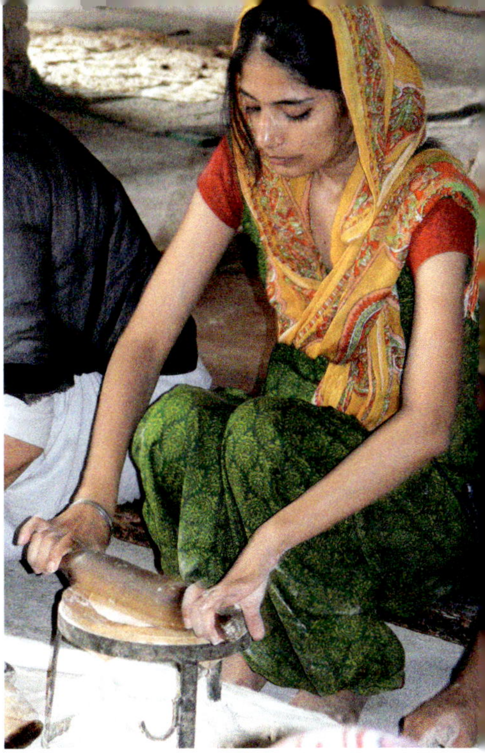

Sikh-Frau fertigt Chapati für die Pilger, Küche des Goldenen Tempels, Amritsar, Punjab, Indien

Auf den beiden anderen Seiten des rechteckig angelegten Sees finden sich zwei heilige Jujube-Bäume (Chinesische Dattel). An einem dieser Bäume soll der Legende nach ein Leprakranker in den See gestiegen und daraufhin geheilt wieder aus dem Wasser gekommen sein – diese Legende bewegte den vierten Guru Ram Das, den Ort zum Zentralheiligtum der Sikhs zu machen.

Sikhs zeigen ihre soziale Verantwortung und ihr Bemühen um ein solidarisches Leben in jedem ihrer Tempel dadurch, dass sie mittags alle Pilger und auch andere Besucher verköstigen und dies als Spende und gutes Werk verstehen. Dies ist auch im Goldenen Tempel so, im Süden der Anlage und außerhalb des großen Arkadenweges liegt der Guru Ka Langar, eine riesige Küchenanlage mit mehreren Esssälen, in denen mittags bis zu 30 000 Menschen eine Mahlzeit erhalten können. Viele Sikhs, Männer wie Frauen, leisten als freiwillige Helfer Dienste beim Kochen, Bewirten und Reinigen des Geschirrs. Serviert wird ein vegetarisches Essen, das aus Reis, einer Dal-Soße (Linsen-Curry) und

Chapatis (Rotis = Fladenbrote) besteht. Serviert wird auf Metalltellern, gegessen, wie in Indien üblich, mit den Fingern. Das Ganze ist so eingespielt, dass die Bewirtung auch vieler Menschen ohne Wartezeiten abläuft. Niemand wird beim Besuch des Tempels oder beim Essen nach seiner Religion gefragt – für alle gilt: Der Sikhismus zeigt sich als friedliche Religion, die Menschen verbindet.

Das ist natürlich – wie bei allen Religionen – nur die eine Seite. Die Sikhs haben sich seit dem 17. Jahrhundert und bedingt durch Verfolgungen der Mogulherrscher Nordindiens um politische Autonomie bemüht; immer wieder gab es Kämpfe zwischen den Mogulheeren und Sikh-Kämpfern. Im Jahr 1760 wurde der Goldene Tempel dabei teilweise zerstört. Doch waren die Schäden damals nicht so stark wie die Zerstörungen durch die Unruhen im Jahr 1984. Radikale Sikhs hatten im Goldenen Tempel einen unabhängigen Staat ausgerufen, das indische Militär eroberte nach langen und verlustreichen Kämpfen das Areal; der Tempel und vor allem der Akhal Talhat wurden dabei schwer beschädigt. Doch davon ist heute nichts mehr zu sehen, Spenden von Sikhs aus aller Welt haben den Wiederaufbau ermöglicht und der Goldene Tempel ist wieder ein friedlicher Ort.

Pilger im Sikh-Tempel von Anandhpur,
Himachal Pradesh, Indien

In der Stadt *Amritsar* gibt es weitere kleinere Gurdwaras, die auch von Pilgern besucht werden, aber keineswegs die Bedeutung des Goldenen Tempels haben. Dies gilt auch für viele andere Sikh-Tempel, die in den Städten Nordindiens zu finden sind. Auf dem Weg von Amritsar nach Dehli etwa findet sich der Sikh-Tempel von *Anandhpur*, ein prächtiges Beispiel hinduistischer Kuppelbauarchitektur, die von den Sikhs für ihre Zwecke adaptiert wurde. Dieser Ort hat nicht allein regionale Bedeutung, sodass sich hier auch Pilger aus den Bundesstaaten Himachal Pradesh, Punjab und der indischen Hauptstadt finden. Malerisch über dem Ort gelegen und abends mit hellem Licht angestrahlt erhebt sich der weiße Bau über dem kleinen Ort. Auch hier wird im zentralen Tempelraum aus dem Guru Granth Sahib gelesen, auch hier spielt eine kleine aus Freiwilligen bestehende Band auf Harmonium, Trommel und Sitar (Saiteninstrument), dazu werden religiöse Lieder angestimmt. Auch hier verneigen sich die Pilger, bleiben eine Weile und hören zu, dann gehen sie zurück in ihren Alltag.

In Indiens Hauptstadt *Dehli* gibt es mehrere Sikh-Tempel u.a. in der Altstadt in der Nähe des Roten Forts. Im Zentrum von Neu-Dehli unweit des Connaught Place liegt der Bangla Sahib Gurdwara, eine

Guru Granth Sahib unter einem Tuch und mit Blumen geschmückt,
Bangla Sahib Gurudwara, Dehli, Indien

weitläufige Anlage mit Tempel, Bibliothek, Schule, Küche und Kunstausstellung und zudem einem Sarovar (Tempelteich). Der Gurdwara wurde 1664 vom achten Sikh-Guru Har Krishan (1656–1164) gegründet, einem achtjährigen Kind, das hier lebte und bei einer Pestepidemie im Sarovar Heilungswunder vollbrachte, bevor es selbst an der Pest starb. Viele tausend Sikhs kommen täglich zu diesem Ort, der auch von vielen Touristen besucht wird – Einlass in den Tempelbezirk und auch in das innere Heiligtum wird jedem gewährt, der sich an die Regeln hält (im Tempel barfuß und mit Kopfbedeckung).

Daoismus – sich eingliedern in die Natur

Die chinesischen Religionen *Daoismus* und *Konfuzianismus* (vgl. Seite 224f.) sind von ihren Ursprüngen her zuerst einmal Lebensphilosophien, deren Ziel ein harmonisches, mit der Natur (Daoismus) und mit der Gesellschaft (Konfuzianismus) übereinstimmendes Leben ist. Zudem bemüht sich der Daoismus auf vielerlei Weise um ein gesundes und langes Leben; teilweise wird sogar mit Alchemie und anderem Unsterblichkeit angestrebt. Die heutige Traditionelle Chinesische Medizin (TCM) geht ebenso wie die Richtlinien zur Ausrichtung des Hauses nach Süden und zur Wohnraumgestaltung (*Feng Shui* = «Wind und Wasser«, Übereinstimmung mit der Natur) auf die »Lebenskunde« des Daoismus zurück.

Doch ab dem dritten vorchristlichen Jahrhundert wurde der Daoismus auch zu einer Religion mit vielerlei Schulrichtungen, die zudem ein für den Außenstehenden kompliziertes System von Gottheiten entwickelte, welche jeweils für Teilbereiche des Lebens zuständig sind: Gott der Erde, des Wassers, der Küche, Schutzgottheiten der Städte, der Gelbe Kaiser, die Drei Reinen und viele andere mehr, dazu die Königinmutter des Westens *(Xi Wang Mu)*, welche die Herrin über das jenseitige Paradies des Westens ist und Unsterblichkeit schenken kann. Über allen Göttern thront der Himmelskaiser, dessen Abbild auf Erden mit dem jeweiligen Kaiser Chinas gleichgesetzt wird – der chinesische Kaiser in den verschiedenen Dynastien steht gleichsam als Mittler zwischen Himmel und Erde.

Das Wort *Dao* bedeutet nicht nur »Weg«, sondern meint viel tiefer eine Grundordnung von Himmel und Erde, des gesamten Kosmos und entspricht dabei in etwa dem hinduistischen Begriff des Dharma. Dao ist der »Sinn«, der alles durchzieht, es ist der Weg der Natur und dementsprechend auch des Menschen, der in die Natur eingebettet ist und sich dessen selbst im städtischen Kontext immer wieder bewusst werden muss. Aus dem Dao entstehen die beiden gegensätzlichen, zugleich einander ergänzenden Kräfte von *Yin* und *Yang*, Gegensätze, die zur Harmonie finden: Himmel und Erde, männlich und weiblich, hell und dunkel, hart und weich, gut und böse ... Daoisten beobachten die Natur, sie versuchen, ihren Lebensstil der Natur anzupassen. Nicht um Beherrschung der Natur geht es hier, sondern um Integration in die und Harmonie mit der Natur, die allein zu einem glückenden und langen Leben führt und auch einen Weg in ein wie auch immer geartetes vollendetes Jenseits verheißt.

Der Daoismus geht auf eine vielleicht historische, vielleicht auch nur legendäre Gestalt zurück, auf *Lao Zi*, der etwa um 500 v. Chr. gelebt haben soll (also etwa in der Zeit der indischen Religionsstifter

Daoistisches Ritual für eine Familie, Baiyun Guan, Shanghai, China

Siddhartha Gautama und Mahavira). Lao Zi soll der Legende nach ein kleines Buch geschrieben haben, in dem er seine Weltsicht darlegt, das *Dao De Jing*, das »Buch vom Weg und der Tugend«. Lao Zi soll nach seinem Tod vergöttlicht worden sein und wird nun als der »Himmlische Ehrwürdige des Dao und De« verehrt, weil er über den Weg des Menschen und über seine Tugend gebietet.

Neben den vier Heiligen Bergen des (Mahayana-)Buddhismus, Jiuhuashan, Emeishan, Wutaishan und Putuoshan (vgl. Seite 198ff.), kennt China fünf Heilige Berge des Daoismus, die nach den chinesischen fünf Himmelsrichtungen angeordnet sind: Taishan (Osten), Hengshan (Süden), Huashan (Westen), Hengshan (Norden) und Songshan (Mitte). Der Berg im Osten, der 1545 m hohe Taishan bei der Stadt Taian in der Provinz Shandong, ist der wichtigste dieser daoistischen Berge, weil er die Richtung des Lichts (Osten als Sonnenaufgang) und damit der Erleuchtung kennzeichnet. Der Taishan ist *das* daoistische Pilgerziel und wird seit zweitausend Jahren besucht, von Pilgern aus dem ganzen Land und auch von vielen chinesischen Kaisern.

Aufstieg auf den Heiligen Berg Taishan, in der Ferne das Nan Tian Men (Südliche Himmeltor), Taian, China

Man besteigt den Heiligen Berg über eine gut ausgebaute steinerne Treppe mit insgesamt fast 7000 Stufen (eine Seilbahn gibt es inzwischen auch, aber eher für die zahlreichen Touristen). Die Pilger, gleich welchen Alters, gehen die neun Kilometer bis zur Bergspitze zu Fuß, weil sie auf dem Weg in den vielen kleineren Tempelanlagen Station machen, die den mehrstündigen Weg säumen. Wie üblich bei chinesischen Heiligtümern gibt es am Eingang mehrere schön gestaltete Tore, nach dem Tor des Berggottes folgt das *Hong Men*, das Rote Tor, das den Pilgerweg eröffnet. Hier legten die Kaiser auf ihrer Pilgerreise ihre rituelle Kleidung an. Es folgen rechts und links des Weges Tempel für unterschiedliche Gottheiten: für die Himmlische Königin, die Zehntausend (= alle) Unsterblichen, die Göttin des Großen Bären und andere Götter. An manchen Stellen gibt es auch kleine Höhlentempel, deren Götterstatuen nur vom Kerzenlicht der Pilger beleuchtet werden. Überall in diesen Tempeln brennen Räucherstäbchen, je größer, desto glücksverheißender, also manche bis zu zwei Meter lang und 15 cm dick. Zudem gibt es am Wegrand in Stein gemeißelte Inschriften; in einer Felswand ist ein den Taishan lobendes Gedicht von Kaiser Kangxi in den Fels geschlagen, aber es gibt an einer Stelle auch den buddhistischen Text des Diamantsutras. Nach gut der Hälfte der Strecke gelangt man zum *Zhong Tian Men*, dem »Mittleren Tor des Himmels«, von dem aus man bereits das Ziel erblicken kann. Doch zuvor muss das steilste Treppenstück hinauf zum *Nan Tian Men*, dem »Südlichen Tor des Himmels«, bezwungen werden. Wiederum sind mancherlei kleine Tempel am Rand der Treppe, sodass der Aufstieg zu einem einzigen religiösen Ritus wird.

Pilger im Tempel des Jadekaisers auf dem Gipfel des Taishan, Taian, China

Hinter dem Südlichen Tor des Himmels gibt es Restaurants und Gasthäuser, in denen man sich stärken kann, bevor es die letzten 150 Höhenmeter hinauf auf den Gipfel geht. Kurz unterhalb des Gipfels liegt das »Kloster der Azurblauen Wolke«. Das um das Jahr 1000 errichtete Kloster geht auf die Prinzessin der Azurblauen Wolke zurück, deren Statue in der Haupthalle des im Kloster liegenden Tempels verehrt wird – die Prinzessin ist die Schutzpatronin des Taishan. Im Kloster leben einige daoistische Mönche, die für die Pilgern Segen spendende Rituale durchführen.

Gläubige im Stadtgotttempel der Altstadt, Shanghai, China

Nun wenig weiter kommt man zum Gipfel, der leider durch einen großen Funkmast des Militärs entstellt ist. Unmittelbar daneben liegt das Ziel der Pilger: der *Yuhuang Dian*, der »Tempel des Jadekaisers«, des höchsten daoistischen Gottes.

Unterhalb des Taishan liegt in der Stadt Taian der *Dai Miao*, der Tempel des Berggottes. Einige seiner über 800 Gebäude – Tempel, Schreine, Hallen, Klosteranlagen – stammen aus der Qin-Dynastie, sind also über 2200 Jahre alt. Er zählt als kaiserlicher Tempel, deshalb findet heute neben den religiösen daostischen Riten auch eine Show für Touristen statt, in der ein kaiserliches Ritual mit vielen Schauspielern aufgeführt wird – ein eigenartiger Umgang mit der Vergangenheit Chinas, den man in unserer Zeit aber an vielen Stellen Chinas findet (ähnlich vor den Yungang-Grotten in Datong, vgl. Seite 181).

Der Taishan ist der Heilige Berg des Ostens; der Berg des Südens in der Provinz Hunan ist der *Hengshan*, eine über 100 km lange Gebirgskette. Der wichtigste Tempel in diesem Gebiet ist der *Hengshan Nanyue Damiao*, der »Große Tempel des Südlichen Berges im Hengshan-Gebirge«. Diese über 1300 Jahre alte Anlage zeichnet sich dadurch aus, dass in ihr die »drei Lehren« Chinas zusammentreffen – der Ort ist

Daoistische Götter in Stadtgotttempel, Chiayi, Taiwan

Heiligtum für den Daoismus, den Konfuzianismus und auch den Buddhismus. Der bis zu 2155 m hohe Berg des Westens ist der *Hua-Shan*, ein malerisch zerklüfteter Berg mit bizarren Felswänden. Hier ist der wichtigste Tempel der *Dongdao*, der »Östliche Dao-Tempel« aus der Zeit der letzten Kaiserdynastie Chinas (Qing 1644–1911). Der Tempel des Nordens heißt wie der im Süden *Hengshan*. Im »Nördlichen Gebirge« ist das zentrale Heiligtum das heute allerdings fast ausschließlich von Touristen, kaum noch von Pilgern besuchte »Hängende Kloster« *(Xuangkong Si)*. Seine kleinen, teilweise aus dem 6. Jahrhundert stammenden Pavillons kleben wie Schwalbennester 30 m über dem Talgrund an einer Felswand, gestützt nur auf Holzbalken, die in Felslöchern eingebracht sind. Heute gibt es dort keine Mönche mehr, wohl aber einige wichtige Buddhafiguren, denen von manchen Besuchern Gaben gebracht werden. Der Heilige Berg der Mitte (dort ist in der chinesischen Mythologie die zentrale Achse Himmel–Erde) ist der *Song-Shan*, der »Mittelberg« in der Nähe des Gelben Flusses. Im Gebiet des Berges findet sich eine Vielzahl daoistischer Klöster.

Neben diesen Heiligen Bergen kennt der Daoismus in den großen Städten viele bedeutende Tempel, die nicht nur von Gläubigen der jeweiligen Stadt, sondern auch von Pilgern aus dem näheren oder weiteren Umfeld besucht werden. In *Shanghai* ist dies etwa der zentral in der Altstadt neben dem berühmten Yu-Garten liegende Stadtgotttempel (vgl. das Bild auf Seite 222). Der sowohl von vielen Touristen, wie auch von Gläubigen besuchte Tempel beinhaltet eine große Zahl von Götterfiguren, dazu Statuen daoistischer Weiser, aber auch von Helden und Kaisern der chinesischen Geschichte, die als große Gestalten nahezu vergöttlicht werden. Bei Guan Yu (160–219), einem erfolgreichen chinesischen General vom Ende der Han-Dynastie, geht dies so weit, dass er seit seinem Tod als Guan Di, als Kriegsgott verehrt wird. Seine Statue ist nicht nur im Stadtgotttempel, sondern auch in vielen anderen daoistischen Tempeln in China und Korea zu finden und wird von Pilgern der jeweiligen Region gerne besucht.

In *Beijing* ist der Baiyun Tempel ein wichtiger Ort für Daoisten. In diesem »Tempel der Weißen Wolke« ist der Sitz der Chinesischen Daoistischen Gesellschaft, einer Vereinigung, welche die an sich völlig unabhängigen daoistischen Tempel des Landes verbinden und repräsentieren möchte. Insgesamt gibt es in China 21 wichtige daoistische Tempel, die über das Kernland des chinesischen Reiches verstreut und alle Pilgerziele sind.

Auf der Insel *Taiwan* hat sich sowohl der Daoismus wie der Konfuzianismus in hohem Maß erhalten. So finden sich hier auch eine Reihe bedeutender daoistischer Heiligtümer. In Taipeh (Taibei), der Hauptstadt, sind eine Vielzahl daoistischer Tempel und auch Familienschreine, die für die Ahnenverehrung wichtig sind, zu denen aber auch Pilger kommen. Besonders gilt dies für den *Longshan Si* im Stadtteil Manka, der zwar der buddhistischen Guanyin (Bodhisattva der Barmherzigkeit) gewidmet ist, in dem aber auch daoistische Gottheiten verehrt werden. Reich geschmückt ist auch der Baoan Gong, in dem die daoistischen Gottheiten der Medizin, des Glücks und der Fruchtbarkeit verehrt werden, der aber ebenso auf einem Stockwerk buddhistische Statuen zeigt. Zudem liegt dieser Tempel unmittelbar neben dem Konfuziustempel – wiederum gilt die tolerante Sicht, dass die drei chinesischen Lehren letztlich einheitlich sind. Auch in anderen Städten finden sich daoistische Tempel; z. B. in der mitteltaiwanesischen Stadt Chiayi der Stadtgotttempel mit seinen vielen Götterfiguren (vgl. das Bild auf Seite 223).

Konfuzianismus – Integration in die Gesellschaft

Es wird zu Recht gefragt, ob der Konfuzianismus, der auf den chinesischen Gelehrten Kong Zi (lateinisch Konfuzius, 551–479 v, Chr.) zurückgeht, als Religion angesehen werden kann oder eher eine Lebensphilosophie und ethische Gesellschaftsordnung bedeutet. Die Beziehungen der Menschen untereinander sind für Konfuzianer wichtig; das Jenseits und ein eventueller Gott oder viele Gottheiten (wie im religiösen Daoismus) sind es jedenfalls nicht. So gibt es auch keine Gottesverehrung, wie man sie aus anderen Religionen kennt. Wohl aber gibt es eine abstrakte Vorstellung vom »Himmel« *(Tian)*, einem nicht näher zu definierenden Etwas, das aber die Grundordnung der Welt und das Gefüge des menschlichen Miteinanders bestimmt: Der Mensch hat den Willen des »Himmels« zu erfüllen. Von da aus geht es dem Konfuzianismus um die Gestaltung einer harmonischen Gesellschaftsordnung; die Gesellschaft eines Volkes ist wie eine große Familie, aber ebenso sind alle Menschen innerhalb der vier Meere Geschwister.

Konfuzius-Tempel in der Geburtsstadt des Konfuzius, Qufu, Shandong, China

Grab des Konfuzius,
Konfuziuswald,
Qufu, Shandong, China

Dennoch gibt es im Konfuzianismus sogenannte Konfuzius-Tempel, meist Literatur-Tempel genannt. Sie folgen einem klaren Aufbau von Süd nach Nord und sind im Äußeren wie im Inneren gegenüber den buddhistischen und daoistischen Heiligtümern vergleichsweise schmucklos gestaltet. In den Hallen gibt es keine Götterstatuen und keine Altäre im religiösen Sinn. Selbst Statuen des Konfuzius finden sich nur sehr selten und wenn, dann vor den Hallen, nicht innerhalb. Draußen im Hof gibt es zu manchen Festen und besonderen Tagen konfuzianische Rituale, die auf alten, meist im kaiserlichen oder fürstlichen Bereich enstandenen Traditionen beruhen: hierarchische Ordnung der »Priester«, »liturgische« Farben ihrer Gewänder, Rezitationen konfuzianischer Texte, Darbringen von Opfergaben, um Konfuzius und seine Schüler, die Herrscher des Landes und die Ahnen zu ehren. In den Hallen dieser »Tempel« sind auf altarähnlichen Möbeln vor der Hauptwand kleine Stelen aufgestellt, die an diese herausragenden Gestalten erinnern. Zudem finden sich dort oft Schrifttafeln mit Sätzen aus der konfuzianischen Tradition. Stelen und Tafeln werden manchmal mit Blumengestecken geschmückt.

Weil es im Konfuzianismus nur wenige Rituale gibt, hat auch das Pilgern einen anderen Stellenwert als in anderen Religionen. Es gibt in China, Vietnam und Korea, deren gesellschaftliches Erscheinungsbild zutiefst von konfuzianischem Denken bestimmt ist, überall solche Literaturtempel (wie im chinesischen Beijing, im taiwanesischen Taipeh oder im vietnamesischen Hanoi) oder konfuzianische Schreine (etwa der Jongmyo-Schrein in Seoul, der an die konfuzianisch orientierten

Könige der letzten koreanischen Königsdynastie erinnert), zu denen Anhänger des Konfuzianismus gehen. Dort verneigen sie sich aus Ehrfurcht vor den Großen der Tradition und vor den Ahnen der eigenen Familie. Sehr selten bringen sie auch Gaben wie Blumen oder Räucherstäbchen mit. Man kann diese Menschen nur in gewissem Sinn als Pilger bezeichnen.

Haupthalle im 3. Hof, Literaturtempel, Hanoi, Vietnam

Diese Bezeichnung trifft in jedem Fall auf die vielen zu, die alljährlich zum Geburtstag des Konfuzius im Oktober in seine Geburtsstadt Qufu in der chinesischen Provinz Shandong pilgern. Dort gibt es drei für Konfuzianer bedeutende Orte:

- Der Konfuziustempel *(Kong Miao)* ist ein Gebäudeensemble von mehreren hundert Häusern in verschiedenen Höfen, die man durch prachtvoll geschmückte Tore erreicht. Am Ort der Haupthalle (vgl. das Bild auf Seite 225) stand früher das Geburtshaus des Konfuzius.
- Das Wohnhaus der Familie Kong *(Kong Fu)* ist ebenfalls ein riesiger Komplex mit einer verwirrenden Folge von Höfen, Hallen und Nebengebäuden. Der Komplex diente seit dem 5. vorchristlichen Jahrhundert der Familie Kong als Wohnsitz; heute ist er weithin Museum; hier oder in Taiwan sollen jedoch noch einzelne Nachkommen des Kong Zi leben.
- Etwas außerhalb befindet sich der Konfuziuswald *(Kong Lin)*, ein großes und schön bewaldetes Areal. Auf einem von Wächterfiguren (wie bei chinesischen Kaisergräbern) gesäumten Weg gelangt man zu den sehr schlichten Gräbern des Konfuzius, seines Sohnes und vieler anderer Familienmitglieder.

Shinto – das Geheimnis allerorts erspüren

Der *Shinto* (*shin*= »Götter, geistige Mächte«, *do* = »Weg« – »Weg der Götter«) ist die ursprüngliche Religion Japans: die animistische, schamanistische Auffassung, dass sich das Göttliche in allen Dingen findet, besonders aber in herausragenden Stellen der Natur, in Bergen, Bäumen, Quellen ... Die gesamte Natur ist von *Kami* beseelt, von Geistwesen, um deren Schutz man im Blick auf Fruchtbarkeit, Gesundheit, langes Leben und Wohlstand bittet. Japaner können sich gleichzeitig verschiedenen Religionen zugehörig fühlen, z. B. zum Mahayana-Buddhismus in verschiedenen Schulen (vgl. Seite 185ff.) sowie auch zu anderen religiösen Strömungen, aber der Shinto bleibt das Fundament japanischer Religiosität. Über hunderttausend Shinto-Schreine gibt es über das Land verteilt. Hinzu kommen Naturphänomene wie der Heilige Berg der Japaner, der 3776 m hohe Fujiyama (Fujisan), auf dessen Spitze die »Göttin der Baumblüten« verehrt wird. Pilgern gehört in Japan nicht nur zum Buddhismus (vgl. zu den Pilgerwegen Seite 194ff.), sondern ebenso auch zum Shinto. Überall im Land sieht

Torii und Haupthalle des Meiji-Schreins, Tokio, Japan

man einzelne Pilger und Pilgergruppen, die zu den wichtigen shintoistischen Heiligtümern zu Fuß, mit Auto oder Bus pilgern, um in den Schreinen um den Schutz der verschiedenen Kami zu bitten.

Das für Japan höchste Shinto-Heiligtum ist der in einem weiten Areal angelegte Ise-Jingu-Schrein in der Präfektur Mie, welcher der Sonnengöttin Amaterasu gewidmet ist und jährlich von über sechs Millionen Pilgern besucht wird. Er ist in den äußeren Schrein *(Geku)* und den 6 km entfernten Inneren Schrein *(Naiku)* geteilt und zählt als Kaiserlicher Schrein, da in einem der über 200 Hallen eines der kaiserlichen Throninsignien aufbewahrt wird, der »Heilige Spiegel« (*Yata to Kagami*, die anderen sind Schwert und Edelstein). Sein Blinken soll die Sonnengöttin Amaterasu angelockt haben; so kam das Licht nach langer Dunkelheit auf die Erde. Die Halle mit dem Bronzespiegel sowie weitere Haupthallen sind Pilgern nicht zugänglich und werden nur bei bestimmten Ritualen vom Kaiser und hohen Shinto-Priestern besucht. Die Schrein-Anlage ist über zweitausend Jahre alt, doch werden die meisten anderen Gebäude alle zwanzig Jahre rituell neu gebaut.

Für alle, Pilger wie Touristen, offen zeigt sich dagegen der berühmte *Itsukushima-Schrein* auf der heiligen Insel Miyajima (»Schreininsel«)

Itsukushima-Schrein auf der Insel Miyajima vor Hiroshima, Japan

unmittelbar gegenüber der Stadt Hiroshima, gegründet im Jahr 593 (zum benachbarten buddhistischen Tempel Senjōkaku vgl. Seite 187). Als Wahrzeichen Japans bekannt und oft fotografiert ist das unmittelbar vor dem Schrein im Wasser des Seto-Inlandsees gelegene große rote Torii, das Eingangstor, das man in dieser roten Form, manchmal auch aus nicht gefärbten Holzstämmen und einem Seil, vor jedem Shinto-Tempel findet (vgl. auch das Bild auf Seite 228). Dahinter liegen die Hallen und Nebengebäude des Schreins auf Plattformen über dem Wasser, Gänge mit Holzplanken auf Holzpfählen verbinden die Gebäude: Der nur wenige Zentimeter über der See liegende Schrein scheint zu schwimmen. In den Haupthallen gibt es für Besucher verschiedene Rituale (etwa zur Hochzeit), die von den Shinto-Priestern durchgeführt werden. Shinto-Schreine kennen keine Darstellungen von Gottheiten und Kami, keine Skulpturen und Bilder. Allein die Architektur und die Leere im Raum verweisen auf den heiligen Ort. Die heilige Insel, die vom 530 m hohen Berg Misen gekrönt wird, wurde früher nur von Shinto-Priestern betreten; heute ist sie ein beliebtes Pilgerziel und natürlich auch Ziel vieler Touristen, die den Schrein und die Pagode besichtigen, auf der Insel wandern, die vielen zahmen Rehe füttern oder vom Berg Misen die Stadt Hiroshima mit der umliegenden Bergwelt betrachten.

Torii am Eingang des Kazuga-Schreins, Nara, Japan

Von 1867–1912 herrschte zuerst in Kyoto, dann in Edo/Tokio Kaiser Mutsuhito, der 122. Tennō (= »Himmlischer Herrscher«), der den Regierungsnamen *Meiji* (»aufgeklärte Herrschaft«) trug. Er veränderte Japan wie kaum eine andere Gestalt der japanischen Geschichte und führte sein Volk in die Neuzeit; seine Regierungszeit wird deshalb auch die Meiji-Zeit genannt. In einem wunderschönen Wald inmitten von Tokio liegt der *Meiji-Schrein*, der diesem Tennō und seiner Frau gewidmet ist (begraben wurde er allerdings in Kyoto, der alten Kaiserstadt). Obwohl der Schrein (vgl. das Bild auf Seite 228) gerade hundert Jahre alt ist, wird er von vielen Pilgern besucht – besonders zu Neujahr und zum Geburtstag des Tennō am 3. November, dann gibt es ein großes japanisches Kulturfestival auf dem Tempelgelände.

In der südlich von Tokio liegenden Stadt Kamakura gibt es nicht nur bedeutende buddhistische Stätten wie die des Großen Buddha (vgl. Seite 187), sondern mit dem *Tsurugaoka-Hachiman-Schrein* aus dem Jahr 1180 auch ein bedeutendes shintoistisches Heiligtum und Pilgerziel. Hachiman war ursprünglich eine der vielen lokalen Gottheiten, wurde aber im 8. Jahrhundert auch in den japanischen Buddhismus integriert; er soll als Kami die Regierung schützen und für Gerechtigkeit sorgen. Heute gibt es viele Hachiman-Schreine in Japan, die im Jahr 1063 großzügig angelegte Stätte in Kamakura ist eine der wichtigsten. Die an einem Hügel liegende Anlage besteht aus mehreren, architektonisch faszinierenden Gebäuden. Ein Torii und eine halbrunde steinerne Brücke eröffnen den Zugang zum Schrein und der parkähnlichen Anlage mit vielen Bäumen und Büschen.

Pilger im Tsurugaoka-Hachimangu-Schrein, Kamakura, Japan

In Kyoto gibt es eine große Zahl von Shinto-Schreinen, die von Pilgern besucht werden; der im Osten der Stadt liegende *Heian-Schrein* mit seinem benachbarten japanischen Garten *(Shinen)* ist wohl der schönste unter ihnen. Er wurde erst 1895 zur 1100-Jahr-Feier Kyotos erbaut, ein riesiges rotes Torii (aus Stahlbeton) steht auf dem Weg zum Schrein und trennt den profanen vom sakralen Bereich. Dahinter liegen die heiligen Hallen und – als Zeichen der Verbundenheit des Shinto mit der Natur – der prachtvolle Garten.

Oft besucht werden auch die Schreine *Kotahira* auf der Insel Shikoku, *Suwa* am Fujiyama, *Kazuga* in Nara und *Toshogu* in der nördlich von Tokio gelegenen Stadt Nikko. Letzterer ist eine prachtvolle Anlage mit geradezu barockem Bauschmuck und geschnitzten Verzierungen der Hallen, alles malerisch in einem großen Wald gelegen. Berühmt unter den vielen mythischen Fabelwesen und anderen Figuren sind im Toshogu die drei geschnitzten und farbig bemalten Affen, die sich Augen, Mund und Ohren zuhalten: nichts Böses sehen, sprechen und hören.

Bahai – die Einheit aller Menschen suchen

Das *Bahaitum* mit seinen ca. 8 Millionen Gläubigen ist die jüngste der weltweit verbreiteten Religionen. Sie geht auf den Iraner Bahā'u'llah (arabisch »Herrlichkeit Gottes«, 1817–1892) zurück, der wiederum auf einem Vorläufer aufbaut, dem ebenfalls iranischen Bab (1819–1850). Bahai verstehen den Bab und Bahā'u'llah als göttliche Boten der Neuzeit, die eine neue Offenbarung zu den Menschen gebracht haben. Dabei setzen sie die Linie früherer Boten und Offenbarer fort, sodass sich aus der Sicht der Bahai eine ununterbrochene Linie göttlicher Offenbarung ergibt, in die u.a. Jesus und Mohammed, aber schließlich auch Bahā'u'llah eingebunden ist, die aber zudem weitere Offenbarer und neue Botschaften für die Zukunft erwarten lässt. Die Bücher des Bahā'u'llah, vor allem die Bände »Brief an den Sohn des Wolfes« und »Ährenlese«, fassen den Glauben der Bahai zusammen und sind im Bahaitum die authentische Offenbarungsquelle, wie es die Hebräische Bibel für die Juden, das Neue Testament für die Christen und der Koran für Muslime sind. Doch auch diese Bücher ebenso wie etwa die hinduistische Bhagavadhgita werden als Heilige Schriften anerkannt und in den Andachten der Bahai in Abschnitten vorgetragen.

Die Bahai bekennen sich in der Linie der drei vorderorientalischen Religionen Judentum, Christentum und Islam zu einem einzigen Gott, der den Menschen in Barmherzigkeit begegnen will. Der Mensch ist von Gott erschaffen und steht ihm unter allen Lebewesen am nächsten. Daraus ergibt sich der fundamentale Grundsatz von einer Einheit der Menschheitsfamilie, zu der die Bahai beitragen wollen: »Lasst euren Blick weltumfassend sein« (Bahā'u'llah). Eine solche Einheit, die nicht Einheitlichkeit, sondern Vielfalt der Menschen in gegenseitiger Toleranz bedeutet, erfordert vom Gläubigen Respekt vor jedem Menschen, Solidarität mit Notleidenden, das Ablegen von Vorurteilen – insgesamt eine Ethik der Empathie und des Mitgefühls, wie sie auch in anderen Religionen propagiert wird. Auch daran wird das Verbindende der Religionen erkennbar.

Bahai kennen keine religiöse Hierarchie, sie treffen sich in Tempeln und »Häusern der Andacht«. Gewählte Mitglieder (örtliche und nationale »Geistige Räte«) nehmen Leitungsaufgaben wahr (global durch die weltweit gewählten Vertreter des »Universalen Hauses der Gerechtigkeit« in Haifa). Auch die Andachten mit Texten, Gebeten,

Schrein des Bab (unten) und Bahai-Garten, Haifa, Israel

Besucher vor dem Lotos-Tempel (Haus der Andacht der Bahai), Dehli, Indien

Liedern und Meditationsmusik werden von einzelnen Gemeindemitgliedern geleitet ebenso wie die anderen Aktivitäten der Gemeinde.

Als Pilgerorte im Bahaitum kann man vor allem die beiden Ruhestätten von Bab und Bahā'u'llah ansehen, die sich in Israel befinden. Der Bab hat seinen Schrein am Berg Karmel bei Haifa, einem Kuppelbau, der an einem Hang mit 19 Gartenterrassen liegt (19 = heilige Zahl der Bahai). Hier sind auch die zentralen Verwaltungsgebäude des weltweiten Bahaitums: das »Universale Haus der Gerechtigkeit«, dazu das »Internationale Lehrzentrum« und das »Zentrum für das Studium der Heiligen Schriften«. Der Schrein des Bahā'u'llah liegt nahebei bei Akka im Bahji-Garten. Auch wenn diese Stätte das wichtigste Heiligtum der Bahai ist, so gibt es doch keine Verpflichtung, dorthin zu pilgern; wichtiger als jedes äußere Tun ist den Bahai das innere Bemühen um eine Einheit mit Gott.

In verschiedensten Ländern gibt es neben den örtlichen Treffpunkten der Bahai-Gemeinden (bei kleineren Gemeinden auch in Privathäusern) nationale Häuser der Andacht (»Ort des Lobpreises Gottes«), die von den Bahai der betreffenden Region häufig besucht werden. In Deutschland ist dies das Haus der Andacht in Langenhain, Hessen, das zugleich als »Muttertempel Europas« verstanden wird, in Indien der große Lotostempel in Dehli. Diese Häuser haben in der Regel neun Eingänge in alle Himmelsrichtungen, um so die Offenheit der Bahai für alle Menschen auszudrücken und alle zu Gebet und Andacht einzuladen. So kommen auch viele Pilger und Suchende anderer Religionen.

Naturreligionen – von guten Geistern begleitet

An vielen Stellen der Welt finden sich – manchmal als »Untergrund« unter den bislang genannten Religionen – Religionen, die man Naturreligionen, archaische Religionen oder Stammesreligionen nennt. Diese beziehen sich in der Regel auf eine abgegrenzte Bevölkerung bzw. einen abgegrenzten Raum und sind meist animistisch und schamanistisch orientiert: Die Natur, in welcher der Mensch unmittelbar eingebunden ist, ist von geistigen Mächten durchzogen, manchmal auch von Gottheiten beherrscht, die im Guten wie im Bösen auf die Menschen Einfluss nehmen können. Medizinmänner, Medien und Schamanen können aus der Diesseitswelt in die Jenseitswelt vermitteln.

Solche religiöse Gruppen kennen heilige Orte, meist sind es auffallende Naturphänomene, zu denen die religiösen Führer (etwa bei den indigenen nordamerikanischen Völkern) oder auch zu Festen ein ganze Stamm pilgert. Als nur eines von vielen Beispielen sei der Uluru in der Mitte Australiens genannt, der für die dortigen Aborigines, die Anangu, der Heilige Berg ist, der ihre Mythen bestimmt.

Uluru (Ayers Rock), heiliger Berg der Aborigines, Northern Territory, Australien

Wo der Glaube laufen lernt

Gate, gate, paragate
parasamgate bodhy swaha.
Geht, geht, geht zusammen weiter,
bis an die Ufer des Großen Erwachens.
(Mantra der Prajnaparamitasutra)

Mit dem Pilgergruß des Jakobswegs »Ultreïa et suseia!« – »Weiter und darüber hinaus« begann dieser Band, mit dem Schlussmantra des mahayana-buddhistischen Prajnaparamitasutra endet er (sanskrit *Prajna* = »Weisheit«, *paramita* = »anderes Ufer, Transzendenz, Vollkommenheit – »Sutra der Vollkommenen Weisheit«, meist *Herzsutra* genannt). Dieses Sutra zeigt den Weg eines Bodhisattvas hin zum Nirvana und ist damit das Modell für den buddhistischen Glaubensweg. Das Herzsutra wird von den Pilgern auf dem Shikoku-88-Tempel-Pilgerweg in jedem Tempel rezitiert (vgl. Seite 197) – es ist gleichsam ein Pilgermantra.

Doch dieses Mantra zeigt ebenso wie der Ruf des Jakobsweg deutlich auf, was Pilgern, gleich von wem und wo in der Welt, bedeutet: Es ist nicht nur körperliches (das auch und oft mit großer Anstrengung verbunden), sondern vor allem inneres, geistiges, spirituelles Tun von Menschen, die sich bewusst auf den Weg machen. Sie streben nach Erfahrungen, die über ihren Alltag hinausgehen und Perspektiven hin zur Transzendez eröffnen, zu etwas den Menschen Übersteigenden, zum Absoluten, gleich wie dies in den verschiedenen religiösen Traditionen genannt wird. Pilgern bedeutet, das der starke oder schwache, suchende oder fragende Glaube eines Menschen in Bewegung kommt – der Glaube lernt das Laufen und der Glaube lernt durch das Laufen. Der äußere Weg ist der Anstoß, einen inneren Weg zu gehen; insofern ist er durchaus, wie das Herzsutra andeutet, ein Weg zur Vollkommenheit, wenn auch nur Schritt für Schritt, mit Irr- und Umwegen, mit – wie beim Jakobsweg – vielen verschiedenen Varianten und – wie beim Shikoku-Weg – mit langen, kaum zu bewältigen Wegstrecken, die den Pilger herausfordern.

Das Gehen des Pilgers ist zu verstehen als inneres Wandlungsprogramm, als Aufbruch zu neuen Ufern, zu neuen Horizonten. Pilger sind keine Stubenhocker, die ängstlich im Gewohnten verharren und jedem Ungewohnten ablehnend gegenüberstehen. Pilger gehen vielmehr bewusst hinaus ins Ungewohnte, ins Fremde. Dies bedeutet bereits das Wort Pilger (von lateinisch *peregrinus* = »fremd, ausländisch, aus der Fremde stammend«, vgl. Seite 11). Der Pilger ist also ein Fremdling in der Weite der Kulturen und Religionen, er sucht das Fremde, um dadurch zu sich selbst zu finden (vgl. Seite 26). Er sucht aber auch den Fremden, den anderen Menschen, denn, so der Religionsphilosoph Martin Buber (1878–1965), »der Mensch wird am Du zum Ich.« Und weiter: »Alles wirkliche Leben ist Begegnung.« Als Pilger unterwegs sein bedeutet, zu sich selbst und zu anderen finden.

»Du gehst nicht allein«, Pilgerstäbe am Shutrunjaya, Palitana, Gujarat, Indien

Diesen Such- und Findungsprozess erfahren viele Pilger auch als Ort der Begegnung mit dem Absoluten, mit Gott, der Gottheit, dem Alleinen; Pilgern kann zur Gottesbegegnung führen, muss es aber nicht. Viele Pilger jedoch spüren, dass an manchen Orten die Gnade Gottes reicher erfahrbar ist als an anderen Orten, es gibt »heilige« Orte, die ergreifen und zu einer anderen Perspektive führen. Manchen Pilgern erscheint eine solch transzendente Erfahrung überraschend, aber – noch einmal Martin Buber – »alle Reisen haben eine heimliche Bestimmung, die der Reisende nicht ahnt«. Fromme Begeisterung lässt manch einen mit dem Pilgern beginnen; doch häufiger entsteht eine neue, für den Pilger selbst überraschende Frömmigkeit erst auf dem Weg oder am angestrebten Pilgerziel.

Pilgern ist Unterbrechung des Alltags und hat von da aus auch mit Fest und Feier zu tun (vgl. Seite 16). Man kann sagen, Pilgern ist im Gegensatz zur alltäglichen Arbeit (der *homo faber*, der schaffende Mensch) ein Spiel und in diesem Spiel kommt der Mensch (der *homo ludens*, der spielende Mensch) ganz zu sich. Der Mensch braucht das Spiel, um über seinen engen Horizont hinaus zum Sinn zu finden. Insofern ist das Pilgern eine Chance zur Menschwerdung und zum Menschsein (von vielen Möglichkeiten, über sich selbst hinauszublicken und hinauszukommen).

Pilgern, so ist in den Kapiteln dieses Buches deutlich geworden, ist universell, es ist ein kultur-, zeit- und religionsübergreifendes Phänomen. Pilgern gehört in manchen Religionen (etwa im Islam) verpflichtend zur religiösen Praxis, in den meisten anderen ist es eine gern gesehene Übung, die empfohlen wird, weil sie spirituelle Fortschritte ermöglichen kann.

Pilgern ist in manchen seiner Aspekte natürlich – wie alles Menschliche – auch eine fragwürdige Angelegenheit. Kommerzialisierung, Verkitschung, magische Vorstellungen und anderes mehr können den eigentlich Sinn des Pilgern verfälschen, dazu gibt es Beispiele genug. Entscheidend ist der klare Blick des Pilgernden auf das eigentliche Ziel, um Unwesentliches beiseite zu lassen.

Pilgern in unserer Zeit ist wieder im Trend, nicht nur auf den Jakobswegen und auf dem Shikoku-Weg. Überall auf der Welt machen sich Menschen auf, um zu heiligen Orten zu gelangen und dort tieferen Sinn für ihr Leben zu erlangen:

Pilgern ist dort, wo der Glaube laufen lernt.

Pilger im Jogyesa, Seoul, Korea

Bildnachweis

über Wikipedia Commons:

13	Gustave Caillebotte (1848–1894)
39	Bourgois
52	Marc Neyman
57	Zairon
59	José Antonio Gil Martínez
63	Deror Avi
65	Darko Tepert Donatus
66	Zachi Evenor
73	Hans Schneider
75	Alberto Luccaroni
78	Pedro J Pacheco
84	Colin W
87	Bene 16
88	Nikater
89	Fab5669
90	Phinaes Gage
91	Frank Schulenburg
93	Superbass
95	Damir Jellic
97	Omar Chatriwala
98	unbekannt
102, 105	Fadi El Binni
106	Imam Khairul Annas
109	Ludvig14
111	SFC Larry E. Johns, USA
113	Sonia Sevilla
117	Ihsan Deniz Kılıçoğlu
123	Suyash Dwivedi
132,2	Keshav Mukund Kandhadai
133,2	Emmanuel DYAN
142,2	Bernard Gagnon
161	Jean-Marie Hullot
195	Reggaeman
199,1	Nat Krause
199,2	Gisling
199,3	David Wilmot
199,4	Ctny
233	Eviatar Bach
235	Corey Leopold

Alle anderen Bilder stammen aus dem Archiv des Autors.